一、生活活动

图 1　来园环节：根据身体状况插入健康卡

图 2　进餐环节：早餐时，自己取餐

图 4　餐后环节：午餐后，有序刷牙

图 3　洗手环节：户外活动回班后，排队洗手

二、区域活动

图5　娃娃家：包饺子

图6　小厨房：制作甜点

图7　科学区：收集南瓜籽

图8　科学区：提取淀粉

图9　科学区：观察天平的变化

图 10　图书区：为娃娃们讲故事

图 11　益智区：研究怎么玩“小鸡推墙”游戏

图 12　植物角：给植物浇水

图 13　美工区：学习使用打孔器

图 14　木工坊：专注工作

三、户外活动

图 15　春天：操场真美啊，
追逐杨絮也是一种游戏

图 16　夏天：在林地玩战斗游戏

图 17　夏天：夏日欢乐主题活动“快乐打水仗”

图 18　夏天：快乐的喷泉游戏

图 19　夏天：玩压水游戏

图 20　秋天：哇，好大的南瓜

图 21　秋天：看，又白又软的棉花

图 22　秋天：摘苹果，感受丰收的喜悦

图 23　秋天：合作摘苹果

图 24　冬天：十米往返跑，小勇士们，你们准备好了吗

图 25　冬天：男、女生分组进行套圈游戏

图 26　冬天：骑小车游戏

图 27　冬天：下雪啦，我们一起堆雪人

四、大型活动

图 28　戏剧装扮节活动：扮演各种好吃的蔬菜

图 29　“大手拉小手，家园齐步走”
系列活动：家庭自制文化衫

图 30　“大手拉小手，家园齐步走”
系列活动：快乐亲子装

图 31　篮球比赛：集体展示拍球活动

图 32　“小足球 · 大梦想”快乐足球日活动

图 33　大班毕业季：今天，要拍毕业照啦

图 34　大班毕业季——文艺演出活动：哥哥、姐姐今天要毕业啦，我们来表演节目，以示祝贺

图 35　大班毕业季——文艺演出活动：小朋友们看到同伴的表演笑了起来

图 36　大班毕业季——跳蚤市场活动

回龙观西学区

北京市昌平区回龙观西学区“学区拉手活动”幼儿园教育研究成果

倾听·解读·回应

基于儿童本位的生活化课程探索与实践

马立红　霍燕兵　路玉珠　主编

中国农业出版社
农村设物出版社
北　京

编 委 会

序　一

马进思

游戏是幼儿的基本活动，是他们探索周围世界的重要方式，也是他们快乐、自由的实践活动。幼儿园组织丰富的游戏活动，能促进幼儿身心健康、全面发展。在幼儿游戏的过程中，教师对幼儿的观察、倾听及适时、适度的引导，对于游戏的主体——幼儿来说，能够促进其主动探索、主动学习。

《什么是教育》一书里有一句特别有哲理的话："教育就是一棵树摇动另一棵树，一朵云推动另一朵云，一个灵魂唤醒另一个灵魂。"这里所说的"教育"本质在于通过对幼儿日常生活的观察与思考，倾听幼儿内心真实的声音，从而找到最适合幼儿的教育方法，经过不断地总结和完善，达到最好的教育效果。在这方面，北京市昌平区回龙观西学区督导并协调北京市棉花胡同幼儿园回龙观园、首都师范大学附属回龙观幼儿园和北京市第六幼儿园回龙观园三个园所共同开展了"基于儿童本位的生活化课程探索和实践"的项目研究，并始终将"提升幼儿园游戏活动的功能与价值，促进幼儿主动学习与发展"放在研究的核心位置。在项目研究过程中，教师们结合大量贴近生活的活动案例，如《我们的"菇"事》《林地有多少棵树》《我是司令员》等，观察每一个孩子的"举手投足、言谈举止、喜怒哀乐、音容笑貌"，从中发现问题，总结教育经验，顺势引导、助力幼儿全面、健康地成长。

法国大作家罗曼·罗兰曾经说过："应当仔细的观察，为的是理解；应当努力的理解，为的是行动。"三所幼儿园以课程的形式，以儿童本位为基点，贴近幼儿生活，贴近现实，说得清楚，讲得明白，分析得透彻，总结得真实，真正达到了"课"以致用的教育目的。

当然，幼儿教育是一个不断发现新问题、找到新方法的过程，不可能仅通过一次游戏活动就把家长、社会所提出的"将孩子前进道路上的石块全部清扫干净，那些坑坑洼洼的全部垫平"。

生活中观察、理解、倾听孩子的心声，积极、主动回应孩子，才能使我们更热爱幼儿、尊重幼儿，助力每一个幼儿安全、健康、阳光、快乐地成长！

序　二

沈心燕

我非常荣幸地接受了北京市昌平区回龙观西学区关于“基于儿童本位的生活化课程探索和实践”研究项目组的邀请，有机会拜读了北京市棉花胡同幼儿园回龙观园、首都师范大学附属回龙观幼儿园、北京市第六幼儿园回龙观园三所幼儿园的研究成果——本书书稿。

我们知道：幼儿的成长是教育的目的，教师的成长是教育的保障，课程建设是幼儿发展的桥梁，现实生活是教育的源泉。项目组通过“倾听·解读·回应——基于儿童本位的生活化课程探索和实践”这一研究主题，将师幼互动与园本课程建立了联系，借此实现幼儿的主动发展、教师的专业发展与园所的内涵发展。

我在阅读书稿中一篇篇优秀案例的过程中，被教师们用行动践行“儿童立场”“儿童本位”的自主研究与实践探索所感动，敬重于园所以项目研究为引领，引导教师在日常的教育实践中将研究与教育同步，在研究幼儿、研究教育、研究自己教学行为的过程中成为自身教育实践的研究者，由此转变了教师的教育理念与教育行为，主动获得专业发展。

一、“倾听、解读、回应”体现了儿童本位的立足点与教师专业成长的发展点

教育要想达到促进与支持幼儿成长的目的，就要关注并了解幼儿的兴趣、意图，支持幼儿的发展需要。因此，项目组从“倾听、解读、回应”出发，引导教师学会观察与倾听幼儿的想法和意图、理解与解读幼儿的需要、支持与回应幼儿的发展，借此帮助教师形成儿童视角、感悟儿童立场、坚守儿童本位观，引导教师从看不见、看不懂幼儿的状态，到走近幼儿、看见幼儿、感悟幼儿、理解幼儿、读懂幼儿、支持幼儿、成就幼儿，并与幼儿共生、共长，使得教育的每一天都成为师幼共同成长的“阶梯”。

例如，案例《小金鱼的新家》。立冬后，天气越来越冷了。孩子们发现幼儿园小池塘里的水已经结了一层薄薄的冰，产生了“帮助小鱼过冬”的想法。孩子们通过激烈地讨论，最终决定为小鱼建一座塑料房子。面对孩子们的愿望，教师给予了积极的回应与支持。教师的信任使孩子们有机会经历收集信息、设计规划、准备材料、动手搭建、为小鱼新年送祝福等过程。孩子们在解决遇到的一个个问题时，克服了重重困难，陪伴小鱼安然地度过了寒冬，迎来了温暖的春天。

这一过程使幼儿在敢想、敢为中学会了深度思考、彰显了灵性，在亲历、亲为中尝试错误、积极调整，学会了用双手再现自己的认知和智慧。

二、“基于儿童本位的生活化课程”的建构与实施，将教育植根于生活，让学习融入生活，让生活帮助儿童从“经历”走向“经验”

我们常说：“教育基于生活、作用于生活、回归幼儿的生活、生活化的课程贴近幼儿的亲身体验、易于幼儿感知、理解和内化。”项目组在研究中引导教师从教材中走出来，关注幼儿当下寻常生活中的需要，尝试利用、挖掘生活中种种有意义与价值的素材，使其成为教育的来源与资源，让幼儿在生活中产生的每一个好奇、困惑与问题都能为他们带来发展的机会，如案例《我们的“菇”事》中，户外活动时，孩子们对枯树枝上长出了很多小白片产生了好奇，由此引发了对蘑菇的调查与交流活动、蘑菇的种植与照护的尝试、蘑菇为什么会变干的探究与实验……伴随蘑菇的生长，孩子们有了一个一个的新发现，由此生发出一个又一个有趣的学习故事。

教育自然渗透于幼儿的生活，让教育有来源，让生活有意义，让幼儿有成长，也让幼儿走出课本，走出教室，走入社会，走向真实的生活，从生活中学习与汲取营养，让幼儿的学习伴随生活、亲历有痕，帮助幼儿将经历变成经验。

教师在课程建构的实践中，也逐渐明晰了基于儿童本位的课程是怎么样的。

- **它是源于儿童现实生活，关注儿童的意愿与需要，支持儿童主体性发展，立足于儿童本位的成长型课程。**
- **它是生发于儿童生活、作用于儿童生活、回归儿童生活、助力儿童生活的生态化课程。**
- **它是儿童亲近、沉浸、参与自己生活的行为课程。**
- **它是滋养儿童生命、充实儿童生命、展示儿童生命力量的发展性课程。**

其间，儿童是主体、生活是基础、课程是桥梁，以此实现儿童生命自在、自然、自主、健康成长的目的。

三、儿童本位让教师看到了每一个成长中的儿童、富有个性的儿童，促进教师实现了工作方式、教育方式的转变

项目研究帮助教师从关注预设的教育到关注幼儿自发、自主的活动；从关注教师的要求到关注幼儿一日活动中的想法与需要，从关注幼儿的共性问题到关注幼儿的个性问题、从实施一刀切式的教育到尝试个性化的指导方式。

如在案例《我是司令员》中，面对郭思翼小朋友作为司令员所遭遇的困境，教师通过同伴的相互作用与反馈，帮助他逐渐明晰了自己的问题，产生行为调整的内心需要，并在教师的间接指导与小朋友的帮助下，使他从最初的心有余而力不足、无可奈何、不能以身作则的状态中逐渐成为同伴喜欢的小司令员，由此获得了社会性发展。

可喜的是，面对教师的发展需要，幼儿园通过研究项目的确立与实施，为教师的专业发展提供了借船出航、借梯登高的机会，促使教师在教育视角和教育方式上发生了根本的转变。

- **倾听、解读、回应的过程让教师练就了善于发现的慧眼与心灵。**

教师在教育实践的过程中，看见了真实的儿童，看见了儿童的个性与情感，看见了儿童的经验与差异，看见了儿童的智慧与发展。

➢ 看见儿童：让我们亲眼见证了孩子们的独特之处。

➢ 看见儿童：让我们的教育更加适宜与丰富，更加贴近孩子们的需要。

➢ 看见儿童：让我们的教育变得更有情趣与童趣。

➢ 看见儿童：让我们与孩子共同成长。

➢ 看见儿童：让我们永远用新的眼光与视角看待孩子，对孩子有新的发现。

·立足儿童本位带给教师教育方式的变化。

➢ 从关注教师的意图到关注幼儿的兴趣、童趣、情趣。

➢ 从关注活动的预设到关注幼儿的意图与活动的自然生成。

➢ 从关注活动的结果到关注幼儿在活动过程中思考了什么、发生了什么。

➢ 从关注教师的要求到思考教师在活动中该如何介入、如何支持。

➢ 从关注活动中教师如何"教"到关注幼儿在活动中如何主动的"学"。

·基于儿童本位的生活化课程的构建，让教师眼中有儿童、心中有目标、处处有教育。

教师教育方式的转变使教师在放手与支持幼儿实现自己想法的过程中，有机会了解幼儿的已有经验，发现幼儿的智慧，看见幼儿的成长，并结合关键经验，找到支持的线索，形成支持的策略，使幼儿获得自然的、自主的、深层次的、高质量的学习和创造。

总之，书中一篇篇生动的案例是教师在课程构建中的叙事表达，也是项目研究中教师们的自我反思，它基于实践、始于研究，其中会有让我们留下精彩印象又发人深省的教育故事，也会有不尽完美、留有遗憾的实践过往。它真实地记录了老师们研究中的点滴感悟，呈现了老师们在与幼儿互动中行中思、思后行的实践过程，反映了老师们在专业成长中的轨迹。研究在继续，成长依然在路上。

愿老师们的研究能够带给大家启迪与借鉴。

愿幼儿因为我们的努力而获得成长与幸福!

前言

为推进教育优质、均衡发展，促进北京市昌平区基础教育质量整体提升，形成教育资源聚集效应，不断缩小校际差距，探索中小学与幼儿园的有效衔接，昌平区教育工委、区教委于2019年开始实施学区制管理改革。北京市棉花胡同幼儿园回龙观园、首都师范大学附属回龙观幼儿园、北京市第六幼儿园回龙观园成为北京市昌平区回龙观西学区成员校。学区制的建立，拉近了我们三所幼儿园的关系，实现了从单一的“我”到“我们”的转变。我们三所幼儿园都是新体制下的新建园，建园最长的也只有六年。因此，学区制的建立，为三所新建园搭建了相互学习、相互促进的教育资源共享平台，对有效提升园所的办园质量，促进教育的均衡发展，起到了很好的促进作用。

作为西学区的项目园，为了达成依托学区制促进园所整体教育质量提升的目标，在学区领导的指导下，我们对三所幼儿园的现状进行了全面的梳理，结合实际，将研究重点聚焦于课程，确立了“儿童本位”理念下幼儿生活化课程建设的研究方向。

1. 为什么选择儿童本位?

儿童本位即以儿童为中心，其他人、事、物必须服务于儿童利益的理念和观点，就如教育专家成尚荣先生说的那样：“教育是为了儿童的，教育是依靠儿童来展开和进行的，教育应从儿童出发。”这一理念要求教育者要尽力接近儿童，努力站在“儿童立场”上，顺应儿童的身心发展规律和需要，促进儿童健康成长。

《幼儿园教育指导纲要（试行）》中明确规定：“幼儿园教育内容的选择既要适合幼儿的现有水平，又要有一定的挑战性；既符合幼儿的现实需要，又有利于其长远发展；既贴近幼儿的生活来选择幼儿感兴趣的事物和问题，又有助于拓展幼儿的经验与视野。”但在教育实践过程中，经常出现的问题是教师倾听幼儿的想法不够，内容更多的是教师精心准备的专门教学活动，亦或顺应了儿童，但内容出现过难或过易的现象等。因此，幼儿园选择教育内容应当以儿童为本位，从儿童的视角和实际需求出发，体现为对合乎幼儿利益的本能、兴趣和需要的尊重与满足。

2. 为什么选择生活化的课程内容?

《3～6岁儿童学习与发展指南》强调，幼儿的学习是以直接经验为基础，在游戏和日常生活中进行的。教师要珍视游戏和生活的独特价值，创设丰富的教育环境，合理安排一日生活，最大限度地支持和满足幼儿通过直接感知、实际操作和亲身体验获取经验的需要。教育家陶行知先生提出“生活即教育”，倡导教育要以生活为中心，儿童的课程应与儿童的实际生活融为一体。幼儿教育家陈鹤琴先生提出“活教育”理论，倡导幼儿教育“总是以儿童的生活、儿童的心理为根据”。幼教先驱张雪门先生提出，幼儿园课程应从生活中来，在生活中发展，在生活中结束。他主张的行为课程完全依据于生活，以活动为手段，通过直接经验使儿童获得发展。

可以说，好的课程内容更多的是来自儿童的生活，以适宜儿童生活的形式开展，才能促进儿童的全面成长。因此，项目组选择从生活化的课程内容入手，站在儿童的立场去研究幼儿园的课程。

项目组的三所幼儿园自研究伊始，始终秉承着“生活即教育”的理念，持续开展生活化的教育实践探索。针对如何实施生活化教育、怎样在生活和游戏中观察和了解幼儿的发展水平和发展需要、怎样在活动中有效支持幼儿的学习与发展等问题开展了一系列的实践研究，积累了比较丰富的课程案例和教育经验。如北京市棉花胡同幼儿园回龙观园的《小金鱼的新家》、北京市第六幼儿园回龙观园的《我们的“菇”事》、首都师范大学附属回龙观幼儿园的《神奇的光影》等课程案例，无不体现了教师在观察、倾听幼儿的基础上，解读幼儿、理解幼儿、支持幼儿，最终促进幼儿发展的生动教育实践。本书共分四章，收集了三所幼儿园大、中、小班共27个案例。这27个案例凝聚了三所幼儿园教师们的教育智慧，本次案例的收集与整理，更是教师们对已有研究工作和教育实践的再思考，也是进一步深化对《3～6岁儿童学习与发展指南》的学习和理解，对转变教育观念、建立全新的师幼关系、学会更好地观察、了解幼儿大有裨益。

本书得以出版，作为学区项目的一个阶段性成果与广大读者见面，首先要感谢北京市昌平区教委领导和回龙观西学区领导的鼎力支持。同时，也要特别鸣谢在教学研究中，支持、引领我们成长的北京市特级教师沈心燕老师，感谢沈老师的高位引领和悉心指导。最后，也向为本书提供优秀教学案例的一线老师们致以诚挚的谢意！

北京市棉花胡同幼儿园回龙观园园长　马立红
首都师范大学附属回龙观幼儿园园长　霍燕兵
北京市第六幼儿园回龙观园园长　路玉珠
2022年12月于北京

目录

第一章　基于儿童本位的幼儿园生活化课程概述

一、基本概念

（一）何为教师

教师是担任教学工作的专业人员。教师这一职业是以育人为核心的职业。在育人的过程中，主要回答三个基本问题：“为谁培养人？培养什么样的人？如何培养人？”可以说，解决了这三个基本问题后，就能确定教师的教育目标、教育对象及教育方法与途径了。由于教师教育的对象是人，因此，育人既是教育的起点，也是教育的终点即目标。教师在育人的过程中，应该始终以人为本，以人的发展为本。育人是教师的天职，也是教师的使命。幼儿教师要做到树人、立人、育人、达人的目标，首先就要了解幼儿、理解幼儿、成就幼儿、发展幼儿。2014 年教师节前夕，习近平总书记在考察北京师范大学时的讲话中提出做“有理想信念、有道德情操、有扎实学识、有仁爱之心”的“四有”好老师，从四个层面对教师这一职业提出了具体要求。

（二）何为教育

联合国大会 1989 年通过的《儿童权利公约》中明确指出：“将最充分地发展儿童的个性作为教育的首要目的。”即把“人的发展”作为教育的出发点，也是教育的归宿。为此，教书的目的在于育人，在于培养人、发展人、成就人。教师要帮助幼儿成为有思想、有能力、有智慧、有力量、有独立人格的人。

（三）教师的育人与育己

教育既是教师育人的过程，也是教师育己的过程；既是成就别人的过程，也是成就自己的过程。所谓教学相长，就是这个意思。可以说，教师是一个使教育者和受教育者都变得更加完善的职业。幼儿教师在教育孩子的过程中，不断地观察孩子、倾听孩子，发现每个孩子的个性千差万别，每个孩子都有属于自己的奇思妙想，也有不同的问题和烦恼……他们每天都在用自己的行为与表现丰富着教师对幼儿的认知和理解，也在帮助教师丰富教学经验、积累教育策略、感悟教育真谛和内涵。

二、基于儿童本位的生活化课程三个关键词

（一）关键词一：儿童本位

什么是儿童本位？即儿童是学习的主体。以儿童为本就是从幼儿的视角出发，尊重幼

儿的年龄特点、学习方式、个体差异，以满足和尊重幼儿的兴趣、需要、意图为主，让幼儿在做中学、玩中学，并与活动中的人、事、物互动、联结，从而发现问题、分析问题并解决问题，自主建构新经验，促进幼儿身心健康、和谐、全面发展。

作为教师，要尊重幼儿的年龄特点、学习方式和个体差异，认可、尊重、支持儿童的想法，为幼儿创造相应的条件和环境，让幼儿自由、自主、自发、自觉地游戏，在玩中学、做中学。教师要呵护儿童的天性、个性、灵性。每个儿童都是不同的，他们有不同的兴趣和爱好，有不同的性格和特点，有不同的文化和家庭背景，体现了个体的差异性。教师要结合幼儿的年龄特点、认知特点、发展需要、兴趣点、好奇心、学习方式等，对幼儿实施教育、教学活动，促进幼儿发展。教师要关注班里的每一个幼儿，看到每一个幼儿的想法和做法、成长和发展。如何体现个性化教育？个性化教育不是个体教育，个性化教育是根据人的个性而实施的一种教育，因人而异，因材施教，同时，又彰显每个幼儿的个性，促进幼儿生命成长，展示生命的力量，主要包括身心发展需要、个性化的发展需要和整体的发展需要，支持幼儿成为有思想、有能力、有智慧的主动学习者。

（二）关键词二：幼儿园课程

幼儿园课程是实现幼儿园教育目的的手段，是保证幼儿获得有益的学习经验，促进幼儿身心和谐、健康发展各种活动的总和。

幼儿学习就是通过亲身感受、动手操作、实际体验获得的。课程就在儿童的生活里，就在儿童的行动里，就在发现和解决问题的过程中。生活中的事物是儿童活动的重要对象，它们能给儿童带来乐趣，带来挑战，带来想象，带来专注，带来快乐，带来经验。因此，幼儿园课程是生活化的，也是游戏化的。

（三）关键词三：基于儿童本位的生活化课程

1. 基于儿童本位的生活化课程是基于儿童现实生活、关注儿童意愿与需要、支持不同背景中儿童的主体性发展、立足于儿童的生命成长（即身心同步成长）的课程。

2. 基于儿童本位的生活化课程是源于儿童生活、基于儿童生活、回归儿童生活、助力儿童生活的生态化课程。

3. 生活质量决定生命的质量，它是关怀、滋养儿童生命、充实儿童生命、展示生活力量的发展性课程。

4. 基于儿童本位的生活化课程是儿童亲近、沉浸、参与自己生活的行为课程。

总之，儿童是课程主体，生活是课程基础，课程是桥梁，实现儿童生命自在、自然、自主、健康的成长是课程目的。

三、基于儿童本位的生活化课程教学策略

（一）倾听

1. 什么是倾听？

所谓倾听，从狭义上讲，是指倾听幼儿用语言进行的一种表达。教师注意倾听幼儿对自己想法、需求的表达。这种表达的形式可以是幼儿自问自答，可以是教师提问、幼儿回答，也可以是幼儿与幼儿、幼儿与教师、幼儿与家长之间的谈话活动。从广义上讲，倾听不仅是用耳朵听，也可以用眼睛观察，用心灵去感受。教师通过“倾听”，了解幼儿的真

实想法、情绪与情感、兴趣点、好奇心、需求及幼儿行为背后的真实意图等，进一步分析、解读幼儿，结合幼儿年龄特点、学习特点、发展水平等，对幼儿实施有针对性的教育活动。

2022 年 2 月，教育部印发了《幼儿园保育教育质量评估指南》（以下简称《评估指南》），其中针对师幼互动提出了“重视幼儿通过绘画、讲述等方式对自己经历过的游戏、阅读图画书、观察等活动进行表达、表征，教师能一对一倾听并真实记录幼儿的想法和体验。”“教师应多角度关注幼儿在各个环节中的行为表现，有目的、有计划地通过看、听等方式了解幼儿情况。”因此，在幼儿园日常生活与游戏中，教师需要花费大量的时间对幼儿进行一对一的倾听，为幼儿提供更多的机会去表达，并在倾听的过程中，不断地发现幼儿、点亮幼儿！倾听是一种教育方式，它可以帮助教师更好地了解幼儿，走进幼儿的内心世界，是认识幼儿、信任幼儿、理解幼儿、支持幼儿学习与发展的重要途径。

2. 怎样倾听？

（1）狭义的“倾听”——聆听。

①倾听并记录幼儿的话语时，一定要真实。教师在倾听幼儿的语言表达时，会发现幼儿受语言水平发展所限，导致词汇量不够丰富、用词不准确、句子表达不完整。这时，需要注意的是一定要忠实于幼儿的表达，完整、准确地记录幼儿的话，不要杜撰或随意更改。孩子说了什么，教师就应记录什么，做一个忠实的倾听者和记录者。

《评估指南》中有关“一对一倾听”有 4 个要点：

一是能够认真聆听幼儿的表达，准确记录幼儿的表征；

二是倾听幼儿的完整表达，并采用多种方式记录；

三是在幼儿表达过程中不主动干预、中断或强加教师的主观意见；

四是倾听幼儿的表达并能及时回应。

②幼儿语速过快，教师记录不全时，一定不要打断幼儿的话。因为幼儿正在讲话时，一旦被打断，很可能就想不起来自己要说什么了。教师可以随身携带录音笔或其他录音设备，方便随时随地录音，等有时间再进一步整理，也可以采用快速记录法进行记录。

③为幼儿提供宽松的语言表达环境，让幼儿想说、敢说、会说。小班幼儿刚入园，对环境、教师、同伴较为陌生，语言表达能力较弱，需要教师多鼓励与引导，通过“抱一抱”“拉拉手”“蹲下来”等行为让幼儿在讲述时更加放松。幼儿在表达自己的需求和意愿时，教师不要接话、抢话、插话，要耐心倾听，让幼儿把话说完，可以通过复述、引导、重构句子等方式帮助幼儿提高语言表达能力。

④引导幼儿多多讲述，讲述的内容可以是日常生活、游戏中发生的小事、幼儿在探究过程中发现的现象、遇到的问题、得出的结论、亲身感受与体验、经验的梳理与总结等。教师在倾听幼儿讲述的过程中，注重引导与鼓励，可以是一对一的倾听，也可以是集体分享活动。同样的一件事，可以让不同的幼儿来分享，幼儿受自身已有认知经验、发展水平、个体差异的影响，对待同一件事也会有不同的看法、想法等，可以互相分享、互相学习。

《评估指南》中有关“幼儿表达”有 8 个评估策略及要点：

一是鼓励幼儿用语言或绘画等方式进行表达、表征；

二是组织幼儿以集体或小组的形式表达；

三是尊重幼儿想要表达、表征的意愿；

四是灵活调整时间，满足幼儿表达、表征的需要；

五是提供集体或个人表征作品的展示空间；

六是合理收集幼儿的连续性表征；

七是耐心引导不善于表达或不能表达的幼儿；

八是当幼儿中断表达时，能借助照片或视频帮助幼儿完成表达。

（2）广义的“倾听”——观察。

①什么是观察？

教师的观察是一种专业的教育行为。观察能力是教师的专业能力之一，是教师在特定的活动情境中对幼儿的学习与发展行为进行观察记录、分析解读、提供支持与帮助的能力。观察是教师研究与理解幼儿的基本方法与手段，并借此设计与改进教育教学活动、支持与促进幼儿发展的逻辑起点。北京师范大学教授刘焱曾说过：“观察是人们有目的、有计划地对自然状态下发生的现象和行为进行记录和考察，进而获得事实材料、掌握事实真相的一种方法。”《评估指南》指出：“认真观察幼儿在各类活动中的行为表现并做必要记录，根据一段时间的持续观察，对幼儿的发展情况和需要做出客观全面的分析，提供有针对性的支持，不急于介入或干扰幼儿的活动。”

观察分为一般观察和专业观察。

A. 一般观察（日常观察）：是指教师在幼儿园日常生活中对幼儿的观察。

一般观察多数没有预先设定的目的，是较为随意的观察，可能只注意到幼儿生活的某个方面或某个片段，观察的只是偶发事件，不具有典型性。因此，收集的大量信息往往具有主观性和偶然性。

B. 专业观察。

专业观察是指教师对幼儿进行全面、细致、深入的观察。首先，教师看到幼儿的行为表现，思考幼儿遇到了什么问题，其现有的活动状况和水平如何。其次，教师会思考应采取哪些具体的方法和策略来帮助幼儿。最后，幼儿在教师介入后有何反应，教师接下来需要怎么做。

面对幼儿之间发生的争执，非专业人员的指导策略与专业教师的指导策略是不同的。一个专业的或者是受过良好专业训练的教师，她会用专业的教育理论、专业知识和实践经验来判断、处理幼儿出现的问题。

非专业教师的指导策略：

A. 转移幼儿注意力——转移幼儿的注意力，以平复幼儿的情绪。

B. 给幼儿讲道理——通过说教，让幼儿做出让步（谦让）。

C. 受害者至上——谁告状，谁就是受害者。

D. 强调成人的感受——告诉幼儿成人的感受，如“你这样做，让我很失望”等，通过给幼儿增加心理压力，调整幼儿行为。

E. 承诺某种好处——“谁先谦让，我就让谁做值日生”，以此平衡幼儿心态。

F. 自主思过——“你们想一想，自己做得对吗？”“应该怎么解决这个问题？”

专业教师的指导策略：

A. 思考第一个问题：在这样的情境当中，可以发展幼儿什么？

B. 思考第二个问题：如何诊断事件中的幼儿？

C. 思考第三个问题：对课程内容和管理上的思考。

教师要带着课程意识去观察，体现目标意识、资源意识、过程意识和评价意识。这四个意识并不是相互割裂的，而是具有系统性和内在联系的。针对幼儿的当前行为和发展需要，应设置哪些目标、这些目标的设置对幼儿有何价值、应利用哪些资源为幼儿提供相关的经验、通过何种有效的教育方式与方法才能更好地实现目标。有研究表明，教师课程意识的内涵与水平体现了教师专业化程度的发展，教师的专业化发展又离不开课程意识的觉醒。在课程实施中，有课程意识的教师会敏感且自觉地从目标、资源、过程和评价等维度组织与实施教育活动，从而更合理、更有目的地开展教育活动。

②为什么要观察？

A. 观察的目的。

从幼儿发展的角度来说，《观察，走进儿童的世界》一书中有这样一段话："观察儿童最基本的目的，就是加深成人对儿童需要的了解与理解。为了观察有用，我们必须根据儿童的需要给儿童以回应、理解，最终提供有益于儿童的教育。"

从教师成长的角度来说：

a. 观察是教师最重要、最有效的教学行为之一。

b. 观察是教师成为研究者的一条主要途径。

c. 观察是教师趋向成熟、趋向专业化的一个重要标志。

B. 观察现状及常见问题。

a. 在观察方面，随机、零散的观察多，有目的、连续性的观察少，导致教育活动不深入。

b. 带着主观期待与目标的观察多，关注幼儿自己的想法和意图的少，导致教师的观察具有局限性，只看自己想要看到的。

c. 关注幼儿活动的结果多，关注幼儿学习行为、学习过程的少，导致教师的教育行为缺乏有效性。

d. 观察记录中事件的描述多，有意义、有价值的信息捕捉得少，导致教师难以识别幼儿的心理需要与发展需要。

e. 观察中关注共性的问题多，关注个性需求少，导致教师对幼儿的差异性认识不足，指导、支持不足。

f. 在观察、分析中，主观判断多，有依据的专业分析少，导致教师行为决策的不适宜。

g. 在书写观察记录中有关回应的内容时，教育理论、原则套用的多，个性化的支持少，导致教育一刀切，缺少以人为本的个性。

h. 对幼儿盲目的要求和干预多，对教师自身行为的反思与调整少，导致教师专业成长缓慢。

C. 观察幼儿可以让教师学到什么?

a. 加深教师对幼儿个体需要的了解与理解。

b. 帮助教师分享幼儿的行为结果，感受他们的不同情绪。

c. 观察可以帮助教师判断幼儿的需要，思考幼儿的问题，决定是否需要干预、干预什么、以何种方式干预、干预效果如何等，以便有的放矢地支持和引导幼儿进行学习活动。

d. 教师应依据观察结果，反思和改进自身教育、教学行为，制订适宜的课程方案。

e. 观察是幼儿教师一项重要的专业基本功和专业能力。

D. 教师要观察、了解幼儿什么?

a. 要了解幼儿的个性特点、已有经验、发展水平与发展速度、优势领域、生活环境等。

b. 了解幼儿的真实意图，了解幼儿行为发生的起因和近因，以及行为的形成过程，倾听幼儿对自己行为的解释等，并在此基础上判断行为的成因。

c. 每个幼儿的行为都具有独特性，每个幼儿就是一本鲜活、生动、充满挑战和魅力的书，是需要教师每天用自己的情感、经验、智慧、行为来阅读的书。

d. 要读懂幼儿一本“既有趣又难以读懂”的书，就需要教师反复、深入、全面地读，将书中每一篇章之间建立联系，不断地温故而知新，才能逐渐地把握书的内涵和精髓。

(3) 如何观察幼儿?

A. 增强观察意识。

教师应增强观察的敏感性和自觉性。

a. 善于观察：在自然情境中获得客观而真实的发现。

b. 勤于观察：全面而持续地关注与理解每一个真实的幼儿。

c. 细致观察：感悟幼儿的身心需要、当前需要与发展需要。

d. 深入观察：及时了解幼儿行为背后的真正原因，发现他们真实的需求和行为动机。

B. 遵循观察原则。

a. 内容全面。着重观察幼儿一日生活中的情感变化、学习状态、日常行为、言谈举止等内容。

b. 方法得当。掌握科学的观察方法，包括全面观察和重点观察、自然观察和实验观察、长期观察和定期观察、顺序观察和侧面观察、直接观察和间接观察等。

C. 提高观察技能。

a. 增强观察意识。

·能将观察作为了解和促进幼儿学习与发展的出发点。

·能将对幼儿多方面的观察与自身教育行为建立联系。

b. 明确观察目的。

·观察每一位幼儿在活动中的行为表现。

·了解幼儿行为背后的意图。

·为了提供更加适合幼儿的教育方案。

c. 确立观察内容。

·幼儿的意图、想法和发展需要。

·幼儿的发展水平和个体差异。

d. 选择适宜的观察方法。

·随机的观察与有目的的观察相结合。

·片段性的观察与连续性的观察相结合。

·客观地记录和分析儿童的行为表现。

e. 捕捉幼儿生活中的关键事件与关键行为。

·捕捉幼儿有特殊意义的行为。

·捕捉幼儿偶发性行为。

·捕捉幼儿重复性行为。

f. 实施有依据的专业判断。

·关注幼儿的年龄特点及个性特点，看见每一个独特的幼儿。

·分析幼儿的异常性和具有特殊意义的行为。

·能依据幼儿的行为表现和个体差异，敏感地察觉每一个幼儿行为背后所隐含的心理感受和需要。

·能将在观察中所获得的信息进行综合的分析与判断，实现对幼儿发展现状的全面把握。

g. 观察结果的运用。

h. 支持幼儿多样化学习，促进个性化发展。

i. 提供有益于儿童的个性化教育。

D. 运用观察结果。

《幼儿园教育指导纲要（试行）》（以下简称《纲要》）中指出："关注幼儿在活动中的表现和反应，敏感察觉他们的需要，及时以适当的方式应答，形成合作探究式的师生互动。"这段话中主要提出了"观察——解读——回应"这三个过程。

观察是教师的专业基本功，它包括观察了解情况、分析与识别、对观察结果的运用、教师行为的调整等一系列的专业教育行为。

a. 观察（获取真实信息）。观察幼儿在活动中的行为与表现，包括幼儿的兴趣点、发展需要、游戏水平、游戏过程中遇到的困难、游戏中探究的内容和情况，从而了解幼儿的行为意图与意义。重点观察他在做什么，了解他为什么这样做。

b. 解读（分析并解读观察到的信息）。教师应结合有关专业理论和幼儿的个性特点、发展水平等，对幼儿行为背后的兴趣、需要（当前需要与发展需要）、已有认知经验、发展方向等进行分析与识别，重点分析、判断幼儿行为中蕴含了哪些需要、有哪些教育价值。在教师与幼儿的互动中，尊重幼儿的想法和做法，不指责、不评价，为幼儿营造一个宽松、自由、安全的心理环境，避免高控幼儿游戏或剥夺幼儿自己解决问题的机会或打断幼儿活动思路及游戏进展，引导幼儿与同伴、教师互动并体验接纳与肯定、学习分享与合作。

c. 回应（对观察结果的运用）。教师应结合观察结果，确立适宜的教育行为与教育方案，重点思考如何回应幼儿的表现及满足幼儿的需要、怎样回应才是适宜的、何时介入和采取何种方式介入等。教师可以以游戏伙伴的身份介入游戏，如建构游戏中，教师在幼儿旁边搭建积木，激发幼儿游戏兴趣的同时，还可以促进幼儿学习并掌握不同的搭建技能。

教师的“观察——解读——回应”是一个不断循环的行为系统，教师观察并了解幼儿——分析与识别幼儿行为意图——支持与回应幼儿——再观察幼儿反应——再分析与识别——再回应（教师及时调整教育行为）。教师就是在这个行为系统中，获得自身专业能力的提升和师幼共同的发展。

E. 实施观察。

教师对幼儿的关注度指教师对幼儿表现、反应及行为背后的想法、心理感受和需要的关注程度。有研究表明，教师对幼儿的关注程度会影响幼儿的主体性发展。

a. 实施有目的的观察。观察要有目的、有计划、有重点，注意观察幼儿想玩什么、需要什么材料的支持、如何与材料互动、如何操作和使用工具、能否迁移已有经验支持探究性学习、语言与交往能力的发展水平如何、游戏中能否使用替代物等。

b. 实施有广度的观察，能在一定时间内观察班里所有的幼儿。教师要注重观察的过程性和连续性，从而确保记录的是幼儿一段时期的行为表现，进而获得幼儿游戏行为的准确信息。同时，注意观察单个幼儿在群体中的表现，借此了解幼儿的社会性发展及人际交往能力发展得如何。班级教师将全班幼儿分为三组，每人负责观察并记录一组幼儿，保证不落下一个幼儿，全面记录班级幼儿行为表现，对每一个幼儿的现状和发展需求做到心中有数。

c. 实施有深度的观察，能关注到幼儿在游戏中的表现、反应及行为背后的原因。教师在对个别幼儿进行观察时，应将注意力放在幼儿游戏时的行为表现、对待同伴的态度、遇到问题时的心理、处理问题的方式及合作能力等方面，透过现象看本质，用剥洋葱的方式，层层递进，深入了解幼儿行为背后的原因、幼儿发展需求和发展水平。

d. 实施有温度的观察，能敏感地察觉到幼儿的心理感受和需要。教师要关注幼儿游戏时的状态、情绪变化、表情及肢体动作，从而了解幼儿的心理变化与需求，安抚幼儿情绪、化解幼儿之间的矛盾、激励幼儿大胆尝试、及时满足幼儿的心理需求。

F. 观察中努力做到“六到”。

a. “眼”到：细致观察，明察秋毫。教师对幼儿应进行多角度的观察，细化观察内容。注意观察幼儿在游戏中是自主游戏还是被动游戏，是创造性游戏还是模仿别人游戏，与同伴相处得如何，动手操作能力如何，是否有角色意识，能否完成相应角色的游戏任务……这些都是教师观察的重点内容。教师通过观察幼儿在游戏中的表现和需要，才能有针对性地、有目的地制订和调整教学方式，选择更适合幼儿发展的支持方法和教育策略。

b. “耳”到：善于倾听，获得信息。教师对于幼儿在游戏中的语言表达要耐心、细致地倾听，做到不插话、不随意打断幼儿，引导幼儿能清晰、完整地表达自己的想法。在听的过程中，观察幼儿面部表情、肢体动作及情绪状态，并从听到的话语中获得幼儿游戏意图、想法等信息，做到心中有数。

c. “口”到：适时询问，倾听解释。教师在听的过程中，如果有不明白的地方，可以适时地向幼儿提问，进一步理解幼儿的意图，认真倾听幼儿做出的解释，以便为幼儿提供准确的支持。

d. “心”到：积极反思，解读成因。对于幼儿在游戏中出现的问题，教师要积极反思，有意识地引导幼儿自己想办法解决，并解读出现问题的原因，找到问题的关键点，帮助和支持幼儿达成游戏目标。针对幼儿在游戏中的表现，教师要从以下三个方面深入思考：一是幼儿游戏主题是否明确。注意思考幼儿能否自行决定游戏主题，幼儿是否容易受他人影响改变游戏主题，能否与同伴商量游戏主题并共同完成。二是游戏材料是否能满足幼儿实际游戏的需要。注意思考幼儿对游戏材料的喜爱程度、如何选择游戏材料、如何使用游戏材料，借此可以了解游戏材料投放的适宜性。三是幼儿在游戏中的个性表现如何。注意思考幼儿在游戏中的独立性、自主性、探索性、坚持性如何，为幼儿创设宽松、自由的游戏氛围，让幼儿的个性得以展示，进而把握幼儿的个性发展现状、个性特征，从而了解幼儿的发展水平。

e.“手”到：及时记录，思考提炼。教师要及时记录自己的观察，记录的方式可以根据实际情况来安排，以便提高观察的有效性。一般有三种主要的记录方式：一是表格式记录。教师可以根据需要自行设计观察记录表，内容包括观察时间、幼儿姓名、观察内容等。采用表格记录的方式主要是为了节省记录时间，可以采用符号进行标记，这样的观察能细致、全面地记录幼儿的行为表现，观察到平时容易被自己忽略的细节。二是描述性记录。教师对幼儿游戏中的行为进行观察并记录，客观记录幼儿游戏中的行为举止、语言表达等，包括背景分析、行为动机、行为结果、行为反馈等内容，注重对现象和幼儿行为的记录，体现客观性、真实性、准确性的原则。三是多媒体记录。教师可以借助手机拍照、录制视频和音频等方式进行观察记录。这种记录方式的好处在于可以反复观看，细心揣摩、分析幼儿行为方式和动机，从而获得对幼儿个体或群体的一手认知资料。

f.“行”到：适宜回应，再度观察。教师对幼儿进行观察的目的在于准确解读幼儿行为，做到适时、适度、适宜的回应，调整教育行为，有效支持幼儿发展、满足幼儿需要，引导幼儿深入探究和学习，从而获得相关经验和能力。

总之，教师应提高观察能力，感知幼儿行为表现、情绪与情感变化、游戏与探究技能的发展，以学定教，提升教师专业化发展水平，用专业的眼光持续地对幼儿行为与自身的教育行为进行审视和反思，积极地进行专业思考，促进专业经验的积累，保持专业教育的敏感性。

（4）做有教育敏感度的教师。

教师应努力提升自身的教育经验与能力，及时捕捉游戏中的教育价值和教育契机，通过有效而适宜的教育促进幼儿全面、和谐发展。

A. 敏感的教师应能发现幼儿的兴趣与需要，及时了解幼儿对什么事物有好奇心及探究热情，游戏中对什么产生困惑、有疑问。

B. 敏感的教师善于捕捉幼儿的关键行为，及时发现幼儿行为背后的心理需要，并积极回应幼儿。

C. 敏感的教师能在发现幼儿兴趣与需求的基础上，及时作出反应或调整自己的教育行为。

D. 敏感的教师应学会适时的介入和有效的指导，成为幼儿主动学习的“共谋人”，并能不断引导幼儿深入探究与实践、深度学习与发展。

E. 敏感的教师应在观察幼儿游戏中发现相应问题，引导幼儿主动学习，找到支持幼儿游戏的线索，形成有效的支持策略。

F. 敏感的教师能捕捉教育情境中蕴含的教育价值，让教育自然地渗透于幼儿的一日生活与游戏中，转换于生成与预成的教育过程中。

（二）解读

1. 解读什么？

每个幼儿都有自己感兴趣的事物，对周围的人、事、物有自己的看法和想法。教师通过专业而细致的观察，倾听幼儿的说法，进而分析幼儿的行为与表现，了解其行为背后的意图和情绪、情感及幼儿当前的学习与发展状况，尊重和支持幼儿的想法和选择，及时评估他们的需要，帮助他们拓展经验，让幼儿成为活动的主人，通过探究与学习获得发展。

2. 解读的依据是什么？

（1）幼儿年龄特点。

3～6 岁幼儿因其生理发育和心理发展的不断变化，在情绪、认知、社会交往、语言表达等能力发展方面都呈现出各自的年龄特点。教师应了解并遵循幼儿的年龄特点，结合幼儿在活动中的不同行为与表现，有针对性地进行指导，使幼儿获得不同的发展。

（2）幼儿学习方式。

《指南》中指出："幼儿的学习是以直接经验为基础，在游戏和日常生活中进行的。要珍视游戏和生活的独特价值，创设丰富的教育环境，合理安排幼儿的一日生活，最大限度地满足幼儿通过直接感知、实际操作和亲身体验获取经验的需要。"这段话明确了幼儿的学习方式、学习特点和学习途径。由此可见，适宜幼儿的学习方式应该是符合不同年龄段幼儿身心发展规律、年龄特点、认知特点和原有经验，从幼儿的兴趣点、发展需要出发，以游戏为基本方式，采取感知、操作、游戏、体验、讨论等方式支持幼儿学习，促进幼儿全面、和谐发展。

（3）幼儿已有经验。

幼儿的已有经验包括认知经验、生活经验、动手经验、技能经验、社交经验等。幼儿在开展活动的过程中，往往都是以已有经验为基础，通过动手操作、直接感受与体验，最终获得新的经验。教师应在日常生活中观察、了解班里每个幼儿的能力水平及发展需要，准确判断幼儿的"最近发展区"，以此为依据，为幼儿创设各种环境、材料，设计各种活动来满足幼儿的学习需要，促进幼儿深度学习。

（4）观察获得的信息。

教师在观察幼儿的过程中，会获得大量的信息，如幼儿的喜好、兴趣增长点、游戏中的常见问题、解决问题的思路和方法、合作游戏的能力和技巧等。这些信息会为教师提供下一步的行动方向和方式，能够很好地与幼儿互动，支持和促进幼儿深度学习与发展。同时，教师也要关注个别幼儿的发展，对于那些落后于或高于幼儿现阶段发展水平的幼儿，给予适宜的帮助和鼓励，以满足不同幼儿的学习需要。

3. 如何解读？

教师要想准确解读幼儿的行为表现及意图，就要从以下几个方面进行科学、合理的分析，进而获得相关答案。

（1）解读幼儿的探究兴趣。

幼儿之所以会产生探究行为，就是基于幼儿的探究兴趣。只有幼儿对周围的事物产生好奇心和探究欲望，才会主动感知周围的事物和现象，产生想要探索客观世界的内驱力，内心渴望与周围的事物建立联系。幼儿的好奇心产生之后，就会对自己不了解的事物提出问题，如“这是什么”“为什么会这样”“怎样才能更好”等一系列的问题。这也是幼儿在感知客观世界之后，发现该事物与自己的认知经验发生冲突，想要通过提问等方式表达自己的困惑或想法。而这种提问的内容和次数也体现了幼儿想要认知周围事物的程度，想要通过学习获得新知。幼儿为了满足自己的好奇心，解决内心的困惑，就会产生主动交流的愿望和情感。他们会在尝试解决问题、寻找答案的过程中，动手操作、深入探究，从而找到解决问题的方法，积累相关认知经验和知识。

（2）解读幼儿的探究行为与方法。

幼儿在解决认知冲突的过程中，会用到多种方法，这也为幼儿自主创造、主动探究提供了机会。他们在探究过程中会积极地与材料、环境、同伴、教师互动，充分利用身边的资源满足自己的探究兴趣和欲望。这一过程也直接反映了幼儿的游戏水平和探究能力，一般包括观察、比较、猜想、验证、调查、统计、测量、收集信息、求助专业人士、交往互动等基本的探究方法。幼儿通过观察与比较，发现事物之间的相同点与不同点，找到事物的特点和发展规律。幼儿也会对即将开展的探究内容进行简单的猜想，然后制订探究计划，并进一步实施，用行动验证自己的猜想是否正确。幼儿有时也会通过求助专业人士、上网搜索相关信息、询问有相关经验的人等方式获得有价值和有意义的信息，进而对得到的信息进行分析与加工，找到“终极”答案，或者是对与该事物有关的人员展开调查，通过统计、分析获得最终的答案，找到解决问题的方法，了解问题产生的因果关系等。幼儿还可以通过与同伴、教师等互相交流自己的想法，通过沟通获取信息。总之，可供幼儿利用的方式比较多元，幼儿可以根据自己的猜想自由发挥，选择适合的探究方法，从而获得探究能力的发展。

（三）回应

1. 回应什么？

回应是指教师通过观察发现幼儿遇到问题时，结合幼儿的年龄特点、实际发展水平、问题情境等，有针对性地给予幼儿适宜而有效的回应，为幼儿提供新材料、新挑战、新空间等深入学习的机会与可能，支持幼儿实现心中的想法，满足幼儿探究欲望和需求。有效回应是教师的专业基本功之一，是在教育活动中不可缺少的、能够决定教育成败的重要因素，是促进幼儿全面、和谐发展的驱动力。

《纲要》中明确指出：“关注幼儿在活动中的表现和反应，敏感地观察他们的需要。及时以适宜的方式应答，形成合作探究式的师生互动。”“成为幼儿学习活动的支持者、合作者、引导者。”“创设一个能使他们想说、敢说、喜欢说、有机会说并能得到积极应答的环境。”《评估指南》指出：“尊重并回应幼儿的想法与问题，通过开放性提问、推测、讨论等方式，支持和拓展每一个幼儿的学习。”教师为何回应、何时回应、以何种方式和态度回应幼儿等，将直接影响幼儿活动中的情绪及对抗挫折的信心，起到不同的效果。因此，教师适宜而有效的回应是有效的教育行为体现，也是师幼良好互动的结果，能促进幼儿身心和谐、健康发展，提高幼儿发现问题、分析问题、解决问题的能力。

2. 如何回应幼儿？

（1）转变观念，提高专业技能。

在幼儿自主游戏的过程中，幼儿是活动的主导者，教师是活动的支持者、引导者、合作者。教师应适时回应幼儿的各种提问，且回应形式多样、方法有效，可以采取提升式回应、归纳式回应、赏识激励式回应、追问扩展式回应、互动式回应等多种方式，而不应选择命令式的语气纠正幼儿行为，让幼儿被迫接受或服从，觉得自己不被尊重，忽视幼儿内心需求和情感表达。教师要转变教育观念，尊重幼儿的话语权，在幼儿有表达意愿时，为他们创设更多的表达机会，了解幼儿的需求、兴趣和心理活动，根据幼儿的兴趣需要组织各项活动，尊重幼儿个体差异，提供适宜的个别指导和个性化活动，促进幼儿身心和谐发展。

（2）积极互动，激发幼儿探究。

教师要为幼儿创设宽松、温馨、舒适的师幼互动环境，让幼儿能在放松、愉悦的情绪中积极表达自己的需求和想法。如果幼儿在表述过程中遇到困难，无法准确地表达想要说的话时，教师应该耐心倾听，以鼓励、支持、引导的态度，让幼儿自主、自由、自愿表达。教师可以以开放性提问的方式，引导幼儿表达，答案的内容可以宽泛一些，提问的形式可以灵活一些，旨在为幼儿营造宽松、自由的问题情境，给幼儿提供思考与探索的时间与空间。教师通过幼儿提问发现有意义的信息，判断其提问是否存在潜在的教育价值，对幼儿进行引导和点播，让幼儿通过分析与思考、操作与探究自主获得问题的答案，积累相关的知识与经验。教师要教会幼儿学会自主提问，让幼儿好问、会问有价值的问题，引导幼儿从不会提问到懂得如何提问、从不敢提问到大胆提问、从低水平提问到较高水平的提问，支持和帮助幼儿发现问题、分析问题、探究问题、解决问题，在问题中成长和学习，促进幼儿思维能力的发展。

（3）鼓励幼儿，提高回应策略。

教师在日常生活中应鼓励幼儿多多提问，并采用积极的支持性和引导性回应策略进行有效回应。研究表明，教师受自身教育能力与水平的限制，不知道如何回应幼儿的提问，有的教师为了打发幼儿，往往采取忽视的态度，采用“聋、哑、盲”式的回应，或者是随意回应幼儿，所答非所问，无法满足幼儿的需求，不利于幼儿身心健康发展。面对这种情况，教师应加强自身的能力与水平，拓宽知识面和实际动手操作的经验与能力，采取合适的方式回应幼儿，引导幼儿在解决问题的过程中不断完善自己的认知。

当幼儿遇到问题时，教师可以先鼓励幼儿自己分析与思考问题，尝试动手操作，探究解决问题的方法。如果幼儿不能自己解决，教师可以适当地给幼儿一些他能理解的提示，让其迁移原有认知经验独立解决。实在无法解决的，也可以借助其他幼儿的优势，引导幼儿向同伴学习，通过观察同伴的行为与方法，尝试解决，旨在促进幼儿思考与判断、操作与探究能力的发展。

（4）提前准备，预设回应。

①做好知识与经验的准备。

教师应加强学习，丰富自身经验。在活动开始前，先要对本次活动中用到的各种材料进行尝试，对活动内容涉及的相关知识与经验做到心中有数，避免因为自身经验匮乏，降低回应的有效性。

②提前预设回应。

教师在活动前应对幼儿有可能会提出哪些问题进行假设，并针对这些问题预设如何回应。只有预设得越充分，活动过程中才能回应得越自如。

（5）紧追幼儿，及时回应。

①耐心倾听。

教师在活动前、活动中、活动后应始终追随幼儿，注意倾听幼儿的言语，了解幼儿说话的目的和意义，特别是幼儿提问，要了解幼儿提问的动机和类型。幼儿提问一般有以下几种类型：第一种类型的提问属于常规性问题，是指幼儿对活动内容、规则、步骤和材料等产生疑问，进而提出来的问题。第二种类型的提问属于知识性问题，是指幼儿对活动中涉及的知识、概念、现象、原理等产生疑问，进而提出来的问题。第三种类型的提问属于求助性问题，是指幼儿在活动过程中寻求同伴或教师帮助和评价的问题。第四种类型的提问属于无效性问题，是指幼儿对与活动无关的内容提出来的问题。

②及时回应。

教师对于幼儿的言语（有陈述句、疑问句和感叹句几种）要及时回应，可以有五种回应方式。第一种方式为肯定重复型，就是简单地重复幼儿所说的话，并及时肯定其做法或说法。第二种方式为鼓励表扬型，就是鼓励幼儿大胆尝试，进行下一个步骤，表扬幼儿的做法或说法等。第三种方式为追问型，就是通过追问、反问的方式引导幼儿进一步思考，或给予幼儿一定的提示，再让幼儿顺着这个思路进行思考，想出解决问题的办法。第四种方式为梳理总结型，就是对幼儿语言中涉及的一些知识、常识、现象进行梳理，帮助幼儿将原有的零散经验、观察到的一些表面现象归纳、总结，使幼儿获得相关知识和认知经验，从而提升和拓展幼儿探究能力。第五种方式为忽略型，就是对幼儿所说的与探究对象无关或关系不大的内容采取忽略的方式，避免幼儿因过度兴奋影响正常的探究行为。总之，教师在回应幼儿的言语时，应把握好探究方向，引导幼儿用抽丝剥茧或剥洋葱的方式层层深入探究和学习，及时了解幼儿的学习过程和方法，调整相应的教学策略，支持幼儿的想法和做法，为幼儿提供相应的材料和环境，鼓励幼儿大胆尝试，在不断试误的过程中，掌握探究方法，提升探究经验。

《评估指南》指出："理解幼儿在健康、语言、社会、科学、艺术等各领域的学习方式，尊重幼儿发展的个体差异，发现每个幼儿的优势和长处，促进幼儿在原有水平上的发展，不片面追求某一领域、某一方面的学习和发展。"

3. 如何提升回应的有效性？

（1）通过多种形式的园本教研，提高教师回应的有效性。

幼儿园应开展多种形式的园本教研活动，引导教师依据《纲要》《指南》的精神与要求，采用多种形式的园本教研活动，研究有效回应策略，在研讨中不断学习、感悟、体会、提升自己的专业化素养，再通过教学实践活动，创设积极的师幼互动关系，引导幼儿主动、大胆地参与活动，提高发现问题、分析问题、解决问题的能力。之后，教师再次反思，通过螺旋式教研，提高教师教育、教学能力及有效回应。

①通过教研活动获得回应策略。

幼儿园的教研活动是对教师顺利开展教育、教学活动的有力支持和保证。教师在教研活动中，能够结合自学、观摩、讨论、辨析等方法，通过专家讲座、线上论坛、头脑风暴、追踪研讨等多种形式的深入学习，围绕“如何观察并记录幼儿行为”“怎样分析并发现幼儿行为中的教育价值”“如何捕捉幼儿行为与现象中的问题，积极而有效地回应幼儿”“回应时采取什么方式最适宜”……一系列常见问题，进行研讨，共同学习并解决问题，从而获得有效的回应策略。

②拍摄教学视频，提升教师反思、调整及回应幼儿的教学能力。

为了提升教师现场教学的组织与实施能力，幼儿园引导教师互相拍摄教学视频，客观、准确地记录下教师的整个教学过程，通过反复观看教学视频，发现教学过程中的问题，再通过看课、评课的方式，帮助教师提升反思的能力，及时调整教学策略，有效回应幼儿。每位教师记录自己回应幼儿的情况，针对幼儿的不同表现和行为，梳理、总结出回应策略量表，从而提高教师自我反思、自我调整、有效备课、及时回应的能力。

③集思广益，课例研磨，关注细节，有效回应。

在日常教学活动中，经常会有教师对幼儿提出的问题、幼儿突然生发的需求、幼儿兴趣点等缺乏关注，不能及时回应、有效回应；对于活动中转瞬即逝的教育价值、教学契机缺乏敏感度，熟视无睹。因此，幼儿园会组织教师对提供的课例进行细致研磨，集思广益，利用集体的智慧，通过看课、评课、反思、调整、再看、再评、再反思的方式，关注教学过程中的细节，在看别人的回应、评别人的回应中，反思自己的回应，琢磨并改进自己的回应方式、方法，获得精彩的教学策略。

（2）提高教学质量，确保回应的有效性。

教师在组织与实施教学活动的过程中，始终追随幼儿的兴趣点和发展需求，真正站在幼儿的角度去设想在不同的情境下他们可能会怎么说、怎么想、怎么做，设想他们的情绪和情感发展状态，设想如何采取有效的应对策略，从多角度、多方面、多层次对幼儿的行为举止、言谈话语进行有效回应，全面、科学、合理地为幼儿提供有效支持，包括语言支持、材料支持、环境支持、游戏支持等，从而提高教学质量，习得应对自如的教学能力与技巧。

①眼中有孩子，心中有目标。

教师应对3～6岁幼儿的年龄特点、学习特点、学习方式、发展水平有所了解，明确这一年龄段幼儿发展目标，同时，细致观察幼儿表现，与幼儿积极互动，善于用口头语言和肢体语言调动幼儿的积极性和主动性，有的放矢地引导幼儿深入探究与学习，为幼儿提供有效支持与回应。

②幼儿在前，教师在后。

教师在与幼儿互动的过程中，应始终把握“幼儿在前，教师在后”的原则，让幼儿尽情发挥和表现，做学习的主人，给予幼儿足够的“自由度”，不限制幼儿的思维发展，不限制幼儿的自由表达，不限制幼儿的创意与想象，全力支持与鼓励幼儿，让幼儿自主探究、自主游戏、自主学习，为幼儿提供适时、适度、适合的回应。

③采取多种方式，积极回应。

教师在教学活动中面对是一个个鲜活的个体，每个幼儿都有自己的个性和不同的发展水平，具有一定的差异性，因而在活动中的表现也不同。教师在依据幼儿兴趣生发的活动中，也应预设幼儿在实际探究情境中可能遇到的问题，并思考何时介入、以何种方式介入、介入之后如何引导等问题，采取多种方式积极、有效回应幼儿，调动幼儿的主观能动性，自觉地深入探究与学习。

A. 可以用鼓励性、开放性的语言回应幼儿，如“你的想法很棒，怎么把它变成现实呢?”“你说的话真好！你能把它画出来吗?”

B. 可以用激励和期待的表情回应幼儿。对于幼儿的想法和做法，教师可以用期待的目光与神情、用阳光般的笑脸面对幼儿，让幼儿从中看出教师对他的鼓励，从而获得尝试的勇气与力量。

C. 可以用蹲下、拥抱、拉手等动作回应幼儿。由于幼儿年龄较小、个头不高，因此，教师与幼儿对话时，应蹲下身来，以尊重幼儿、与幼儿平等的姿态倾听幼儿讲话，用诚挚的眼神、温柔的话语与幼儿交流、互动，也可以拉拉幼儿的小手或者给他一个爱的拥抱，让幼儿得到安全感和温暖。

教师只有在教育活动中，耐心倾听、细致观察、忠实记录，始终追随幼儿，最大限度地满足幼儿获得经验的需要，用眼睛去看，用心去倾听，用手去记录，用脑去思考，倾听、观察、感受、解读、回应每一位幼儿，才能成为一名幼儿游戏的支持者、引导者、合作者，才能让每一个幼儿深度学习、持续发展，绽放出不一样的光彩！

第二章　小班生活化课程案例

案例一　我们和毛毛草的故事

北京市棉花胡同幼儿园回龙观园　邓榆潇

小班幼儿初入园的第三天，大部分孩子还存在一定的分离焦虑情绪。于是，我们一起来到幼儿园的林地散心。在散心的路上，孩子们被大片、大片的狗尾草所吸引。辅辅惊讶地喊道："快看，这有好多这样的草。"萱萱问："老师，这是什么草?"淇淇和嘻嘻用手轻轻地抚摸着狗尾草的毛毛。跃跃说："这种草真好看，我想（把它）带回家，送给妈妈。"月牙儿说："我想让小兔子尝尝这种草的味道。"关于狗尾草的话题，吸引了越来越多的孩子，部分孩子的焦虑情绪也逐渐平复下来。我们和狗尾草的故事也从这里开始了……

（一）初见毛毛草（9 月 3 日）

开园第三天，我第一次带着孩子们到幼儿园的林地散步。突然，辅辅发现了一位毛茸茸的"新朋友"。辅辅的呼喊声吸引了很多的小朋友，他们都跑过来，仔细地观察着这位新朋友（图 2 - 1 - 1）。淇淇和嘻嘻兴奋地用手抚摸着它。孩子们对这位新朋友充满了好奇。

萱萱：老师，这是什么草？它叫什么名字？

包包：长得像一条毛毛虫，可以叫它"毛毛虫草"。

桃桃：老师，我以前在小区里见过它，全都是毛毛。我觉得它应该叫"毛毛草"。

妙妙：我知道，这是狗尾巴草。它长得像狗的尾巴，所以叫"狗尾巴草"。

依依：这些草都是绿色的，可以叫"绿绿草"。

大多数小朋友发现，这位新朋友身上长满了毛茸茸的毛毛。最后，大家决定给它起名叫"毛毛草"。

图 2-1-1 初见毛毛草

在继续散步的路上，辅辅兴奋地告诉我。

辅辅：老师，我发现前面有一根很长、很长的毛毛草，它应该是毛毛草的妈妈吧！

我：在哪里呢？我看看。

辅辅：在小木头路的旁边。

我：哇！小路旁边真的有好多、好多的毛毛草，毛毛草应该很喜欢这条木头路。

听到我的惊叹声，孩子们开始在林地里四处寻找还有哪些地方有毛毛草。

在寻找毛毛草的过程中，艺桐告诉我。

艺桐：我发现毛毛草的颜色不一样。我刚看到的是绿色的，这个毛毛草的毛毛有点儿黑。

昊昊：我发现毛毛草的毛毛有的是绿色的，还有的是紫色的。

晨晨：我还发现毛毛草有的长、有的短，有的粗、有的细。

萱萱：我发现大树底下也有很多的毛毛草。毛毛草喜欢在大树底下乘凉。

阔阔：我发现冬瓜地里也有很多的毛毛草。毛毛草喜欢和冬瓜在一起玩儿。

华华：我发现小水坑的旁边也都长满了毛毛草。毛毛草渴了，也需要喝水，所以它长在了有水的地方。

跃跃：我发现我们教室的窗台下面也有很多的毛毛草。毛毛草一定是想和我们一起玩儿。我要带些毛毛草回班去。

教师反思

来园第三天的孩子们正处于分离焦虑较为严重的阶段。在去林地散步的路上，还能听到有孩子哭泣的声音。但是，当他们被毛毛草吸引后，所有孩子的情绪都稳定了下来，并且在环境的支持下、在同伴和老师的带动下，很多幼儿能在观察、比较中发现毛毛草明显的外形特征，长长的毛毛草、短短的毛毛草、毛毛草的颜色不一样等。一部分孩子还能用语言清楚地表达自己的所见、所想，这让我非常惊讶。在活动过程中，我也观察到孩子们对毛毛草的浓厚兴趣。于是，我继续追随孩子们的兴趣，通过提问、肢体语言、情绪带动等多种方式引导幼儿深入观察，不断地了解孩子们的想法。

孩子们带了一些毛毛草回班。带回来的这些毛毛草可以用来做什么呢？在和孩子们的沟通中，我了解到：晨晨想把毛毛草送给老师；家华想把它送给爷爷、奶奶；跃跃想把它送给妈妈；妙妙想把毛毛草送给小兔子；嗯嗯想用毛毛草装扮我们的教室。于是，我们开展了“毛毛草艺术大变身”的活动。

（二）毛毛草艺术大变身

1. 制作毛毛草花束（9 月 6 日）。

晨晨：马上就要到教师节了！我想把摘回来的毛毛草送给老师。

桃桃：我也想送很多的毛毛草给老师。

随后，很多幼儿都说要送给老师一些毛毛草。

我：可是，林地里到处都是毛毛草，别的班的小朋友可能也会把毛毛草送给老师，怎么能让咱们送的毛毛草变得特别呢？

包包：在上面写上自己的名字，不就能分出来了吗？

桃桃：我们可以把毛毛草装进礼物盒里，再送给老师，给老师一个惊喜。

小花：我看见妈妈收到的花是一大束，五彩的颜色，特别好看。我们也可以把很多的毛毛草绑在一起，像一束花一样，送给老师。

周周：可是，毛毛草没有花那么多颜色。

小花：我有一个办法，我们可以用颜料给它涂上颜色。

听完孩子们的想法，我们开始了一系列制作毛毛草礼物的活动，包括收集更多的毛毛草、给毛毛草染色、染色后晾干、把毛毛草扎成花束并包装。很快，毛毛草变成了彩色的毛毛草花束（图 2-1-2）。

图 2-1-2　毛毛草花束

教师反思

我没有想到普普通通的毛毛草在孩子们的世界里可以变得如此有趣。虽然在活动开始之前，有预设的主题活动，如画毛毛草、泥工制作毛毛草，但是在实际开展活动时，我没有按照预设的活动开展，而是先观察孩子们的兴趣点，了解孩子们的想法。我根据孩子们的想法，为孩子们提供一些支持，和孩子们共同商讨并实践。

在制作毛毛草花束的过程中，孩子们希望给毛毛草染色。于是，我们一起给毛毛草染色后，将毛毛草晾晒在教室有阳光的地方。到了第二天，我们发现毛毛草上的颜料依然是湿湿的。教师节马上就要到了，我们需要共同寻找最适合晾晒毛毛草的地方。最后，辅辅提议将毛毛草放到外面晾晒。果然，只用了一天的时间，毛毛草上的颜料就干了。做完花束后，大优想用橡皮泥装饰花束。我们又找来橡皮泥，一起装饰花束。整个活动过程都是以孩子为主、我为辅，孩子们表达着自己的意愿和想法，我辅助他们实现这些想法。

2. 毛毛草毛笔（9月14日）。

在给毛毛草染色的过程中，有的小朋友发现毛毛草像毛笔一样。大优好奇地说："老师，我想试试用毛毛草蘸颜料画画。"说着，他就拿着毛毛草，蘸了颜料，开始在废报纸上画画。"老师，我画了一个月亮。"大优告诉我。随后，其他幼儿也开始模仿大优用毛毛草画画。糖糖说："我想用新的纸画，画完以后，可以展示出来。"后来，我们一起在美工区找到了水粉纸和宣纸。有的小朋友选择用水粉纸，有的小朋友选择用宣纸。有的小朋友画了小草，有的小朋友画了毛毛虫，有的小朋友画了很多的小星星（图2-1-3）。

图2-1-3 用毛毛草作画

教师反思

幼儿提出想用毛毛草画画。其实，毛毛草并不适合画画，它比较软，没办法握住；每次用它蘸上颜料，颜料很快就会顺着毛毛滴下来，不容易形成线条。当时，我没有马上否定孩子们的想法，而是支持他们去探索。在画画的过程中，晨晨发现毛毛草需要频繁地蘸颜料，壮壮发现毛毛草的杆儿太细了，一画画就断了或折了。在反复的尝试中，嘻嘻告诉大家："手握毛毛草的底部，用毛毛草的头蘸颜料，不要握着杆儿画，毛毛草毛笔就变得好用啦!"我看见孩子们在实际操作中也在不断地寻找好方法，总结使用毛毛草作画的经验。这让我相信小班幼儿同样具有独立思考的能力。

3. 毛毛草插花（9月22日）。

在娃娃家玩游戏的小朋友发现，花瓶里干花的花瓣碎了，开始掉落。嘻嘻将碎了的花取出来，拿着空花瓶，来到了美工区。他在美工区寻找片刻后，拿了一大把毛毛草，尝试着把毛毛草插进花瓶里。但是，毛毛草有些"不太配合"，总有一些毛毛草插不进去。这时，在美工区游戏的大雨走过来帮忙。他们两个人合作，把毛毛草取出来，又重新插进去，最后，还有一些毛毛草的杆儿插不进去。后来，嘻嘻把所有的毛毛草都取出来，放在桌子上，然后尝试着一根一根往里插，大雨也来帮忙。虽然毛毛草能插进去，但是有很多刚插进去的毛毛草立刻就倒了。大雨发现是毛毛草的杆儿太长了，需要用剪刀剪短。嘻嘻起身去拿剪刀，两个人互帮互助，终于，把一束毛毛草成功地插进了花瓶里。区域活动结束后，嘻嘻向小朋友们介绍了自己今天插的毛毛草插花作品。很多小朋友都很喜欢他的作品。随后的几天，班里又掀起了一阵"毛毛草插花"的热潮。孩子们给班里的花瓶都插上了毛毛草花束（图2-1-4）。

图2-1-4 毛毛草插花

教师反思

在“毛毛草插花”的活动中，我感受比较深刻的是孩子们会根据自己已有的生活经验，创编新的游戏。原本放在娃娃家的只是空的花瓶，后来，我和孩子们一起晾晒了一些干花，插进花瓶里。由于干花容易碎，再加上孩子们反复地触碰，导致花瓣开始掉落。这时，嘻嘻想到用毛毛草代替干花，插进花瓶里。但是，毛毛草的杆儿很细，不容易插进去。当我观察到孩子们插毛毛草遇到困难时，并没有进行干预，而是选择继续观察。最后，孩子们在没有寻求老师的帮助下，自己解决了毛毛草插花问题。

4. 毛毛草变动物（9 月 30 日）。

在一次区域活动中，嗯嗯拿着几根毛毛草，来到我的身边。

嗯嗯：老师，你能帮我编一只小兔子吗？

我：什么样儿的小兔子？怎么编？

嗯嗯：小兔子有两只长长的耳朵。可以用两根毛毛草做小兔子的耳朵，再把它们编在一起。

我试着按照嗯嗯说的方法及儿时用毛毛草编兔子的记忆，编了一只小兔子。

昕昕：老师，我想用毛毛草编一只孔雀。

我：什么样儿的孔雀？怎么编？

昕昕：就是用很多毛毛草做孔雀的尾巴。

我尝试和昕昕一起用毛毛草制作孔雀。我们先在纸上画出了孔雀的轮廓。昕昕想把毛毛草粘在孔雀身上，当作尾羽。但是，她多次尝试后发现，用胶棒和双面胶都不容易把毛毛草粘在纸上，用胶带粘贴又影响美观。最后，我们想到一个办法：在孔雀的身上戳一些小孔，把毛毛草的杆儿从小孔中穿过去，在纸的背面用胶带固定毛毛草的杆儿。经过反复尝试，我们终于成功地制作了毛毛草孔雀。

随后，桃桃说想用毛毛草做狮子头上的一圈鬃毛，周周说想用毛毛草做小刺猬（图 2－1－5）。于是，我们又用同样的方法制作了毛毛草狮子和毛毛草小刺猬。

图 2－1－5　毛毛草变小刺猬

教师反思

在“毛毛草变动物”的活动中，我感受到，自己是和孩子共同成长的。其实，一开始，嗯嗯说想用毛毛草变兔子，这个我有儿时的记忆，能用毛毛草变出小兔子。但是，当昕昕说要用毛毛草变孔雀时，我真的有些茫然，不知道怎么做。我在思考的同时，继续询问昕昕的想法，或许她的想法能给我带来创作灵感。果然，通过交流与探讨，我们找到了毛毛草变孔雀的方法。这是一次我和孩子共同成长的经历，体现了教育过程中的教学相长。

（三）和毛毛草一起做游戏

这些在班里随处可见的毛毛草作品，引出了孩子们更多关于毛毛草的话题。

周周：我要带着我做的毛毛草小刺猬在幼儿园里旅行。

萱萱：我要带着毛毛草坐滑梯。

孩子们在和毛毛草的相处中，把毛毛草当作了游戏的伙伴，打算和毛毛草一起做游戏。

1. 毛毛草去旅行（10 月 9 日）。

日子一天天过去了，孩子们慢慢地适应了幼儿园的生活。一天，周周突发奇想，想要带着毛毛草在幼儿园里旅行。

周周：老师，我要带着毛毛草去我最喜欢的足球场旅行，让毛毛草看看我是怎么踢球的。

萱萱：老师，我要带着毛毛草去玩超级大滑梯。

晗晗：毛毛草应该喜欢很多的沙子，我要带着毛毛草去玩沙子。

包包：我要带着毛毛草去迷宫里捉迷藏。

华华：我要带着毛毛草去摘棉花（图 2-1-6）。

听完孩子们的想法，我们带着毛毛草开始了一次短暂的幼儿园之旅。每到一个地方，孩子们都会详细地向毛毛草介绍这是什么地方、可以玩什么游戏。当孩子们来到超级大滑梯时，萱萱对毛毛草说：“这是特别高的超级大滑梯。别怕！我会紧紧地抓着你，保护你，带着你一起坐滑梯。”

图 2-1-6 带着毛毛草摘棉花

教师反思

在“毛毛草去旅行”的活动中，孩子们能大胆地想象，用自己的方式表达对毛毛草的爱。我看到孩子们和毛毛草亲密地互动，以及他们对毛毛草无微不至的关怀与照顾。这时的孩子们已经变成了幼儿园的主人，和毛毛草建立了更加深厚的感情。

2. 毛毛草挠痒痒（10 月 11 日）。

一天户外游戏时，我们路过长满毛毛草的地方。夏夏发现毛毛草“扫”在皮肤上，感觉痒痒的。于是，夏夏让我和他一起玩“毛毛草挠痒痒”的游戏。

夏夏：潇潇老师，我拿着毛毛草挠你的痒痒。你要快点儿跑，不然，被我手中的毛毛草碰到，你就会很痒。

我和夏夏玩“毛毛草挠痒痒”的游戏，引来了很多小朋友的参与。开始是我和夏夏互相挠痒痒、互相躲闪，到后来参与的小朋友越来越多。他们会尽量躲开毛毛草，不被毛毛草碰到。一旦被毛毛草碰到，他们就会哈哈大笑（图 2-1-7）。

图 2-1-7 毛毛草挠痒痒

教师反思

在“毛毛草挠痒痒”的活动中，孩子们在相互挠痒痒的过程中会有躲避他人的意识。他们也会不断地总结经验，由一开始随意地挠身体的某个部位，到最后有针对性地挠皮肤裸露的地方。还有一部分孩子很享受自己被别人用毛毛草挠痒痒的感觉。游戏的过程中，一片欢声笑语，不但增进了孩子与孩子之间的情感，而且也增进了老师与孩子之间的情感。一名家长跟我反馈，说孩子回家后非常开心，因为今天跟老师玩了“毛毛草挠痒痒”的游戏，老师被毛毛草挠到后还笑了。在和毛毛草一起做游戏的过程中，我感到孩子们的快乐其实很简单，普普通通的毛毛草就能带给他们无限的快乐。

（四）用毛毛草表达爱

在和毛毛草的相处中，孩子们感受到无限的快乐，他们也希望把这份快乐跟更多的人分享。

1. 对老师的爱。

教师节到来之际，孩子们想把毛毛草送给身边的人。有的孩子想把它送给班级的老师，因为老师每天都陪伴、照顾着他们；有的孩子想把它送给保健医，因为保健医每天在门口迎接他们；还有的孩子想把它送给园长妈妈，因为在他想妈妈的时候，园长妈妈一直在娃娃家陪着自己（图 2-1-8）。

图 2-1-8 教师节到了，送给老师毛毛草花束

2. 对家人的爱。

重阳节到来之际，孩子们用毛毛草做了礼物并把它带回家，送给爷爷、奶奶。

糖糖：我把毛毛草送给了奶奶，奶奶笑了。

华华：爷爷、奶奶都很喜欢我送的毛毛草礼物，我还想把它送给小兔子，小兔子会喜欢吗？

我：你可以试一试呀！

3. 对小兔子的爱。

华华采了一些毛毛草，把它们放进了兔子的窝里。

华华：兔子在吃我送给它的毛毛草。它们喜欢我送的毛毛草，它们把毛毛草都吃了。

在接下来的户外活动时间里，孩子们都会主动采摘一些毛毛草，送到小兔子的窝里。天气越来越冷，他们想给小兔子送去一些“温暖”（图 2-1-9）。

图 2-1-9 幼儿用毛毛草喂小兔子

跃跃：冬天太冷了，小兔子都待在窝里，不出来了。

跃跃提议用毛毛草给小兔子做一个兔子窝，这样既能保暖，小兔子饿了的时候也能吃。孩子们经过集体讨论后，一致同意这个想法并进行了分工。一部分孩子负责到林地采摘毛毛草，一部分孩子负责把毛毛草运到小兔子家门前，另一部分孩子负责和老师一起把毛毛草团成一个窝。在孩子们的共同努力下，“暖心兔子窝”做好了。兔子窝被老师放进了小兔子的家里。小兔子急急忙忙地跳进了兔子窝（图 2－1－10）。孩子们看见后，都兴奋得手舞足蹈。

图 2－1－10　小兔子的窝

大雨：老师，快看！小兔子喜欢我们做的兔子窝。

4. 对小鸟的爱。

在收集毛毛草的过程中，糖糖发现毛毛草的下面掉了很多毛毛草的种子。

糖糖：我妈妈说过，冬天到了，小鸟没有食物吃了，就会吃地上的种子。

萱萱：毛毛草把地上的种子都挡住了，小鸟找不到，我们得把上面的毛毛草拿走。

说着，几个小朋友就开始把枯萎的毛毛草移到了栅栏边上。

第二天户外活动时，华华发现移开毛毛草那片地上的种子都不见了。

恬恬：应该是小鸟把毛毛草的种子都吃了吧！

教师反思

在活动中，孩子们用毛毛草传递着温暖，并感受着生活中点点滴滴的爱。从第一天入园，孩子们第一次走进这个陌生的环境，遇见很多陌生的小朋友、老师，在他们的心里多少都会产生一些焦虑的情绪。有的孩子能够及时调整自己的情绪，有的孩子则是自然地表露自己的情绪。在一天天适应幼儿园的同时，孩子们感受到了来自这个班级大家庭的爱，如同伴之间的爱、老师的爱、保健医的爱、园长妈妈的爱等。在收获爱的同时，孩子们也渐渐学会了如何表达自己对他人和小动物的爱。

案例二 关于棉花，我们的一百种语言

北京市棉花胡同幼儿园回龙观园 王 颖

随着冬日临近的脚步，幼儿园林地里的花朵渐渐凋谢，颜色也越来越少。在孩子们的眼里，迷宫旁那一朵朵盛开的棉花是最漂亮的。他们玩耍之余，会特意走过去，摸摸它；有的孩子拿着一束棉花，会开心地发出“好暖和”的感叹；有的孩子会迫不及待地与同伴分享棉花的美丽；有的孩子会拿着白白的棉花，轻轻地蹭着自己的小脸蛋，说“好软呀”；有的孩子还会积极地表达自己的“棉花说”——“棉花像白白的雪花”“可以做暖暖的被子”“棉花像天上的云朵”等。孩子们非常期待能和棉花一起做游戏，用棉花做一些小物件。

我们倾听和记录了孩子们对于棉花的兴趣、想象与期待，支持他们实现自己的想法，让他们在活动中感受棉花与生命之间温暖与爱的联系。

（一）收获棉花（12 月 5 日）

今天，我们一起来到了棉花地里。望着地里已经成熟的棉花，孩子们想把棉花带回班。对此，我向孩子们提出了问题。

我：我们要怎么收棉花呢？

星星：我想把一棵棉花背回班里。

萱萱：我想把带着树枝的棉花抓在手里，带回班（图 2－2－1）。

桐桐：我想把棉朵里面的棉花拽出来（图 2－2－2），放进袋子里。

图 2－2－1 手里拿着一束棉花

图 2－2－2 用手拽棉花

茉茉：（我想把棉花）装进衣服的口袋里。

犇犇：（我想把棉花）装进竹筐里，还可以装在玩具盒子里。

听着孩子们如此兴奋的表达，我及时地肯定了他们的想法，并利用生活环节请他们准备好工具。孩子们也非常期待能用自己选择的方式来收获棉花！

收棉花啦！在这个过程中，选择将整棵棉花搬回去的幼儿很是兴奋，他举着棉花，四处走动，遇到人多的时候，就会主动地放慢速度，小心躲避，还和同伴大声地分享着自己的体会："整棵的（棉花）就是要用手举着，因为没有东西可以装得下。"选择将一束束棉花放进玩具筐里运回班的幼儿会双手端着玩具筐，让玩具筐和自己的前胸保持一定的距离，边走边分享着自己发现的秘密："一束一束的棉花比较大，放在玩具筐里最适合，还不会从玩具筐的洞洞里掉出来，而且能装很多呢！但是要小心点儿，别被扎到哦！"选择将棉花放进竹筐里的幼儿走起路来速度很慢，他们小声地和同伴分享着自己的新发现："走快的话，会有风，棉花就会飞得到处都是，要走得慢一点儿哦！"

回班后，孩子们将收获的棉花放在桌子中间，自由地和棉花互动着，与同伴交流着。对于棉花，孩子们有很多的感受，如棉花软软的，像小兔子一样可爱（图 2－2－3）；棉花毛茸茸的，像白蜡树叶；棉花暖暖的，像冬天的阳光；棉花白白的，像好吃的棉花糖。听着孩子们结合生活经验进行的有趣形容，我们开始了一场讨论。

图 2－2－3　幼儿用感官感知棉花

我：这么多的棉花，你们想用它做什么呢？

呵呵：我要把棉花做成好吃的棉花糖，分享给大家。

安安：我想用棉花下一场雪，多好玩儿啊！

茉茉：我想给幼儿园的小兔子们做个温暖的棉垫。这样，冬天它们就不冷了。

晴晴：我想躺在棉花地上滚一滚。

琪琪：我想把棉花变成天上的云朵，放在我们班主题墙的天空上。

朗朗：我想把棉花吹得飞起来。

通过倾听幼儿描述的与棉花互动的情景，我们发现，下一场雪、制作棉花糖和为小兔子做棉垫这三个活动是大家最期待的。

教师反思

我惊讶于幼儿对于收获棉花的方法及使用的工具有如此多的想法，也知道有些幼儿选择的工具不适合，也担心孩子们在使用这些工具的过程中会不会不安全。但是，看着他们信心满满的样子，作为老师，我又不忍打消他们的积极性。结合这一年龄阶段幼儿的学习方式和特点，我相信他们会在亲身体验中直接感知更适宜的收获方法。因此，我选择了和幼儿一起利用生活环节准备好工具，在收获棉花的过程中继续观察。

在收获棉花的过程中，我发现幼儿是有能力的学习者。他们用不同的方式和工具收棉花的时候，发现了很多的"秘密"，从而及时地调整了工具，获得了新的经验。孩子们在与棉花充分互动后，基于自己的生活经验，分享着自己的发现，体现了幼儿主动学习的特点。

在收获棉花之后的交流中，我又发现当幼儿有充分表达的机会时，他们会表达出自己的"一百种语言"，这令我感到惊喜！同时，也让我深深地感受到每一个幼儿作为个体都有独特的想法和人格，而我要做的就是和他们一起努力，支持他们实现自己的小小心愿！

（二）下"棉花雪"啦（12 月 6 日）

听到幼儿想要下一场"棉花雪"的愿望，我想了解他们期待的"棉花雪"是什么样子的。因此，我开始倾听幼儿关于"棉花雪"的想法。

安心：把棉花放在手心里，用力抛向空中。

朗朗：让个子高的老师把棉花从高处撒给大家。

悦悦：把棉花吹得飞起来。

看着孩子们兴奋的表情，我感受到了他们内心对下"棉花雪"的渴望与期待。因此，我们迫不及待地在教室里开展了一次"下棉花雪"的游戏。我和幼儿用力将棉花抛向空中。我听到棉花散落时，孩子们发出的一声声"噢！下雪啦"，他们满眼期待，张开双臂，来迎接棉花的降落。我还听到他们"呼哧、呼哧"吹棉花的声音，充满惊喜的笑声，还有各种惊叹声"雪砸到我的头啦""我接到了雪啊""你踩到雪了""雪怎么飞到床上去啦"（图 2－2－4）。

图 2－2－4　班里下"棉花雪"啦

当“棉花雪”下完了，他们会捡起地上的“棉花雪”继续游戏。就这样，游戏不断地进行着，直到结束。我说：“雪停了，快把雪宝宝送回妈妈的怀里吧！下次，雪妈妈会让我们继续和雪宝宝做游戏的。”听到我的话后，孩子们将所有的“棉花雪”快速地收集在一起，并送回了玩具筐里。

初次玩“雪”后，孩子们非常期待下一次玩“雪”。在与幼儿的讨论中，我发现室内的下“雪”游戏已经不能满足他们的愿望了，他们更期待在宽敞的操场上玩“雪”。因此，我请孩子们选择了一块喜欢的场地，将棉花带到了户外，下了一场户外的“棉花雪”（图2-2-5）。

图2-2-5 操场上下“棉花雪”啦

我提前准备了一些户外场景和大型玩具的照片，让孩子们自由选择，记录自己今天把“棉花雪”下在了哪里。我欣慰地看着孩子们面带笑容，大声地跟老师和同伴分享着自己把“棉花雪”下到了哪里。

皮皮选择了秋千的图片，还将棉花粘在了秋千上。

皮皮：我带着“棉花雪”坐了秋千，我们一起慢慢地荡着秋千。

喜乐选择了大树的图片，还将棉花放进了树坑里。

喜乐：我看到过好多雪下在了大树的坑里，我就多送给大树一些，这下，它该开心了吧！

晨晨选择了水池的图片，将棉花粘在水池里，还有一些棉花被他抛向空中。

晨晨：雪下到了水池里，还有的被抛向空中，正在落下来。

幼儿互相分享的内容，让我们沉浸在下“棉花雪”的乐趣中，也让大家融入温暖的班级氛围中。

教师反思

面对幼儿期待下“棉花雪”的愿望时，整间教室到处都是棉花的景象充斥着我的脑海，我在思考着，最终决定提供这样的场地和材料来支持幼儿实现愿望。

在下“棉花雪”的过程中，棉花正如幼儿的心情一样，欢快地在教室的每个角落“飞舞”。我们用有限的棉花支持幼儿快乐游戏的同时，也让幼儿学会重复利用材料。教师用拟人化的语言引导着幼儿有意识地将材料收集在一起。

就这样，我们一起实现了下一场“棉花雪”的心愿。“下场‘棉花雪’”的活动让幼儿获得了更多成功的体验，也释放了他们自由自在游戏的天性。在此过程中，那一张张笑脸、一句句童言温暖着属于我们小三班的冬天。

（三）制作“棉花糖”（12 月 8 日）

呵呵：“棉花”和“棉花糖”听起来好像啊！我好喜欢甜甜的糖果，我好想做棉花糖，分享给大家。

呵呵的提议得到了大家的一致认可。接下来，就开始制作棉花糖啦！首先，我们通过家园共育的方式收集了常见的糖果样式。然后，孩子们就迫不及待地开始动手制作啦！他们想用一小团棉花当作糖果，用一张纸把糖果包起来，制作棉花糖。

我：我们用什么纸当糖纸好呢?

孩子们的答案包括了美工区所有的纸张。因此，我和他们利用区域活动时间进行了尝试，他们在动手操作中感受到了纸张的不同，筛选着适合做糖纸的纸。

茉茉（用力按着卡纸)：卡纸太硬，折不动。

曼语（拽着拧过之后的水粉纸)：水粉纸折痕多，一会儿就开了。

安安（举着 A4 纸)：这张纸可以折，不过，(它）好丑呀！

小宇（拿着报纸)：报纸可以。

点点（拿着宣纸)：这个也可以。

萱萱（举着皱纹纸)：皱纹纸也可以。

当孩子们将用报纸、宣纸和皱纹纸制作好的糖果放在桌子中间时，有个小朋友围过来，指着安安用皱纹纸制作的糖果，说：“我喜欢这个红红的，好可爱啊!”

最后，大家决定选择皱纹纸作为糖纸。在制作糖果的过程中，星星选择了绿色的皱纹纸，说道：“（因为）我喜欢吃西瓜，所以我要用绿色的纸。”(图 2 - 2 - 6）接着，有关各种水果味棉花糖的讨论从一个人的表达扩展到了整个班级（图 2 - 2 - 7)。

图 2 - 2 - 6 用绿色皱纹纸制作西瓜味的棉花糖

图 2 - 2 - 7 制作水果味的棉花糖

我又问道："剥开糖纸，怎么才能让别人知道里面的棉花糖是西瓜味儿的呢？"孩子们开始积极的讨论，他们想到了用颜料给棉花团染色的方法。随后，他们开始给棉花团染色，再用皱纹纸包裹好水果味的棉花糖，然后拧紧棉花糖两端的糖纸。在拧的过程中，幼儿发现糖纸破了（图 2-2-8）。

图 2-2-8 皱纹纸的糖纸破了

呵呵：咦？我们的水果味儿棉花糖好像都化了。

我：该怎么办呢？

曼语：我知道，用吹风机吹干。

牛油果：太阳可以把它晒干。

呵呵：用冰箱冻冻。

米乐：这个糖纸不行。我吃的糖（就算糖）化了，糖纸也不会破啊！

经过讨论，孩子们决定在家里寻找糖纸。

教师反思

小班幼儿的兴趣大多来自生活。他们喜欢生活中的棉花糖，甜甜的味道带给了他们感官上的刺激，从而留下了深刻的印象。因此，当有的小朋友提出制作棉花糖时，很快得到了大家的一致认可。

作为老师，只有亲自参与活动，才能观察到幼儿的真实行为，倾听幼儿的真实想法，为幼儿提供有效的支持。在制作"棉花糖"的过程中，幼儿遇到"糖纸破了"的问题，我没有直接告诉他们答案，而是引导他们观察现象、思考和尝试解决问题。而幼儿多样的想法也带给我许多惊喜，这些都是他们基于原有生活经验想到的。幼儿能够迁移生活经验并解决问题，也让他们获得了成就感。

我想解决一个问题不会只有一种方法，幼儿可以运用已有经验解决问题，也可以通过探索获取新的经验。

（四）筛选不怕水的糖纸（12 月 9 日）

第二天，在家长的协助下，孩子们带来了各种糖纸。我为班级幼儿准备了几盆水，供他们自由地尝试。孩子们将自己的糖纸小心翼翼地放进水里（图 2－2－9）。

有的幼儿大叫："我的糖纸不怕水!"有的幼儿有了新发现："啊？这个糖纸怎么不行啊!"然后，我们将实验后的糖纸放在一起，让幼儿进行观察。有的幼儿发现塑料糖纸不怕水。

最后，我们用筛选出来不怕水的糖纸包裹好晒干的、带有颜色的"糖果"，制作出了各种水果口味的棉花糖，并将其分享给了同伴和家人。

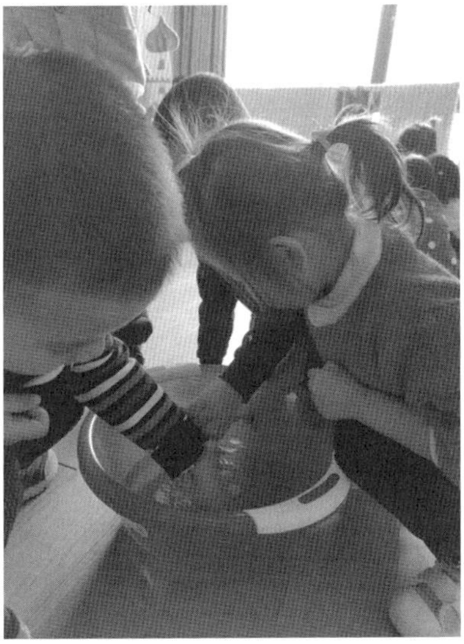

图 2－2－9 实验糖纸的防水性

教师反思

在大家的共同努力下，制作棉花糖的心愿达成了。在此过程中，幼儿积极思考、动手操作，找到了适合包装糖果的纸，且根据经验解决了糖果熔化的问题，让棉花糖升级为水果味的棉花糖，从中获得了成就感与自豪感。

我想在这次探索活动之后，幼儿不仅能够基于已有经验解决糖纸破了的问题，更能利用新经验解决更多的问题。如果说寻找生活中的糖纸是将幼儿的兴趣"拉长"，那么探索解决问题的新经验就是将幼儿的能力"拔高"。

（五）为小兔子制作棉垫（12 月 10 日）

冬天天气十分寒冷。当感受到来自棉花的温暖与舒适后，茉茉想为林地里的小兔子制作一个棉垫，让小兔子也可以像自己一样暖暖和和地过冬。这个提议得到了班里全部女生的认可，听着女生们兴奋的讨论，男生们也加入进来，有人说："怎么做棉垫啊？我们也不会。"有人说："我们可以学着给小兔子做一个暖和的棉垫啊，小兔子一定很喜欢我们做的棉垫。"最后，我和孩子们拉开班级的床铺，通过多种感官了解了棉被的构造：棉被是一个用布做的"大口袋"，里面塞满了棉花。了解了棉被的构造之后，幼儿迁移此经验，大致也明白了棉垫的做法。他们纷纷从家里拿来一些垫子的外罩，开始了往里面塞棉花的任务。

在塞棉花的过程中，幼儿兴奋地选择着柔软的棉花，装进布袋里，并且很快就弄好了。他们举着初次给小兔子做的棉垫，挥舞着："我们完成啦！我们完成啦!"

朗朗（指着做好的棉垫）：大家可得记着，户外活动的时候带上它，我们好给小兔子送过去。

安心：老师，我可以替小兔子试试吗？

安心的想法感染了其他幼儿，孩子们纷纷表示也想替小兔子试试棉垫舒服不舒服。在尝试的过程中，幼儿有了不同的感受。

安心：软软的，好舒服呀！

犇犇：暖暖的，小兔子不怕冷了（图 2－2－10）。

萱萱：我怎么感觉有点儿扎啊！

星星：就是扎扎的感觉！

点点：我试试，为什么会是扎扎的呢？

晴晴：我们打开看一看吧！

我们一起打开了棉垫的外罩。

我：到底是什么东西，让大家觉得扎扎的呢？

幼儿通过观察发现棉花里面有个硬硬的东西，扒开后一看，原来是棉籽啊！

米乐：原来是它扎了我们的屁股啊！怎么办呢？可不能让它扎小兔子啊！

饽饽：我们把它从棉花里都拿出来，不就好了吗？

为了让小兔子舒舒服服地趴在上面，孩子们推迟了给小兔子送棉垫的时间，开始了取棉籽的活动。最后，在大家的共同努力下，合作完成了取棉籽的任务（图 2－2－11），让棉垫变得更加舒适。在户外活动的时候，大家迫不及待地带着棉垫，把它送给了小兔子（图 2－2－12）。

图 2－2－10 帮小兔子试用棉垫

图 2－2－11 认真取棉籽

图 2－2－12 为小兔子送棉垫

幼儿将棉垫放进小兔子的窝里，还蹲在栏杆外面，观察着小兔子的动静，和小兔子说着话。

小宇：小兔子，快去试试啊！

甜甜：小兔子，你趴在棉垫上，就不冷了。

安心：小兔子，你喜欢我们给你做的棉垫吗？

当看到小兔子跳到棉垫上，孩子们发出了一阵惊叹：“哇，它上去了！”“它趴在上面了。”“它一定很喜欢。”惊喜过后，他们又有了新的想法。

安安：怎么能让小兔子更暖和呢？

米乐：小兔子吃饱了，就不冷了吧？

悦悦：有暖暖的被子，盖上就不冷了。

于是，第二天，孩子们自发地给小兔子带来了胡萝卜、菜叶和自己不用的小被子，还说："这样，小兔子就能暖暖地过冬啦！"

教师反思

我欣慰于幼儿能够关注到冬天小兔子的需要，并且站在小兔子的角度思考问题，愿意为小兔子制作温暖的棉垫，帮它过冬。在制作棉垫的过程中，我也能感受到幼儿兴奋的心情，他们迫不及待地做好棉垫，想要把它送给小兔子。在尝试棉垫是否舒适的过程中，他们遇到了棉籽会扎到小兔子的问题。之后，他们积极、认真地取出棉籽，做了一个软软的棉垫，还有的小朋友从自己家里带来了小兔子爱吃的食物和小被子，送给小兔子，为小兔子创造了一个舒适的窝。

孩子们关爱小兔子的行为，让我心里暖暖的，也让我深刻地感受到：每一个善念都值得被珍惜，每一个生命也都值得被尊重和关爱。

（本文为北京市昌平区教育科学"十四五"规划2021年度课题"基于'棉花文化'，建构'相惜至爱'园本课程的实践研究"的研究成果，课题批准号：CP-BFG2021044）

案例三 小兔子暖暖的新家

北京市棉花胡同幼儿园回龙观园 李 梦

自从幼儿园养了一批小兔子，每天户外游戏前，孩子们都会争着去看望小兔子（图 2－3－1）。最近，天气越来越冷。孩子们在观察小兔子时有了一些想法。

美杨：老师，天气这么冷，小兔子是不是也会冷呀？

熊宝：晚上睡觉的时候，小兔子不盖被子，会不会感冒呢？

我：天气这么冷，我们怎样帮助小兔子，让它更暖和呢？

容语：可以给小兔子做个窝，就像小蜗牛一样，有壳就不会冷了。

熊宝：我们睡觉的时候要盖被子，这样就会暖和了。咱们给小兔子也做个被子吧！

图 2－3－1 幼儿看望小兔子

《指南》中指出："小班幼儿喜欢接触大自然，对周围的事物和现象感兴趣。"因此，我们应从"儿童视角"出发，抓住幼儿生活中的兴趣点，并以此为切入点，带领幼儿走进生活，获得新经验。基于幼儿提出小兔子如何防寒过冬的问题，我们开展了此次爱心活动——"小兔子暖暖的新家"。

（一）小兔子如何在外面过冬（12 月 2 日）

小兔子成了孩子们的新宠，"看望小兔子"自然而然地成了幼儿户外游戏前的固定环节。今天，天气开始降温了。孩子们在讨论小兔子的话题时说起了小兔子如何过冬。

歆歆：冬天到了，小兔子怎么还在外面吃东西呢？小兔子不冷吗？

皓皓：我觉得小兔子身上有毛，它肯定不冷。

歆歆：可是，你们看，小兔子在吃菜的时候身体在抖呢！我冷的时候，身体也会发抖！我觉得小兔子肯定也很冷。

小雪：小动物也要过冬呀！小兔子也一定很冷！

歆歆：小兔子的小房子在外面，天气又这么冷，我们该帮助帮助小兔子。

皓皓：难道我们也要给小兔子做衣服吗？我们不会做兔子衣服，怎么办呢？

粮粮：我们该怎么帮助小兔子呢？

一时间，孩子们被小兔子怎样过冬这个问题给难住了，讨论也陷入了僵局，不知道该怎么办。回到班里，我将歆歆、小雪、粮粮、皓皓几名幼儿的问题抛给了全班所有的幼儿，班级里瞬间热闹起来。

小米：我让我奶奶给小兔子做衣服。

安安：我们把小兔子抱回家，不让小兔子出来。这样，它就不冷了。

苗苗：我们给小兔子的家弄个门帘吧！

圆圆：给小兔子装暖气，有了暖气，小兔子就不冷了。

大强：我们把小兔子搬到我们小二班过冬吧！

天天：我觉得小兔子肯定喜欢它自己生活的地方，就像我们放学后喜欢回到自己的家一样。

粮粮：天天，你说得对，小兔子一定只喜欢生活在自己的家里，我们不可以让小兔子离开它生活的地方。

歆歆：要不，我们给小兔子做一些暖暖的新家吧！

壮壮：这样就太好了，小兔子不用离开它生活的地方了！

琳琳：我们要给小兔子做什么样儿的新家呢？

教师反思

入冬以来，孩子们养成了一个习惯，就是每天都去林地看望小兔子。他们发现天气越来越冷，自己都穿上了厚厚的衣服，而小兔子的身上只有毛，什么都没有穿。经过讨论，大家认为小兔子一直在室外，身上没有衣服穿会很冷的，他们都想帮助小兔子度过一个温暖的冬天。

在讨论"如何帮助小兔子度过一个温暖的冬天"时，幼儿根据自己的生活经验积极发言，表达着自己的想法，想用自己的方式表达对小兔子的关心和爱。我将幼儿的想法发到了家长的微信群里（图 2-3-2），鼓励家长们帮助幼儿共同思考如何帮助小兔子，让家长、幼儿和教师一起参与到这个有爱的活动中，为小兔子献出爱心。

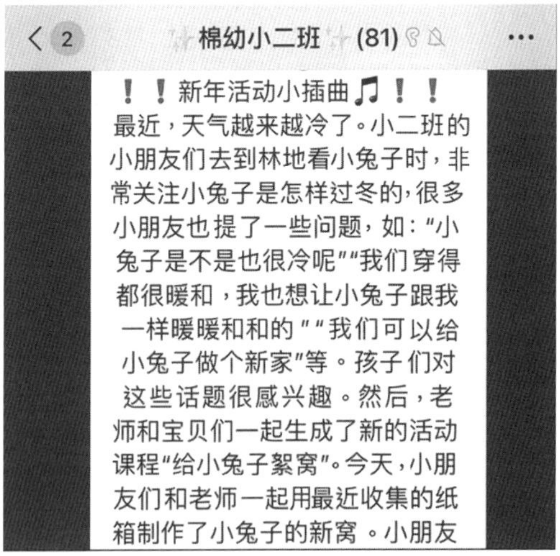

图 2-3-2 向家长分享幼儿的想法

（二）讨论小兔子的新家（12 月 3 日）

第二天，孩子们一进门，就开启了"小兔子的新家"大讨论。

壮壮：老师，我和爸爸、妈妈想到怎样做小兔子的新家了！

我：我们用什么材料做小兔子的新家呢？

顶顶：装玩具的小筐很好，小兔子缩在里面，就暖和了。

粮粮：小筐太小了，小兔子喜欢大一点儿的地方。

涵涵看了看涂鸦区里摆放的一些纸箱子，突然有了新想法。

涵涵：我们用纸箱给小兔子做新家吧！纸箱那么大，小兔子在纸箱里睡觉、玩耍，一定很开心。

其他幼儿都回头看了看涂鸦区摆放的纸箱，纷纷表示赞同。

教师反思

幼儿讨论的主题源于他们当下要解决的问题。在讨论过程中，幼儿参与度非常高，每个幼儿都想为小兔子献出自己的爱心，他们能够结合自己的生活经验进行思考，打算利用班级的废旧纸箱制作小兔子的新家。于是，我们决定尊重孩子们的想法，用这些废旧纸箱给小兔子们制作新家。

（三）制作小兔子的新家（12 月 7 日—10 日）

教师作为幼儿自主活动的支持者和引导者，在尊重幼儿意愿的基础上，提出问题。

我：我们需要用多少个纸箱呢？

大山：我们要找一些大的纸箱，因为幼儿园里有很多小兔子。

果果：我们需要找到很多个大的纸箱，幼儿园里的兔子有很多，它们一定也喜欢在宽敞的地方游戏。

熊宝：我们不仅要找到大的纸箱，还需要找到很干净的纸箱，小兔子像棉花糖一样白，它们肯定也喜欢干净的地方。

统计好小兔子的数量后，老师和幼儿一起到幼儿园的废旧物品回收站，找到了相应数量的干净纸箱。接着，问题又来了：我们怎么将这些废旧纸箱和纸盒子连接起来呢？

栈栈：我们可以用胶钉。

幼儿将这些纸箱和纸盒子用胶钉粘在了一起。可是，刚刚粘好的纸箱一拿起来，就全都掉了下来，这可怎么办呢？

显然，胶钉不适合，我们又改用双面胶。幼儿在使用双面胶的过程中，又发现了新问题——双面胶上面那层白色隔离膜撕不掉，这可怎么办呢？用什么工具粘贴才是最适宜的？

粮粮：我们用胶带试试吧！昨天，我的滑板车坏了，姥爷就是用胶带帮我粘好的。

粮粮的提议很好，果然胶带是最好用的粘贴工具。两三名幼儿一起扶着几个纸箱，再由两名幼儿转着胶带粘贴。最终，小兔子的新房粘好了，还很结实。马上就要过新年了，班里也在准备一些装饰班级环境的材料。幼儿发现有很多的即时贴都是被剪碎的，于是，他们决定利用这些剪碎的即时贴装饰小兔子的新房。整个区域活动中，幼儿都在为小兔子的新房忙碌着。突然，布丁又有了新的想法。

布丁：马上过新年了，这是小兔子的新房子，我们也给小兔子贴上“福”字吧！让小兔子们也和我们一起快快乐乐地迎接新年的到来。

老师遵从了孩子们的意愿，帮他们写了几个“福”字。孩子们给三座小兔子的新房子都贴上了喜庆的“福”字。

教师反思

在制作小兔新房的过程中，孩子们的参与意识较强，每个幼儿都在为小兔子的新房子忙碌着（图 2-3-3）。老师们认真聆听幼儿的想法，不断地为幼儿提供让幼儿自由发挥的空间和机会。在活动中，我们也常常看到幼儿不断地分享着自己更多有趣的想法。小兔子的新家做好了，这个纸盒房子只有薄薄的一层，能为小兔子遮风挡雨、保温吗？如何让新家变暖和呢？新的问题、新的挑战又出现在幼儿面前。老师们继续将问题抛给幼儿，大家一起来想办法解决吧！

图 2-3-3 装饰小兔的新房子

（四）寻找暖窝材料（12 月 13 日—16 日）

孩子们围坐在三座小兔子的新家前思考着：到底什么东西才能让小兔子的新家变得更暖和呢？

琳琳：幼儿园有很多的棉花，我们可以用棉花给小兔子保暖。

杨杨：我们可以从家里带来一些小被子，给小兔盖被子。

熊宝：我们可以在林地里摘一些干草给小兔子。干草可以让小兔子变得暖和。小兔子饿的时候，还能吃草填饱肚子呢！

孩子们说得都很有道理，我对他们的发言及时给予了肯定和赞许。突然，煊煊又有了新点子。

煊煊：我们都回家找一找，看看什么东西最适合给小兔子取暖吧！明天，我们把找到的东西都带到班里，再一起讨论吧！

第二天，孩子们从家里带来了很多东西（图 2-3-4）。我们用了整整一个集体教学活动的时间才分享完。

妞妞：我从家里带来了我小时候的被子，把它铺在小兔子的窝里，肯定合适。

月亮：我从家里带来了一些衣服，放进小兔子的新家，它一定喜欢。

依依：我拿来了一个暖水袋，里面放上热水。这样，小兔子的新家就暖和了。

幼儿将自己带来的东西分享完后，整齐地放在了电视柜上。我们又开始了一轮投票活动。最终，我们决定将小被子、干草、棉花、不织布碎片、小垫子等柔软、干燥、保暖的物品都放进小兔子的新家里，帮助小兔子取暖。经过讨论后，孩子们一致认为暖水袋不合适，因为暖水袋里的热水会变凉，不能一直保温。

教师反思

幼儿根据自己的生活经验，从家里找来了一些保暖的物品，并拿到了幼儿园。这些物品有些并不适合放进小兔子的新家里。老师没有替孩子们做出选择，而是把决定权交给了幼儿，让幼儿进行投票，选择最适宜的物品放进小兔子的新家里。通过这样的活动，幼儿学会了发现问题并自己想办法解决问题。与此同时，家长也和幼儿一起参与了这次爱心暖窝的活动（图2－3－5）。有了家长们的参与，班级的主题活动更加鲜活、更加有意义。接下来，我们按照孩子们的想法，准备用收集来的物品给小兔子絮窝啦！

图 2－3－4　幼儿带来了收集的材料

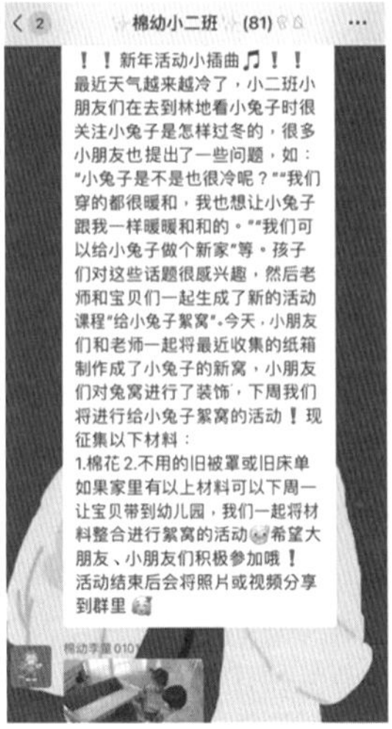

图 2－3－5　跟家长们分享收集材料的信息

（五）为小兔子的新家絮窝（12 月 17 日）

小二班迎来了给小兔子新家絮窝的活动（图 2－3－6），幼儿都很激动，活动开始啦！皓皓选择了一座大号房子开始絮窝，他先拿了一些棉花，直接放进房子里，然后，又拿了一个棉被，也直接放了进去。

皓皓：老师，你看！我已经给小兔子絮好窝了。

图 2-3-6 孩子们给小兔子絮窝

我：你都用了哪些材料呀？

皓皓：我用了棉花和棉被。这样，小兔子就暖和了。

我：你是怎么放进去的呀？

皓皓：我就是直接把这些材料放进去了。

我：你发现咱们的兔子窝有什么问题吗？

皓皓（挠了挠头）：我知道了，有点儿乱。

我：那你还有什么好办法可以让它变得整齐一些吗？

皓皓（笑了）：把它们铺平就好了。

说完，他开始用小手轻轻地拍打棉花。我又和他一起把放进去的棉被重新拿了出来，叠整齐。他把叠好的棉被平整地铺在了房子里。

硕硕也遇到了问题。他先拿了一些棉花，往小兔子的新家里放，放好一些棉花后，还用小手按一按放在里面的棉花。眼看着小兔新家里的棉花越来越多，棉花都要从兔子窝里涌出来了。

硕硕：我们快把棉花压扁。要不然，棉花就会掉出来。

其他孩子听到硕硕的话，也开始用小手按压兔子窝里的棉花。棉花压扁后，他们又拿了一些干草，放进了兔子窝里。最后，硕硕还拿了一些彩色布的边角料，放进了兔子窝里。

硕硕：小兔子一定喜欢彩色的家。我要给小兔子放一些彩色的布，让小兔子的新家变得更漂亮、更温暖。

教师反思

活动开始时，幼儿自主选择了大小不同的兔子窝进行絮窝活动。有的幼儿发现絮进兔子窝里的保暖材料总是会从里面掉出来。有的幼儿觉得絮进兔子窝里的小垫子、棉花、干草、不织布等，一旦掉出来，非常不卫生。通过教师的启发式提问，幼儿想到了解决的办法：他们把絮进兔子窝里的小垫子、棉花、干草、不织布压平，这些保暖材料就不会掉出来了。在这个过程中，幼儿通过思考不断产生新的想法。在教师的提示、引导下，幼儿又发现了新的问题，再次进行调整。通过给小兔子絮窝的活动，幼儿不仅锻炼了动手能力，还积极动脑思考，与同伴、教师互动和交流，提高了思维能力和语言表达能力，用实际行动献出了自己的爱心。经过师幼的共同努力，小兔子温暖的新家终于全部完成了。接下来，该怎么把这些新家运到小兔子生活的地方呢？新的活动又来了，我们要帮小兔子搬运新家了，继续静待幼儿的奇思妙想吧！

（六）搬运小兔子的新家（12 月 18 日）

在开展户外活动之前，幼儿开始讨论如何将小兔子的新家搬到它生活的地方。

文文：我们可以用那些运豆子的小推车来搬运小兔子的新房子。

容容：小推车太小啦！小兔子的新房子这么大，小推车运不了。

明明：把小兔子的新房子放在小车上，然后，我们扶着新房子，把新房子运到小兔子生活的地方。

小兔子的新房里放了很多给小兔子保暖的东西。在把新房子放到小车上的过程中，保暖的东西也跟着新房子一起掉在了地上。孩子们试了几次，发现这个方法不太适合。那到底该怎么办呢？两三名幼儿一着急，一起将小兔子的新房子抱了起来。

粮粮：咱们几个小朋友抱着，把小兔子的新房子送到它生活的地方吧！这样，里边的东西就不会掉出来了！

幼儿决定再次尝试。他们四五个人一起搬运小兔子的新房。孩子们互相配合，小兔子的新房才能稳稳当当。就这样，孩子们磕磕绊绊地走着，终于将新房子全部运到了兔子窝（图 2-3-7）。

图 2-3-7 幼儿搬运小兔子的新房子

教师反思

在搬运小兔子新家的活动中，幼儿最开始尝试用小车搬运，经过实践发现这个方法不适合。后来，他们想到几个小朋友一起合作搬运，最终解决了问题。在这个过程中，幼儿通过试误，找到了搬运房子的好办法，从中获得了同伴合作的经验，提高了合作意识。这对于小班幼儿来说，是一次巨大的进步。他们还在活动过程中自己总结“我们一定要配合好”的经验。每个活动的开展都具有不同的意义，这次活动也不例外。户外活动时，我们把小兔子的新家放在了饲养区。幼儿观察到小兔子真的钻进了新窝里，舒舒服服地吃着小菜叶，他们的脸上也露出了开心的笑容，心里满满的成就感。

在“小兔子暖暖的新家”主题活动中，我通过多种途径倾听幼儿的想法，如幼儿每天都要去看望小兔子，我“倾听”到了幼儿对小兔子的喜爱；天气越来越冷，从幼儿的交谈中，我倾听到幼儿要给小兔子制作温暖的新房子，我还“倾听”到幼儿的每一个兴趣点，发现他们每次遇到问题都会与小伙伴共同讨论。我运用适宜的方式给予幼儿更好的回应，如运用启发式提问的方式激发幼儿主动思考，从讨论小兔子新家的材料、如何解决制作小兔子新家时遇到的问题，到装饰小兔子的新家、寻找给小兔子絮窝的材料、搬运小兔子的新家等一系列问题。幼儿在解决问题的过程中，也在不断地深入学习。我们巧妙地利用了一日生活中的各个环节来开展此次活动，每一个小活动都是根据活动进程及幼儿在过程中遇到的问题生成的，并且环环相扣。最后，我们将每一次开展的活动拍照记录，将所有的图片打印、制作成小册子，一起分享、回顾。通过分享与回顾，幼儿的生活经验也在不断地丰富和提升。

在开展“小兔子暖暖的新家”这个主题活动中，我和幼儿是一样的，亲身参与其中。我深刻感受到，首先，在确定活动主题时一定要考虑幼儿的年龄特点和经验水平，以幼儿兴趣及当下的发展为切入点。其次，主题活动的内容一定来源于幼儿生活，结合幼儿园的资源，让幼儿和生活有一个密切接触，幼儿才会对主题活动感兴趣，积极地参与其中。最后，学以致用，回馈生活。作为教师，在开展活动的过程中，我们始终以一个观察者、引导者、支持者的身份来和幼儿相处，最大限度地把游戏的自主权交给幼儿，针对不同的活动进行重点、有效的提问。这样，幼儿才能深度学习，从而获得相关的知识与经验。

整个活动过程中，幼儿、教师、家长一起感受着活动带给我们的美好、爱与成就感。幼儿的学习和成长离不开家园共育，如在寻找保暖材料的活动中，家长的支持和引导给了幼儿极大的支持和帮助。

给小兔子做新家的活动虽然结束了，但是大自然孕育着各种各样的生命，它们也在发生着变化。幼儿生活的环境，一年四季都在发生着变化。接下来，又会有哪些事物的变化引起孩子们的注意呢？比如，幼儿发现林地里还有很多的小动物。布丁提了一个问题：“小鸟是怎么过冬的？我们需不需要帮助小鸟呢？还有，咱们林地里夏天的时候有很多的小昆虫，它们都去哪里过冬呢？”幼儿对大自然充满了好奇，充满了兴趣。大自然是幼儿最好的学习宝库。

（本文为北京市昌平区教育科学“十四五”规划2021年度课题“基于‘棉花文化’，建构‘相惜至爱’园本课程的实践研究”的研究成果，课题批准号：CP-BFG2021044）

案例四　汽车嘟嘟

首都师范大学附属回龙观幼儿园　杨　爽　潘　延

阳光明媚的午后，又到了户外活动的时间啦！孩子们兴高采烈地做着户外前的各种准备。很快，我们一起完成了热身活动，来到了小车区。今天，我决定满足他们这两天一直念叨的小愿望——开“汽车”。孩子们学着爸爸、妈妈开车的样子，在活动区“嘟嘟、嘟嘟”地开着车，玩得不亦乐乎。看着他们开心的模样，我不禁想起陶行知先生说过的话：“生活即教育。”“教育要通过生活才有力量。”基于此，我设计并组织幼儿开展了与汽车有关的系列活动。

（一）汽车嘟嘟初体验（10 月 10 日）

户外活动时，连着两天，孩子们都会选择去小车区活动。今天，热身活动后，还没等我说“可以去玩小车了”，小朋友们就已经跃跃欲试了。小车区里，车的种类很多，有小汽车、三轮车等。很显然，孩子们更热衷于玩小汽车，五颜六色的“小汽车”一下子变成了“抢手货”。孩子们玩得热火朝天的。无意中，我的视线停在了勋勋身上，他是一个性格比较内向的小朋友，我们四目相对。几秒钟后，勋勋跑了过来。

勋勋：车车！

我：你也想开小汽车吗？

勋勋的小脑袋瓜用力地点着。

我：那你也去玩吧！

勋勋飞快地跑过去，找到一辆黄色的小汽车“开”了起来（图 2－4－1）。小司机们“嘟嘟”地开着小车，在院子里走来走去，笑得合不拢嘴。这时，浩浩扭头一看，自己的车后面还有一个空位子，便朝着我开了过来（图 2－4－2）。

浩浩：老师，后面还有一个位子，有没有人要坐啊？

我：我看到还有小朋友没有车，你快去问问他们吧！

浩浩：快来坐我的车吧！

妞妞：快停、快停，我要坐。

孩子们看到后，相继效仿浩浩的做法，开始在路上不停地问小朋友“有没有人要坐车”，不断寻找着自己的小乘客。户外活动结束后，我请幼儿一起说一说自己做了哪些有意思的事儿。

勋勋：我开车了！我是小司机！车子可好玩了，我骑得特别快……

浩浩：我也是小司机，还带着小乘客呢！

妞妞：你开得太快了，下次还是我来开吧！

萌萌：老师，明天我也想当一次小司机，可以吗？

望着他们兴奋的小脸蛋儿，我微笑着点点头，同意明天再来小车区玩。后来，我又和孩子们一起讨论了玩车的注意事项。

图 2－4－1　开起黄色小汽车

图 2－4－2　开起三轮车

教师反思

虽然这是幼儿玩车初体验，但是在游戏过程中，他们已经学会将游戏情节和生活经验相关联，将司机、乘客等角色反映在游戏中。从幼儿的分享中我们发现，幼儿的原有生活经验是那么的丰富，远远超出成人的想象，充分体现了游戏源于生活，这也是孩子们为什么会对汽车游戏那么感兴趣的原因。幼儿最有效的学习方法是通过感官感知具体形象的、能激发兴趣的内容，从而获得经验和技能。于是，我围绕着幼儿感兴趣的“汽车”，设计并生成了“汽车嘟嘟”的主题活动。

（二）各种各样的汽车（10 月 20 日）

经过几次户外活动，我发现幼儿在游戏过程中对汽车特别感兴趣，基于以上实际情况，我们开展了相应的活动，通过图片展示法、视频介绍法、“我来问、你来答”游戏法、实物观察法及问题讨论法来帮助幼儿进一步了解和梳理对汽车的认识，如车的功能、颜色及其与众不同的地方。

我：小朋友们说一说，你们都认识什么样儿的车啊？

妞妞：我见过挖掘机，可大了，我还上去坐了坐（图 2－4－3）。

小白：我认识消防车，消防车可以救火。

宁宁：我认识油罐车，它里面有很多、很多的油。

壮壮：吊车可以吊很多东西。

彤彤：救护车上面有个红色的叉叉。

杨杨：我见过警车，警察开的，车子特别酷，有蓝色、红色的警灯，车身是蓝色和白色的，太棒啦！

…………

孩子们七嘴八舌地议论着，都想把自己喜欢的、认识的车分享给小伙伴们。从幼儿的讨论中我发现，他们通过日常对汽车的观察，已经认识和了解了很多不同种类的汽车，如警车、救护车、消防车等一系列特殊用途的车；小轿车、跑车、货车、公交车等日常生活中很常见的车（图 2－4－4）；还有部分幼儿认识一些其他小朋友不认识的油罐车、挖掘机、吊车等造型比较特殊的车，这些都体现了幼儿在日常生活中对汽车的浓厚兴趣。

图 2－4－3　挖掘机

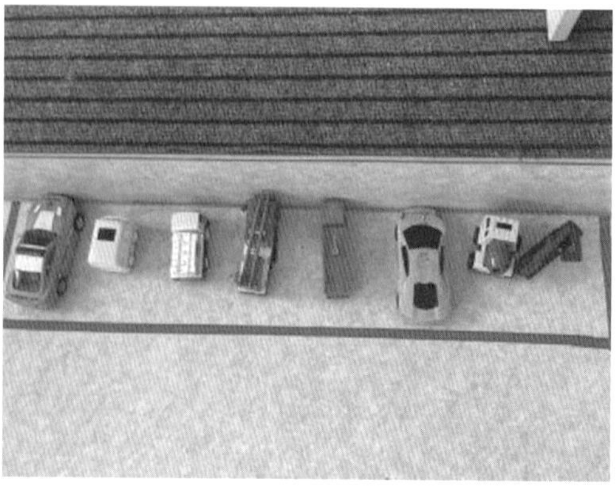

图 2－4－4　日常生活中常见的汽车玩具

教师反思

在日常生活中，幼儿会主动观察各种汽车，具有较强的观察能力，并能将自己观察到的汽车外形特征通过自己的理解清楚地表达出来，还能将自己观察到的结果记录下来。同时，很多幼儿都能发现不同的汽车有着不同的特点，这也是幼儿观察能力不断进步的表现。

（三）马路修建计划（10 月 28 日）

1. 发现游戏场地受限的问题。

通过讨论活动，幼儿对各种汽车的外观和功能有了初步的了解。我也在班级区域里投放了各种各样的汽车玩具。但是，经过一段时间的游戏后，我们发现了一个问题，没有地方开汽车，该怎么办呢？这时，孩子们又开始七嘴八舌地议论开了。

浩浩：如果没有地方开，我们就拿在手里玩。

妙妙：我觉得肯定有地方开。

小艾：那我们该怎么办呢？

2. 确定修建马路计划，解决游戏场地问题。

听到孩子们的对话，我找来了很多立交桥、高速公路、停车场及城市公路等各种汽车会经过地方的图片和视频，引导幼儿通过观看认识和了解与汽车行驶、停放有关的场所。接下来，我们设计了几种方案并进行了投票，结果支持修建马路的小朋友最多。于是，我们的“马路修建”活动拉开了帷幕！

3. 实施马路修建计划。

（1）我们的马路初建成。

计划刚开始实施，孩子们就遇到了困难：把马路修建在哪里合适呢？在班里修建马路，地方有点儿小；在操场上修建的话，玩起来又太不方便了。我们仔细地查看了很多地方。最后，孩子们一致认定把马路建在建筑区最合适。于是，将建筑区征用为“马路工程专用地”（图2-4-5）。孩子们每天利用区域活动的时间和老师一起修建马路。我们尝试使用多种材料修建马路，通过实践与尝试，最终选定用木质积木进行修建。很快，简单的马路就修建完成啦！

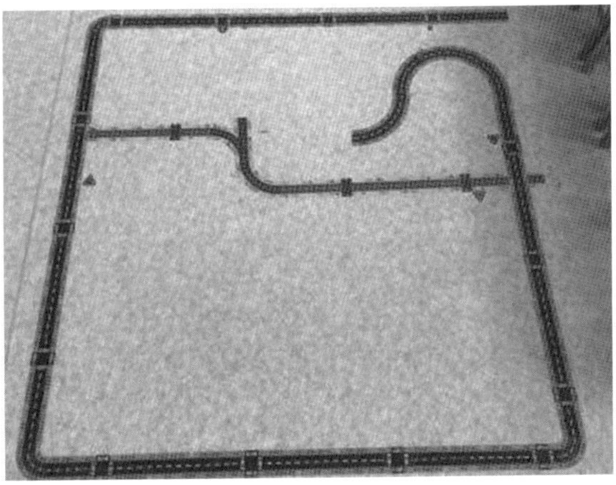

图2-4-5　在建筑区设立的“马路工程专用地”

（2）出现问题。

有了宽敞的马路，孩子们就迫不及待地开着各种汽车跑了起来。在跑的过程中，小朋友们你撞我、我撞你，好几个小朋友都摔倒了。这时候，萱萱发现了问题，在游戏过程中，有的小朋友不遵守游戏规则，横冲直撞。看到孩子们的这些问题，我并没有急着回答他们，我想留给他们一个思考的空间，让他们自己去解决。这时，我看到我们班的“小小智多星”格格好像找到了办法，她跟其他的小朋友聊了起来。

（3）建立马路游戏规则。

格格：我们制作一个红绿灯吧！这样，就不会乱了。

萱萱：对啊，我看到马路上都画着白色的箭头，我们也画吧！

妞妞：还可以在马路上画上斑马线，方便行人过马路。

图图：还可以在路边竖起这个（指交通指标牌），司机开车时看着这个，就安全了。

…………

我先是对孩子们的回答表示了肯定，又看了看图图指的图片。原来，他们不仅想到了红绿灯、箭头、斑马线等，还想到了路边的指示牌。有了这些想法后，不怕困难的孩子们说干就干。他们充分利用活动区时间，先是用白纸做好了斑马线，又把斑马线贴在了马路上，然后做了好几种箭头，有直行的、有调头的、有转弯的。接下来，又和老师一起做好了红绿灯。“红灯停，绿灯行，黄灯亮了等一等。”有了红绿灯，再也不会出现汽车撞人、汽车追尾的现象了。看着“华丽”的马路，孩子们的热情十分高涨，对这个马路游戏也是百玩不厌。

(4) 意外的收获使马路设施更加丰富。

没想到第二天，皮皮又为大家带来了新奇的想法，原来前一天晚上皮皮和妈妈在网上一起找到了汽车加油站的图片。孩子们决定在马路边上建一座加油站。他们又请老师在网上找了一些加油站的细节图片，并照着图片合作制作了加油站。

有了这些丰富的活动，孩子们的兴趣持续了很久，远远超出了我的预期，没有想到，孩子们自己想出了一套完整的、详细的、可持续的马路修建流程。这次活动让我对孩子们的能力又有了新的认识！

(四) 小小设计家（11 月 10 日）

活动初期，幼儿通过观看一些关于汽车构造的图书和视频，对汽车的制造有了初步的概念和制作的想法。孩子们认识了常见的汽车样式，并建立了汽车知识的初步经验。接下来，就是小朋友们和家长一起制造汽车啦！为了实现幼儿成为小小汽车设计家的梦想，我及时地与家长们进行了沟通，通过家园共育，让家长们和幼儿一起设计并制作汽车。沟通后，我发现不仅幼儿很期待这个活动，就连班里孩子的爸爸们也十分兴奋。这一活动能有效地促进亲子互动、沟通，让幼儿和家长同时体验到手工制作汽车的快乐。

家长和幼儿的想象力超乎我的想象，他们制作汽车时，大多使用的是废旧材料，如瓶盖、用过的纸张、矿泉水瓶等。幼儿来园后，我将家长提供的汽车制作过程及成品照片做成了 PPT。孩子们逐一站在一体机前，展示并介绍了自己的作品。看着自己的作品，他们倍感骄傲与自豪，每个人的脸上都洋溢着自信满满的笑容。

杨杨：这是我和爸爸在一起制作警车。我们用的是乐高积木，“珀利”的警灯可是我安装完成的！

芯宝：这个是我，是我！我做了一辆玩具车，是我喜欢的黄色车。它跑起来，可快了！

澜澜：这是我的小车，是我跟妈妈用快递的纸箱子粘的。颜色是我用小刷子刷上去的。妈妈说这样的小车最有意义了，我特别喜欢！

纳纳：我的是南瓜车，妈妈把南瓜肉弄出去做菜了，这个是皮。妈妈还在里面放了蜡烛呢！

…………

大家轮流讲述着自己的作品（图 2－4－6），每个孩子都非常喜欢自己的作品，对作品充满了自信。后来，我从家长那里了解到，在制作过程中，孩子们都能结合自己的生活经验明确地说出自己想要制作的汽车类型，然后选择自己认知范围内可以想到的材料，个别幼儿还能用颜料给汽车涂色，为自己的汽车取一个独特的名字。过渡环节时，孩子们就围在自己设计并制作的车子（图 2-4-7）前，互相介绍着自己设计的汽车功能。孩子们的介绍有的结合生活实际，有的充满了奇妙的想象，让我们不禁憧憬也许这些孩子就是未来汽车的"设计师"。

3～4 岁的幼儿对周围的世界和新鲜事物有着强烈的好奇心。好奇心是幼儿参与活动的前提，但仅仅依靠好奇心是远远不够的，教师要尽可能多地为幼儿提供丰富的可操作材料，激发幼儿主动探究的欲望，指导幼儿多角度地探索、实践，让幼儿在与材料的充分互动中学习并感受探究与制作的快乐。

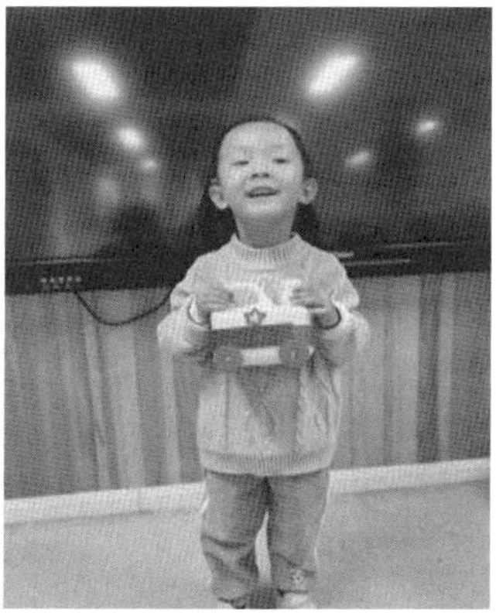

图 2-4-6　展示并讲述自己制作的小车

图 2-4-7　孩子们制作的各种车

教师反思

首先，整个案例是从户外开小车活动开始的，展现出幼儿对小车的喜爱之情。其次，我们围绕着汽车开展了一系列的主题活动，比如通过图片教学法认识各式各样的汽车；通过视频讲解法了解汽车的结构、功能与作用；通过实践观察法萌生对汽车的认知等。第三，幼儿通过奇思妙想和他们的生活认知，大胆想象并制作了属于自己的马路，创建了游戏场地。最后，我们结合家园共育开展了亲子制作小汽车的活动，孩子们的兴致再次达到高潮，成就感油然而生。

游戏是幼儿的基本活动，幼儿就是在游戏中学习、生活，在生活中拓展游戏。我们结合幼儿园综合体验课程，运用体验学习和主动学习的理念，充分挖掘各种资源，为幼儿创设丰富的体验空间，让幼儿在其中亲自探究与体验，实现了师幼共同成长。因此，我大胆尝试把生活活动内容有机地融入主题活动中，充分发挥幼儿的自主性，拓展游戏内容，提升游戏质量。

从活动中，我们发现，幼儿喜爱汽车的同时，也会对汽车产生一些认知需求，如想要了解这是什么车，这个车为什么不能动了等问题，还有与同伴共同游戏的社会性交往需求。因此，我们希望通过"汽车嘟嘟"的活动，帮助幼儿进一步了解各种不同的车，引导幼儿对自己感兴趣的事物仔细观察，发现其明显的特征，培养幼儿的观察与探究能力，以及喜欢进行美术活动的兴趣，引导幼儿用多种材料表现不同的汽车造型。在活动中，幼儿与同伴能够友好相处，学会分享。

当然，我们也注重游戏中常规的培养，如通过开汽车的游戏，让幼儿了解交通规则的重要性，学会识别交通信号灯、各种指示牌，遵守基本的交通规则，养成安全的出行意识和行为。

案例五 我的沙包宝宝

首都师范大学附属回龙观幼儿园 张 珊

对于小班幼儿来说，沙包是一种非常好的体育游戏材料，它玩法多样，可以锻炼身体的不同部位，如臂部、腿部、手部等的肌肉力量。幼儿可以根据自己的兴趣选择沙包的不同玩法，通过探究体验游戏的快乐，发展体能。

（一）亲子制作沙包（10 月 8 日）

国庆节放假期间，我给孩子们布置了一个小任务，就是和爸爸、妈妈一起制作一个小沙包（图 2－5－1），借此增进幼儿与家长的亲子关系。然后，把和爸爸、妈妈一起制作的沙包带到幼儿园，也会给幼儿带来亲切感。假期结束返园后，我看到孩子们手中拿着自己的小沙包，个个脸上洋溢着幸福的笑容。于是，我利用早餐后的时间，请每位小朋友都上来讲一讲和家人制作小沙包的过程。

图 2－5－1 亲子活动制作的小沙包

朵朵：老师，我要说。

我：好的，那朵朵先来分享一下，你是怎么和爸爸、妈妈一起制作沙包的。

朵朵：这个沙包是我和爸爸一起做的。妈妈只给我找到了大米，所以，这个是大米沙包。

说着，朵朵捂着嘴，哈哈大笑起来，其他小朋友也跟着笑了。

小迪：我的（沙包）是沙子的，有点儿软。

萱萱：妈妈说家里没有豆子，就用靠垫里的棉花给我做的沙包。

瑞瑞：我妈妈说豆子太沉，打到身上会疼的。我的就不疼，你试试。

森森拿起瑞瑞的沙包，捏了捏。

森森：软的。你听，我的这个沙包有声音。

瑞瑞把森森的沙包放在自己耳边，摇了摇（图 2－5－2)。

瑞瑞：有声音，你这是豆子吧!

森森：是，爸爸说豆子的沙包扔得远。

孩子们介绍完自己的沙包后，就玩起了“扔沙包”的游戏。有的小朋友说：“我可以扔得很高。”有的说：“我的也可以。”

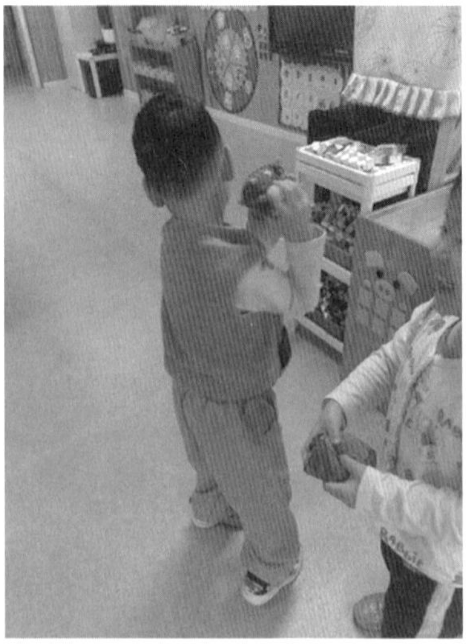

图 2－5－2 让我听听小沙包

教师反思

对于小班幼儿来说，要想让他们了解沙包，就要给他们感知和探索的机会。比如，沙包里可以填充哪些物品，有沙子、大米、豆子、棉花、布条等，通过亲子制作沙包及介绍自己的小沙包这些环节，让幼儿对沙包填充的材质、重量等都有了一定的了解。从幼儿分享的内容可以知道，填充不同材质的沙包，它的轻重和打在身上的感觉是不同的，棉花沙包打在身上是软软的，豆子沙包比较重，打在身上很疼。幼儿通过打沙包的游戏进一步感知与体验，获得了丰富的生活经验，激发了幼儿玩沙包游戏的兴趣。

周五户外游戏时，朵朵走到我的身边，对我说。

朵朵：张老师，我今天可以把沙包拿回家吗?

我：怎么了，朵朵?

朵朵：我家里没有沙包，我想回家和爸爸一起玩我的小沙包。

我：可以呀，这样吧，正好明、后天是周末，你把沙包带回家，可以和爸爸、妈妈一起玩。回来给我讲讲，你跟爸爸玩的什么沙包游戏，好不好?

朵朵：好，爸爸说他最喜欢玩沙包了。

于是，在朵朵的启发下，我把孩子们的沙包都发了下去，并且给孩子们布置了一个小任务，就是周一来园分享周末和爸爸、妈妈玩沙包的游戏。

周一早入园时，朵朵一看到我，就拿着沙包跟我说。

朵朵：张老师，你知道我昨天跟爸爸去哪儿了吗?

我：你们去哪里玩了?

朵朵：我们去奶奶家了。奶奶家有我小时候玩过的那个小恐龙，爸爸跟我比赛，看谁能用沙包打中它。你猜，我们谁赢了?

我：我猜一定是爸爸赢了吧，因为爸爸力气大。

朵朵：我赢了，爸爸太使劲儿了，把沙包扔菜盆里啦！妈妈说幸好是棉花的，还给我洗了呢!

于是，在早来园环节，孩子们简单地分享了和爸爸、妈妈一起玩的沙包游戏。有的说和爸爸玩了沙包投物的游戏，有的说和妈妈玩了抛接沙包的游戏，有的说和姐姐比赛谁的沙包扔得远，还有的说看姐姐和哥哥玩打沙包的游戏。相信这些玩沙包的前期经验，能激发幼儿探索、创新出更多的沙包玩法。

（二）我和沙包做游戏（10月21日）

孩子们越来越喜欢自己制作的小沙包。今天，区域活动环节，瑞瑞喝完水后，来到存放沙包的箱子前，拿出了自己的沙包，在建筑区的垫子上玩起了沙包，一会儿扔出去，一会儿又捡回来，好像在玩打保龄球的游戏。朵朵看到瑞瑞在玩沙包，也找到了自己的沙包，跟着瑞瑞一起玩了起来。不一会儿，我看大家都玩起了自己的小沙包（图2-5-3）。有的孩子扔着沙包玩，有的孩子把沙包放在头上顶着玩，有的孩子把沙包放在脚上踢着玩，还有的把沙包扔出去，自己又把它捡回来（图2-5-4）。沙包虽然不大，孩子们却创新出了更多的新玩法。

图2-5-3　捶打大沙包

图2-5-4　投掷沙包

（三）沙包小路（10月28日）

今天，因为受到雾霾天气的影响，户外活动转为室内体育游戏。孩子们的游戏兴趣并没有因为雾霾的影响而降低，反而创新出了沙包的有趣玩法。我看到瑞瑞和几个要好的小伙伴拿来好多沙包，把它们堆在了一起。他们在沙包堆的上面跳来跳去，又吸引了两三名小朋友的加入，还有其他小朋友也拿着沙包过来一起堆沙包。

我：这个是……

瑞瑞：是小山坡，嘿嘿。

我：嗯，还别说，真有点儿像。但是，山坡要有什么呢？

瑞瑞：我再多加点儿（沙包）。

说完，他又去找来了一些沙包，放在了上面。

小迪：啊？我怎么过去呀？

瑞瑞：你可以跳过去呀！我这是一条山坡小路（图2-5-5）。你看，我就能跳过去。

图2-5-5 山坡小路

说完，瑞瑞就跳了过去。

小迪：我也能跳过去。

说着，迪迪也跟着跳了过去。

这时，瑞瑞又动了动沙包，众甫也一起摆弄着沙包。

小迪：现在，（沙包堆得）像一条毛毛虫。

瑞瑞：这是毛毛虫小路。

说完，孩子们哈哈大笑起来。此时，有的小朋友继续拿着沙包走过来，让沙包毛毛虫变得更长，并试图挑战从整条沙包毛毛虫的身上跳过去。在孩子们尝试跳的过程中，我发现有的小朋友真的能从整条毛毛虫上面跳过去。当我看到排在瑞瑞后面的喜旺想跳又不敢跳时，提出了问题。

我：你们都是站在哪里跳过去的？怎样跳过毛毛虫会简单点儿？站在哪里跳，会比较难？

当我把问题抛给孩子们后，瑞瑞带领其他小朋友一起思考。他用手指着毛毛虫的尾部，说："你站在这儿，就很难跳过去。不过，我能跳过去。"说完，他就跳了过去（图2-5-6）。这时，小迪说："这样跳就简单。"说完，他站在沙包毛毛虫的侧面，边跳边说（图2-5-7）。喜旺听小迪说完，也跟着跳了过去，并开心地说："对呀！你看，很简单的。"

图2-5-6 沙包毛毛虫头尾跳

图2-5-7 沙包毛毛虫侧边跳

不难看出，孩子们在同伴的示范和启发下自发地学习并掌握了跳过沙包毛毛虫的方法。他们在探究沙包游戏的过程中，能够根据自己的能力与水平，结合游戏兴趣，创新出有趣的沙包玩法，锻炼了立定跳远的能力，体现了幼儿自主探索的学习品质。在前面两种小路的基础上，孩子们又摆出了蛇形小路（图 2－5－8）。蛇形小路出现后，孩子们又创新出骑着跳、左右交替跳、跨跳等有趣的玩法（图 2－5－9）。

图 2－5－8 摆出蛇形小路

图 2－5－9 跳过蛇形小路

（四）运沙包（11 月 11 日）

孩子们在多次与沙包互动游戏后，更加熟悉沙包的多种玩法。他们最喜欢的就是运送小沙包的游戏了。这天，我们在玩“运送沙包宝宝”的游戏。我让孩子们用自己的方式运送沙包宝宝过河，比比看，谁能保护好小沙包，不让它掉下来。麦麦和森森选择了双脚夹包跳的方式运送沙包宝宝，两人你一言、我一语，研究起了用什么方法夹包不容易掉。这时，我发现他们身边多了一个小朋友，那就是喜旺。虽然喜旺没有行动，但是他一直在观察着两个人的行为和动作。麦麦说着，就开始行动起来。只见他双腿夹住沙包，往前跳起来，刚跳了两下，沙包就掉在了身后。森森看到麦麦的沙包掉了，反而来了兴致。他走到麦麦身边，和麦麦一起夹包，说着：“你看我的。”“你用双脚使劲儿夹住沙包，就不会掉了，你试试。”说完，就开始跳了起来。麦麦跟着森森，也选择了双脚夹住沙包，跳着运送沙包宝宝（图 2－5－10）。这时，喜旺也默默地拿起沙包，往前凑了凑，试了几次，总是掉，他有点儿失望。此时，潘潘开心地从喜旺身边用头顶着沙包（图2－5－11），走了过去。喜旺看到潘潘这样，也学着他的样子，把沙包放在了自己的头顶，紧张地走了几步，沙包又掉了。喜旺并没有放弃，他捡起沙包，继续放在头上顶着走。丁丁和彤彤用背部驮着沙包（图 2－5－12），手膝着地爬到了终点。这时，另外两名小女生已经到了终点，她们是用飞盘托着沙包（图 2－5－13），运送沙包宝宝的。很快，加入这个游戏的孩子越来越多。

于是，孩子们开启了一场运送沙包宝宝的比赛。

孩子们在同伴的带领下，不仅了解了运沙包的多种游戏玩法，还锻炼了身体的协调性、肢体配合及跳跃的技能，展现了幼儿之间互相学习的良好品质和不气馁的精神。

图 2-5-10　运沙包（夹包跳）

图 2-5-11　运沙包（顶沙包）

图 2-5-12　运沙包（驮沙包）

图 2-5-13　运沙包（托沙包）

教师反思

幼儿在了解沙包的特性之后，能抛开简单的扔沙包游戏玩法，根据自己的兴趣，创新出沙包的新玩法。同时，结合各领域的认知进行观察、思考并解决问题。教师在幼儿游戏的过程中充当了观察者、支持者，根据幼儿的不同能力与水平做到因材施教，尊重幼儿的意愿，体现幼儿在游戏中的主体性。简单的游戏材料——沙包吸引了幼儿参与游戏的兴趣，锻炼了幼儿各项体能及身体的协调性，提高了幼儿身体素质及动作的灵活性。“我的沙包宝宝”游戏培养了幼儿的创造力、想象力及角色扮演的能力，游戏注重各领域之间的相互渗透和整合，促进了幼儿身心全面、和谐发展。同时，游戏重视幼儿学习品质的培养，幼儿在沙包游戏过程中表现出了积极的态度、良好的学习品质及不气馁的精神。

案例六　有趣的“菠”宝之旅

北京市第六幼儿园回龙观园　李婧琦　郑甜甜

今天午餐时，我发现班里有的小朋友把菠菜藏起来了。

熙熙：这是什么呀？好难吃。

泽泽：这个菜，味道好难闻。

泽泽用手捂住小嘴巴，把菠菜拨到一边。熙熙则把菠菜藏在了米饭下面，直到最后将菠菜剩下、倒掉。为什么会这样呢？我们利用家园共育的方式，向每位家长发出了一份《蔬菜食用调查表》（图 2-6-1），通过调查表我们了解到大多数幼儿不爱吃菠菜。因此，我们开展了一系列与菠菜有关的操作与体验活动，借此引导幼儿多吃新鲜的瓜果蔬菜，培养幼儿不挑食的好习惯。

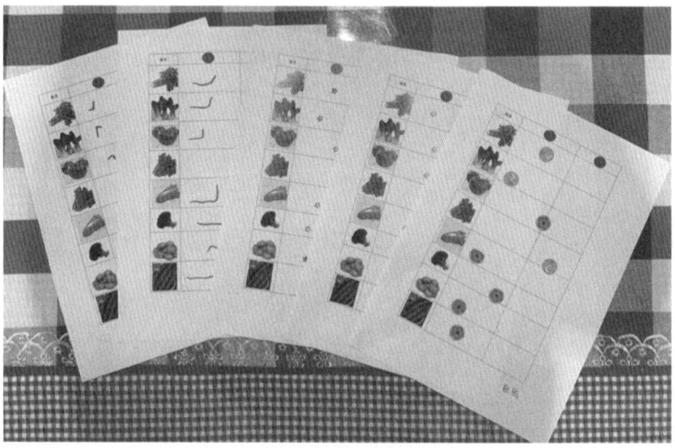

图 2-6-1　《蔬菜食用调查表》

（一）你好，菠菜（9 月 5 日）

教育活动结束后，熙熙、泽泽和乖乖来到了图书区。他们发现了一本有趣的绘本《爱吃青菜的鳄鱼》，绘本讲述了一只小鳄鱼非常喜欢吃各种蔬菜。只见他们不由自主地反复翻看着小鳄鱼吃蔬菜的几页画面，边看边模仿小鳄鱼吃蔬菜时的动作和声音。是什么有趣的内容吸引了他们呢？

泽泽：哇，好大的树啊！

听见泽泽的叫喊声，图书区的其他小朋友赶紧围了过来。

熙熙：哪儿有树啊，那不是菠菜吗？

泽泽：你看，它像不像大树啊（图 2-6-2）？

乖乖：是一棵绿色的大树。

泽泽：快看，小鳄鱼吃得多香啊！小鳄鱼在吃“菠菜树”。

大家正说着，有个小朋友学着小鳄鱼“嗷嗷”吃“菠菜树”的样子（图2-6-3），伸出两个手臂，一张一合的。泽泽也看着绘本，模仿绘本中小鳄鱼的动作，他还用小脸儿贴了贴绘本上的“菠菜树”，熙熙还用小鼻子闻了闻“菠菜树”的味道。

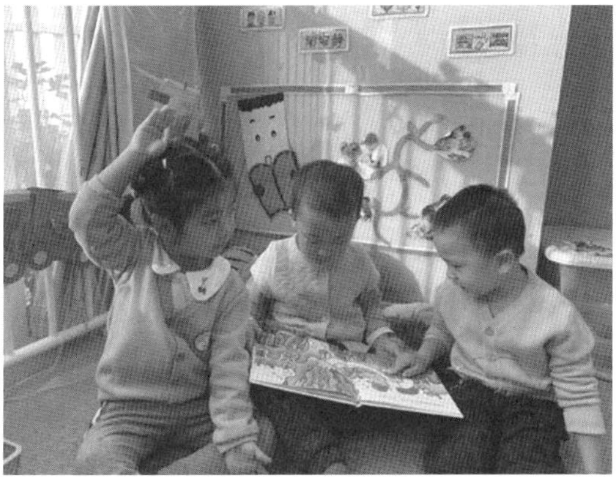

图2-6-2 孩子们发现“菠菜树”

图2-6-3 孩子模仿小鳄鱼吃蔬菜的样子

乖乖：可是，我不爱吃菠菜。

我：可是，小鳄鱼爱吃呀，并且它每天都在吃。你们知道为什么小鳄鱼喜欢吃菠菜吗？

泽泽：因为小鳄鱼不想生病。

熙熙：老师，刚才泽泽说小鳄鱼把大树吃进了肚子里。

我：原来是这样的呀，小鳄鱼喜欢“菠菜树”，所以把“菠菜树”吃进肚子里了！

教师反思

1. 在图书区阅读绘本时，幼儿很喜欢绘本中出现的小动物。对于这本绘本中频繁出现的小鳄鱼，他们也十分喜爱，经常模仿小鳄鱼吃东西的动作和声音，并与同伴分享，自发地进行表演。

2. 绘本《爱吃青菜的鳄鱼》画面中的蔬菜很大、色彩艳丽，符合小班幼儿年龄特点和阅读需求。幼儿对自己感兴趣的事物能仔细观察，通过触摸画面、长时间注视等直觉行动思维表达对该事物的喜爱之情。因此，在看到菠菜的时候，幼儿会结合生活中的经验大胆想象，并向同伴、教师表达自己的想象——“这是一棵菠菜树”。

3. 小班幼儿喜欢用多种感官去探索事物，教师应从材料方面给予幼儿多方面的支持，可以采取如下措施：

(1) 教师可以巧妙地将图书中幼儿喜爱的蔬菜叶子部分用柔软的不织布装饰出来，并喷洒上同种叶子的蔬菜汁，让幼儿通过触觉、味觉感受各种叶类蔬菜叶子柔软的质地及不同的味道。

(2) 当教师观察到幼儿出现挑食现象时，可以收集幼儿各种饮食问题，采用亲子阅读的方法向家长推荐健康类绘本图书《爱吃青菜的鳄鱼》《蔬菜的秘密》《菠菜在哭》等。通过亲子阅读、去超市或菜市场购买蔬菜等方式，引导幼儿认识和了解各种蔬菜，特别是菠菜等叶类蔬菜的明显特征。

(3) 教师可以利用《蔬菜食用调查表》统计本班幼儿食用各种蔬菜的偏好及原因。我们根据本班幼儿《蔬菜食用调查表》的反馈，发现孩子们最不爱吃的蔬菜就是菠菜。之后，我们开展了一系列亲子种植菠菜的活动，引导幼儿在照顾菠菜的过程中，仔细观察菠菜，了解其生长过程，发现其明显的特征，提高小班幼儿的观察能力和探究能力。

(4) 教师可以运用《爱吃青菜的鳄鱼》《菠菜不哭》等故事中主角的健康饮食习惯及动作，激发幼儿想吃、愿意吃蔬菜的愿望。每次进餐时，播放《小鳄鱼送蔬菜》的故事，让幼儿在愉快的进餐过程中，逐步养成健康的饮食习惯。让小鳄鱼这一角色走进小班幼儿游戏化的一日生活中，成为幼儿游戏的“伙伴”。

(二) 菠菜快快长大 (9 月 8 日—29 日)

1. 我和奶奶种菠菜。

我们在活动区域中也投放了许多与蔬菜相关的绘本，供幼儿自主阅读，在了解蔬菜生长过程的同时，也能激发幼儿想要进一步体验并探究种植过程的欲望。我们还请来了家长助教菲菲的奶奶，由她带领孩子们在幼儿园的小菜园里种植菠菜。

菲菲奶奶：小朋友们，今天，我们一起种菠菜，好不好呀？在开始之前，你们要看清楚我是怎么做的！

孩子们一个个瞪大了小眼睛，仔细地看着菲菲奶奶的一举一动 (图 2-6-4)。菲菲奶奶在小菜地里挖坑，小朋友们也学着她的样子挖了起来。

泽泽：真好玩儿呀！

熙熙：奶奶挖得好快啊！我也要快点儿挖。

乖乖：我也要帮奶奶挖。我要种好多、好多的菠菜。

菲菲奶奶挖好坑后，开始播种。孩子们也模仿着菲菲奶奶的动作，往挖好的坑里撒菠菜的种子 (图 2-6-5)。

图 2-6-4 菲菲奶奶向小朋友们介绍菠菜种子

图 2-6-5 孩子们撒下菠菜种子

播完种后，小朋友们和菲菲奶奶一起跟小菠菜说“再见”。在接下来每天的户外活动时间里，我们都会带着幼儿来到小菜园，和小菠菜打招呼：“菠菜，你好！”“今天，你有没有长高啊？”“小菠菜，你要快快长大啊！”

泽泽：老师，我们每天都要喝水，菠菜宝宝每天也要喝水吗？

我：我觉得要喝水，要和我们喝得一样多才行。

熙熙：它在土里，不需要像我们一样喝水，太阳公公照一照就好啦！

乖乖：菠菜宝宝到底是和我们一样喝热水，还是和小鱼一样喝冷水呢？

在种植过程中，孩子们提出了一系列的问题，这引起了我们的注意。为了弄清楚这些问题，我们引导幼儿开展了相关的活动。我们用图片阅读和讲解的方式给孩子们介绍了菠菜的种植方法，并引导幼儿观看了菠菜的生长视频。孩子们通过观看视频了解到，原来菠菜每天都要获得充足的水分与光照才能茁壮成长。于是，为了让菠菜宝宝们健康成长，孩子们纷纷带上了小水壶、小铲子等工具，来到小菜园，给菠菜宝宝们浇水、除草等。

2. 菠菜宝宝发芽了。

又过了几天，我们在穿过小菜园回班时，只听乖乖大喊一声：“老师，菠菜发芽了，你们快来看啊！”听他这么一喊，我和其他小朋友赶紧跑过去仔细察看。果然，许多菠菜嫩芽都冒了出来。孩子们高兴得又蹦又跳。刚发芽的菠菜宝宝矮矮的、小小的。孩子们轻轻地蹲下来，凑近了，仔细地观察着。有的幼儿用手轻轻地抚摸着菠菜苗（图 2－6－6），有的用小手轻轻地捏一捏菠菜的嫩芽儿：“老师，我可以摘下来，闻闻吗？”

熙熙：没有味道呀！

乖乖：有味道呀，是菠菜的味道。

泽泽：香香的味道，太香啦！

孩子们看到自己种的种子发芽了，并且还在一天天地长大（图 2－6－7），都非常兴奋。

图 2－6－6 幼儿在认真观察刚发芽的菠菜宝宝

图 2－6－7 菜园里茁壮生长的菠菜苗

乖乖：太好了，我的菠菜长大了。

泽泽：我的菠菜也长大了。

乖乖：我的菠菜像小花啊！

说完，乖乖就模仿着菠菜小苗向上伸展的样子。

泽泽：我的菠菜像小手。

泽泽边说边晃动着小胳膊，模仿菠菜叶在风中左右摇摆的样子。

熙熙：我要看看我的小菠菜长高了没有。

泽泽：你们看，我的菠菜好像比之前高了一点儿。

熙熙：老师，我们怎么才能知道菠菜宝宝长高了没有呢？

乖乖：哈哈，可以跟我比一比。

泽泽：我的菠菜最高。

熙熙：我的菠菜比你的高。

孩子们你一言、我一语地说着菠菜的高矮。

我：哎呀，那到底是谁的菠菜高呀？快来想想办法吧！

泽泽：老师，我们可以比一比。

我：我们怎么比呢？

乖乖：我们（把菠菜）拔下来，放在一起，（给它们）排排队。

熙熙：我们（把菠菜）带回班里，拿到建筑区，让小猴帮我们比一比！

孩子们拿着小菠菜，来到了建筑区。他们把菠菜竖着放在玩具小猴的边上，用小猴来和菠菜比高矮（图2－6－8）。有的小朋友还把自己的小手放在菠菜叶的旁边（图2－6－9），让菠菜叶和自己的小手比一比。每个孩子都在用自己的方式陪伴可爱的菠菜宝宝。

图2－6－8 小猴和菠菜比高矮

图2－6－9 小手和菠菜比长短

3. 菠菜大丰收。

盼望着，盼望着，终于迎来了菠菜丰收的日子。孩子们兴奋地撸起小袖子，拿着小篮子，连蹦带跳地走进了小菜园。

我：昨天，菠菜宝宝悄悄地告诉我，它要特别谢谢照顾它的小朋友们，它很高兴和你们做朋友，你们开不开心呀？

悠悠：开心，太开心啦！

泽泽：老师，菠菜已经成熟了吗？

熙熙：老师，我们是不是可以拔菠菜啦？

乖乖：太好了，我照顾的菠菜宝宝终于长大了。

泽泽：我要把我种的菠菜宝宝都放进我的小篮子里，那我们要怎么拔菠菜呢？

熙熙：老师，老师，我在奶奶家就拔过菠菜，抓住它的根，就能拔出来。

乖乖：我奶奶家也有，我奶奶是用剪刀剪的。

随后，我们鼓励幼儿自主采摘菠菜，用手轻轻地握住菠菜的根部，然后用力往上拔（图 2-6-10）。为此，我们创编了有趣的小儿歌："小菠菜，高又高，伸出小手攥住脚，拔一拔，抱一抱，菠菜回班洗澡澡。"

孩子们一边念着儿歌，一边把菠菜宝宝装进了自己的小篮子里（图 2-6-11）。

图 2-6-10 幼儿尝试拔菠菜

图 2-6-11 菠菜大丰收啦

4. 菠菜真好吃。

幼儿准备将菠菜宝宝带回家。熙熙抱着一捆菠菜，非常高兴。

熙熙：我要带菠菜宝宝回家了。

泽泽：我也要带菠菜宝宝回家。

我：宝贝们，你们要把菠菜宝宝带回家做什么呢？

泽泽：我想（把菠菜宝宝）带回家，给妈妈看看。

我：泽泽真是一个小暖男。

熙熙：我要（把菠菜）带回家，让奶奶给我做汤喝，把小菠菜都吃进肚子里！

听完泽泽、熙熙与老师的对话，孩子们你一言、我一语地说着"我也要带回家"。看见孩子们这么喜爱小菠菜，情绪这么高涨，于是，我在家长的微信群里发起了一个"菠"宝美食活动，请爸爸、妈妈为宝贝们做一顿美味的菠菜大餐。

教师反思

1. 我们班开展的菠菜种植活动引起了家长们的关注，他们纷纷积极参与，让孩子从家里带来了菠菜种子，有的小朋友把家里培育好的菠菜苗带到了幼儿园，与其他小朋友分享。孩子们通过观察菲菲奶奶种菠菜的方法，发现种植菠菜需要挖土、撒种、浇水、照料，知道种子要种在土里，发芽之后，才会长出幼苗来。教师用拟人化的语言及多种种植工具引导幼儿参与菠菜种植活动，丰富了幼儿的生活经验。

2. 幼儿对观察菠菜发芽的兴趣十分浓厚。两个小朋友出现了关于“谁的菠菜长得高”的争论，教师及时介入，用启发式提问引导幼儿思考解决问题的方法。幼儿通过动手操作让菠菜排排队、和玩具小猴比一比，在情景活动中探究菠菜的高矮。

3. 在采摘菠菜的过程中，幼儿回忆了已有的采摘经验，教师引导幼儿自主采摘，并将采摘方法创编成儿歌，让幼儿边说儿歌边采摘，在轻松、愉悦的氛围中，既体验了劳动的乐趣，又让幼儿掌握了采摘菠菜的方法，初步体会到蔬菜来之不易，养成珍惜劳动成果的好品质。

4. 幼儿带着自己播种并收获的菠菜回家，心里充满了喜悦和满足。教师引导家长回家后，与幼儿一起制作菠菜美食，通过品尝菠菜美食让幼儿喜欢吃蔬菜，改掉挑食的不良饮食习惯。家长觉得本次活动开展得很圆满，从种植菠菜到后面的品尝活动，让幼儿真正体会到种植菠菜的辛苦与收获菠菜的喜悦，活动过程更体现了教师的教育智慧。

5. 种植活动对于小班幼儿来说主要是体验，只有幼儿真正地、全身心地投入眼前的劳动，享受劳动带来的满足和喜悦，才能取得好的教育效果。同时，教师还要发挥好支持和引导的作用，倾听幼儿的心声、追随幼儿的兴趣、尊重幼儿的想法，在幼儿已有行为表现的基础上，帮助幼儿进行经验的总结和提升，帮助他们获得新的发展。

（三）我和菠菜宝宝玩一玩（10 月 10 日—13 日）

回班之后，我们把菠菜投放到班级区域中。孩子们在娃娃家玩游戏的时候，开始把菠菜洗干净，然后切菜、做饭。

泽泽：看我，先把（菠菜的）“尾巴”（根）切掉，然后这样切。

泽泽边说边拿起一棵菠菜，把它放在案板上，一手扶着菠菜，一手拿着儿童玩具刀，先切下菠菜的“小尾巴”，然后从切面向后移一些，再切。熙熙也加入了“小厨师”的行列，她给乖乖演示着。

熙熙：一只手这样按着，一只手拿刀，从好切的地方下手，用力切。

泽泽：老师，菠菜的汁是绿色的呀！快来看呀，好神奇呀！

熙熙：真神奇呀！我还吃过绿色的饺子，是我妈妈用菠菜汁做的绿饺子。老师，我们可以做菠菜饺子吗？

我：明天，老师给你们带来一个神奇的小帮手。我们一起做菠菜饺子，好不好？

第二天，我们准备了榨汁机，打算带领幼儿一起榨菠菜汁。我们从菜地里采摘了一些新鲜的菠菜，将菠菜洗净、切成小段，放入榨汁机，启动开关，菠菜就榨成了绿色的菠菜汁（图 2－6－12），再将菠菜汁倒入透明的大玻璃杯里。孩子们对菠菜汁非常感兴趣，他们围着玻璃杯仔细观察着（图 2－6－13），发现原来菠菜汁是深绿色的。

准备好了菠菜汁，接下来，就要用菠菜汁和面啦！我们将适量的面粉放进面盆里，倒入适量的菠菜汁，将面粉和菠菜汁揉成了绿色的面团。在教师的带领下，孩子们开始争先恐后地尝试着包饺子（图 2－6－14）。他们发现用小菜园里新鲜菠菜榨出来的汁特别绿，包出来的饺子也十分诱人。包完饺子后，孩子们信心满满地要和菠菜饺子合影留念（图 2-6-15）。

图 2-6-12 教师与幼儿一起榨菠菜汁

图 2-6-13 孩子们观察菠菜汁的颜色

图 2-6-14 教师与幼儿共同包饺子

图 2-6-15 孩子们包的菠菜饺子

在榨汁的过程中，有些菠菜汁流到了案板上。乖乖用自己的小手在案板上画来画去。

泽泽：老师，你看，他用菠菜汁画画呢！

熙熙：这个菠菜汁真好玩，我也想用菠菜汁画画。

我：那我们把剩下的菠菜汁放在美工区吧！大家可以到那里用菠菜汁画画。

我用小盒子将菠菜汁盛好，同时准备了一些滴管和长吸管（图 2-6-16）。孩子们用滴管将菠菜汁滴到画纸上，再用长吸管吹出自己喜欢的造型（图 2-6-17）。

悠悠：哇，太好玩啦！

泽泽：原来神奇的菠菜汁还可以用来画画呀！

我：菠菜汁的用处可大了。我看看，小朋友们用菠菜汁吹出来的画像什么？

熙熙：老师，我想把它吹成一片菠菜叶。

乖乖：老师，我吹出来的图案像一棵草。

孩子们开始讨论自己吹出来的图案像什么，他们非常高兴，玩得也很兴奋。

图 2-6-16 菠菜汁吹画工具

图 2-6-17 玩菠菜汁吹画游戏

教师反思

1. 教师利用过渡环节与幼儿谈话，了解到幼儿想要包绿色的饺子。因此，将包饺子的活动引入娃娃家的小厨房，让幼儿通过洗一洗、切一切、揉一揉、捏一捏等包出绿色的菠菜汁饺子，在轻松、愉快的氛围中，发展幼儿手部的精细动作，学会包饺子的技能，为参与家务劳动打下良好的基础。

2. 教师抓住幼儿用手蘸着菠菜汁在案板上作画的兴趣点，及时将菠菜汁和吸管等投放到美工区，引导幼儿利用菠菜汁进行吹画活动，让幼儿在吹吹画画的创作过程中满足对菠菜汁的探索欲望，丰富幼儿的想象力，提高幼儿的表现力与创造力。

案例七　蒜宝宝的秘密

北京市第六幼儿园回龙观园　王　晨　苏　梅

最近，孩子们的餐食里总是出现蒜苗这种菜，如肉丝炒蒜苗、豆腐干炒蒜苗……

夏天：老师，这个是什么？

我：这个是蒜苗。

米乐：这个吃起来软软的，好大的味道。

孩子们对蒜苗这种食物产生了好奇，想知道它是怎么来的。因此，我决定在我们小二班的自然角里种植大蒜，引导幼儿了解其生长过程。大蒜这种植物生长快、易观察、能食用，很适合小班幼儿探究。我把这个想法告诉了家长们，很快就得到了他们的积极回应与支持。

（一）认识大蒜，快乐种植（11 月 24 日）

1. 认识大蒜。

虽然大蒜是我们生活中常见的食物，但是对于小班幼儿来说，也不是天天能见到的食物。因此，活动开展前，我提前在家长的微信群里布置任务，要求每位幼儿家长为幼儿准备少量大蒜和器皿，带到幼儿园。第二天早上，孩子们纷纷提着从家里拿来的大蒜和器皿来了。在教育活动时，我便和孩子们一起讨论关于大蒜的话题。

我：孩子们，你们今天带来的大蒜都是什么形状的？

九一：大蒜是圆圆的，好像橘子一样。

泽泽：它们的皮不一样，有的是紫色的，有的是白色的。

我：你们闻一闻，它是什么味道的？

乐乐：它是有味道的，而且我的大蒜还发芽了。

汐汐：大蒜是白白的，香香的。

肖肖：不对，不对，大蒜是臭的。

通过与孩子们一起观察和讨论（图 2－7－1），他们初步了解了大蒜的外形特征。其实，蒜宝宝还有很多不为人知的秘密，等着孩子们去发现。经过我们的引导，孩子们纷纷提出了自己想知道的关于大蒜的秘密，如大蒜的味道怎么样？大蒜是如何种植的？蒜苗是从大蒜里长出来的吗？

2. 种植大蒜。

大蒜应该怎么种呢？对于缺乏种植经验的小班幼儿来说，这的确有些难。在种植大蒜之前，我们通过图片和视频引导幼儿学习了关于种大蒜的方法，幼儿知道了大蒜可以用水培或土培的方法来种植。我们把准备好的完整大蒜提供给幼儿，让他们自主选择是种在水

图 2-7-1 师幼一起观察和讨论大蒜的外形特征

里还是种在土里。

夏天：我要把大蒜种在土里，我见过我爷爷种在土里面的大蒜。不是这样的，这些蒜要剥了皮，才能种下去。

孩子们开始行动起来，大家纷纷给大蒜剥皮（图 2-7-2、图 2-7-3）。

图 2-7-2 孩子们都在认真地剥蒜

图 2-7-3 幼儿剥蒜时很专注

安安：老师，我的手掰不开大蒜啊！

大发：老师，这个也太难剥了，我不想剥了。

我：小朋友们，你们看，蒜的外面还裹着它的小衣服呢！我们要把它的小衣服先脱下来，当你看到一个个裸露的蒜宝宝时，就可以种大蒜了。

安安：老师，我把蒜宝宝的衣服脱下来了，我还是掰不下来。

夏天：你要拿着蒜头小的这边往下掰，而不是掰下面的。

浩伊：很简单啊，大发，你从大蒜的下面开始剥皮，指甲一用力就剥下来了。你看，我给你剥一个。

我：我看见有些小朋友给大蒜剥皮时，大蒜被抠得一块一块的，已经受伤了。我们怎么剥大蒜，才不会让它受伤呢？

梓潼：要轻轻地，用手指一点点儿地刮下外皮。这样，它才不会受伤。

我：对，你们看，我们要把蒜拿在手里。如果这样抓它，它会疼的。

同泽：哇，你们看，蒜的外皮是紫色的，但是剥开了，里面居然是白色的。

浩伊：每一瓣蒜都有一个小尾巴。要从大蒜的头开始剥，比较好剥一点儿。

大发：老师，我成功了。就是剥大蒜的时候，手有点儿黏黏的。

我：小朋友们一定要注意，剥完蒜不要用手揉眼睛。因为剥完蒜的手会粘上黏黏的蒜汁，蒜汁辣辣的，跑到眼睛里会很痛的，所以剥完蒜之后，一定要赶紧去洗手，按照七步洗手法认真地洗，把手洗干净。

米乐：蒜都剥好了。我们把它放进土里吧！

夏天：你这样插进去，都弄乱了。我看见爷爷种的蒜都是整整齐齐的，我们也把蒜放整齐吧！

晨晨：我的盒子是圆形的，我要摆成圆形的。

大治：我的要种在水里，不掰开，也可以种。整个放进去，就可以了。

瑞嘉：大治，你的大蒜要先放好水，再把蒜放进去。这样，大蒜就能站稳了。

木木：放在水里面的大蒜，我们需要给它浇水吗？

瑞嘉：可以先不浇。如果水干了或少了，还是要浇的。

一番忙碌之后，大蒜都种好了。我发现，土培大蒜的小朋友都是把蒜掰成一瓣一瓣的，再种下去。水培的小朋友方法有些不太一样：有的小朋友把水培瓶灌满了水，将整个大蒜直接泡进了水里；还有几个小朋友在接水的时候比较犹豫，只给水培瓶接了小半瓶水，把大蒜的根部浸在了水里，上面的部分没有接触到水。

我：孩子们，你们仔细看一下，水培大蒜的方法一样吗？

孩子们看了看所有的水培瓶后，纷纷表示不一样。

萌萌：有的水多，有的水少。

于是，我把装有少半瓶水的瓶子和接了满满水的瓶子放在了一起。

康康：木木的大蒜种错了，水太少了。瓶子里的水应该装满，让大蒜泡在水里，它才能发芽。

可是，木木却觉得自己的做法是可行的。于是，我决定尊重木木的想法。

我：那我们就尊重木木的想法，等等看，看看木木的蒜苗能不能长出来。

孩子们对于自己种植的大蒜关注度非常高。他们将自己种植的大蒜放在班里不同的位置，有的放在窗台上，有的远离窗户。每天早晨，孩子们进班的第一件事就是看看自己的大蒜有没有发芽。在过渡环节，有的幼儿还会给自己的大蒜浇水。

又过了一段时间，瑞嘉跑过来跟我说："老师，我的大蒜发芽了。"我招呼着班里的小朋友一起去看看。大发说："为什么大家一起种的蒜苗，有的长出来很多，有的却很少呢？"（图 2-7-4、图 2-7-5）孩子们讨论了半天，慢慢地都找到了问题的答案。原来，瑞嘉每天都会给他的蒜苗浇水，可是有的小朋友好几天都没给蒜苗浇水。木木的大蒜因为水太少了，还没有长出蒜苗。木木知道了，要想长出蒜苗，大蒜需要更多的水分。于是，他把水添加到没过了大蒜的根部。没过多久，木木的大蒜也冒出了小芽。孩子们为自己种蒜的结果而骄傲，感受到学习过程中的快乐。

图 2-7-4　放在窗户边的大蒜苗

图 2-7-5　远离窗户的大蒜苗

在活动的过程中，我看到孩子们开始对大蒜产生探究兴趣，感到很惊喜。孩子们把自己种好的大蒜放进植物角，方便更好地观察蒜苗的生长情况。有时候，班里来了小客人，他们还会骄傲地向别人介绍哪棵大蒜是自己种的。在照顾大蒜的过程中，孩子们也逐渐学会了照顾植物，养成了爱护花草的习惯，他们的责任心也慢慢地增强了。

教师反思

在孩子们剥大蒜的过程中，幼儿手部的精细动作得到了发展，也积累了一些生活经验。大发先从大蒜的头开始剥，怎么也剥不开，他又试着用手指抠蒜皮，效果还是不佳，而浩伊能很快地把大蒜皮剥下来。幼儿剥蒜的不同结果也让我了解到他们之间存在着个体差异。一些幼儿想要放弃时，其他的小朋友就会帮助他。最终，大家都成功地找到了剥蒜的方法。

种植是一项有温度的活动。当孩子们亲手种下一粒种子，从种子发芽到收获，直观地体验到生命的生长和意义。但是，城市里生活的孩子们已经很少有与大自然亲密接触的机会了，通过这次在幼儿园的种植活动，孩子们增长了有关种植的知识与经验，在学习和生活的过程中尝试解决问题，遵循植物的生长规律。而教师的策略在种植活动中也起到很大的作用。教师为幼儿营造了一个探索问题的环境，鼓励幼儿大胆尝试，耐心倾听幼儿的声音，调动家长的支持与参与，促进活动的深入开展。

（二）认识蒜苗（12 月 15 日）

11 月 24 日这一天，我们亲手种下了小蒜苗。虽然外面天寒地冻，但是我们的蒜苗经过半个多月的生长依然生机勃勃，而且长得很高。

大发：老师，我们种的大蒜长出“头发”啦！

我：哇，半个多月的时间过去了，它的“头发”都长这么长啦！

恬菲：它的“头发”比我的还长呢！

九一：它的“头发”这么长，我们来当理发师吧，帮它把“头发”剪短了。

我：好呀，那我们一起当理发师，一起“咔嚓、咔嚓”剪“头发”吧！

睿睿：剪下来的大蒜“头发”，我们可以拿回家，做成好吃的吗？

我：可以啊，那我们现在就动手“咔嚓、咔嚓”吧！

1. 认识蒜苗。

我：小朋友们仔细观看，看看蒜苗宝宝上面、中间、下面分别是什么样子的？

我：蒜苗宝宝的上面是叶子，中间是茎，下面是根。蒜苗宝宝的叶子是什么样子的？什么颜色的？

泽泽：蒜苗的叶子是绿色的，尖尖的、细细的、长长的。

我：是你们的“头发”长，还是它的“头发”长啊？

浩然：它的“头发”长。

我：叶子摸上去是什么感觉？

大发：不光滑。

我：叶子的下面是蒜苗的什么？

嘉嘉：蒜苗的茎。

我：你们看蒜苗的茎是什么样子的？

梦泽：长长的。

我：蒜苗的根是什么颜色的？像什么？

晨晨：白色的，像粉丝，像白胡须。

我：小朋友们，你们真棒！你们知道吗，蒜苗的根作用非常大。蒜苗的根可以吸收土里的养料和水分，让小蒜苗一天一天快速地长大。在蒜苗的根部能长出大蒜头。那蒜苗闻起来是什么味道呢？

贤贤：香香的，辣辣的。

我：那我们现在变身理发师，开始给大蒜剪“头发”啦！

孩子们通过细致的观察和讨论（图 2-7-6、图 2-7-7），已经初步了解了蒜苗的外形特征。蒜苗宝宝还有更多的秘密等着孩子们去发现，他们纷纷提出了自己想知道的有关蒜苗的问题：蒜苗从哪里开始剪？蒜苗的味道怎么样？蒜苗剪下来还会长吗？

2. 我是理发师。

蒜苗长得这么高，我们应该从哪里剪呢？我们是一根一根地剪，还是一小撮一小撮地剪呢？剪下来，它会不会疼呢？孩子们带着问题准备去剪蒜苗啦！

我：小朋友们，你们会用剪刀吗？

然然：我会用小剪刀。

附儿歌：

安全使用剪刀

小剪刀，轻轻拿，当心它的大嘴巴。
用的时候才拿它，走路时候要放下。
好朋友，用剪刀，握住刀尖递给他。
别用嘴巴咬到人，安全使用别忘啦！

图 2-7-6　观察和讨论蒜苗宝宝的外形特征

图 2-7-7　大蒜比高高

我：你们知道要从蒜苗的什么位置开始剪吗？

阅阅：从蒜苗的根部开始剪，不能从中间剪。

我：你说得非常对。如果从中间剪，就不是一棵一棵的了。

大治：老师，我是一棵一棵地剪，还是一大把一起剪呢？

我：如果你能一把剪，并且剪得很好，你就用这种方式。如果你觉得自己剪不好，就一棵一棵地剪吧！

柔柔：老师，我把它的“头发”剪下来，它会不会疼啊？

我：我们轻轻地剪它，不要把它的身体剪下来，这样就不会疼了。现在，我们一起试一试吧！

馨馨：老师，蒜苗好香啊！我都闻到它的香味了。

我：我也闻到了它的香味，把它做熟了，会更香哦！

孩子们通过这次自己动手剪蒜苗（图 2-7-8），知道了蒜苗是从哪里长出来的，等它长高了，要帮蒜苗剪“头发”，也知道了要从哪里给它剪下来（图 2-7-9），期待下一次蒜苗长出来的“头发”会更高、更粗！

图 2-7-8　我们都是大蒜理发师

图 2-7-9　蒜苗被剪完后的状态

教师反思

在美工区中，我们投放了幼儿专用剪刀。幼儿配合着儿歌，用剪刀剪纸，通过剪纸活动进一步练习和巩固了使用剪刀的方法，同时发展了手部的精细动作。种蒜苗是为了让孩子们感受植物生长的过程，培养他们的观察力和乐于发现事物变化的学习品质。在蒜苗生长的过程中，教师不断地通过提问，如“现在的大蒜宝宝有变化吗”“蒜苗宝宝长高了吗”，引导幼儿认真观察蒜苗的生长变化，可以用小手摸一摸蒜苗长高的“身体”，闻一闻蒜苗散发出来的味道，通过看、摸、闻的方式，进一步了解蒜苗不同的生长阶段及完整的生长过程，并且分享与交流，让幼儿不断积累学习经验，萌发积极探索的兴趣。

（三）品尝劳动的果实（12 月 24 日）

蒜苗剪下来之后，孩子们一直问：这个可以拿回家，做成好吃的吗？它可以和什么一起做成美食呢？吃蒜苗对我们的身体有什么好处呢？

我：小朋友们吃过蒜苗吗？你们喜不喜欢吃蒜苗呢？

小熠：吃过，我喜欢吃。

小同：我也吃过，但是我不喜欢吃。

我：那你们知道吃蒜苗对我们的身体有什么好处吗？

媛媛：吃蒜苗可以补充维生素 C。

小青：吃蒜苗可以拉臭臭。

我：蒜苗可以给菜提味儿，让菜的味道更加新鲜。蒜苗还有很好的杀菌、抑菌作用，能预防流感。

我：你们知道蒜苗可以怎么吃吗？

旸旸：蒜苗炒鸡蛋。

心心：蒜苗炒肉。

我：今天，你们把自己种出来的蒜苗带回家，让爸爸、妈妈帮忙做成一道菜吧！

孩子们把蒜苗装进袋子里（图 2－7－10）。离园时，每个人都拿着一袋蒜苗回家，和爸爸、妈妈一起分享自己种出来的蒜苗，把它做成美味佳肴（图 2－7－11）。

图 2－7－10　孩子们把蒜苗装进袋子里

图 2－7－11　美味佳肴“蒜苗炒鸡蛋”

教师反思

这次活动历时一个月，活动来源于生活，又回归于生活。种大蒜这一活动选择了幼儿感兴趣的事物，贴近幼儿生活，结合幼儿的认知特点，顺应幼儿的创造性思维，给予幼儿真实的生活体验，将“认识大蒜”的静态知识转化为动态种植的过程，从而获得种大蒜的直接经验，让幼儿在真实的情景中运用多感官学习，调动了幼儿学习的积极性、主动性，使幼儿成为活动的主体。

在这一个月的时间里，从大蒜的种植到成熟，再到成为孩子们嘴里的美食，整个过程，孩子们都参与其中。我们经常一起给大蒜浇水，观察并记录大蒜的生长过程，从中感受植物生长的神奇，进而更加热爱自然、热爱生活。同时，也体验到劳动的辛苦与收获蒜苗时的成功、喜悦。孩子们在学种大蒜的真实活动中，既提高了观察能力和动手能力，又锻炼了语言表达能力。他们在玩中学，在学中玩，没有丝毫的压力。因此，他们很自然且顺利地完成了本次活动内容，达到了活动目标。

案例八 小白菜种植记

北京市第六幼儿园回龙观园 范 爽

午饭时，一个小朋友看到了小白菜，想知道它是怎么来的，进而引发了一系列的讨论。

小乖：老师，这个是什么菜？它是怎么来的？

修齐：这是老师买回来的。

言言：这是食堂叔叔做的。

端端：这是农民伯伯们辛辛苦苦种的，所以我们不能浪费。

小乖：老师，农民伯伯是怎么种的呀？

我：孩子们，这个菜叫“小白菜”，它是从地里长出来的。你们要想知道它是怎么长出来的，咱们可以一起种小白菜，看一看。

孩子们听了我的提议，都很赞同，一致决定一起种小白菜。

种小白菜之前，我们一起讨论了“什么时候种”“怎么种”等问题，并要求孩子们回家后，和爸爸、妈妈一起上网查询这些问题的答案。第二天来园后，大家互相分享收集到的信息。

(一) 初学种植（3月10日）

我们为种植活动准备好了小白菜的种子、废旧纸盒（代替花盆）、小铲子、喷水壶、有机土壤等。种植活动开始啦！小朋友们先选好自己喜欢的纸盒，再用小铲子铲土，放入纸盒里（图2-8-1），然后在土的表面挖出一个小小的坑。

图2-8-1 往纸盒内装土，准备播种

修齐：小乖，你挖的坑太深了，小种子会长不出来的。

小乖：不深，小种子的力气大着呢，肯定能长出来。

修齐：长不出来的，我和妈妈一起用手机查过了，不能挖得太深。要不，你问问老师？老师，你快看看小乖呀！他挖得那么深，他的种子肯定长不出来。

小乖：能长出来。

我：这样，我们试一试就知道会不会长出来啦！

小乖没有说话，继续种着自己的种子。他小心翼翼地将种子放入挖好的土坑里，用土将种子埋了起来。他一边用小铲子在填埋的土上拍了拍，一边说："一定能长出来的。"接着，他把铲子放在填好的土上，双手使劲儿地按压铲子，将填好的土压实，然后，浇上水。这样，小乖的种子就种好啦！我发现，修齐埋种子时只是轻轻地把土盖在种子上面，然后浇上水。小朋友们完成种植任务后，还为自己的小种子插上了贴有自己头像照片的小牌子（图2-8-2），这样便于辨认和观察自己的小种子。

图2-8-2　在每个纸盒里插上照片标牌

修齐每天早上来园的第一件事就是去看望他的小种子。这天一大早，就听修齐大声喊着："老师、老师，快来呀！我的种子长出来啦！我的种子长出来啦！"（图2-8-3）听到他的话，其他的小朋友也被吸引过来，他们快速地来到了植物角。

图2-8-3　小白菜种子发芽了

“我的长出来了。”“我的也长出来了。”“我看到了。”“我种的小白菜也长出来啦!”“快看，我的种子有两片叶子。”小朋友们开心地议论着，分享着自己的小种子苗。

修齐：小乖，你看，你的种子没有长出来。我就说你的长不出来吧！你挖得太深了。

小乖有点失望地看了看自己的纸盒，纸盒里光秃秃的。

小乖：老师，我的种子死了吗？它长不出来了吗？是我把它种死了吗？

我：小乖，没关系的。有的小种子长得快，有的长得慢，我们再等一等吧！

接下来的一个星期里，小乖每天吃完早饭的第一件事就是给他的小种子浇水。可是，小种子依然没有长出来。

小乖：老师，我可以再种一个吗？这次，我一定会种得浅一点儿。

我：我们找到了好的种植方法，当然可以再种一个。但是，这次种的这个小种子，你也要细心照顾哦！

小乖：老师，那我先照顾这个吧！

就这样，小乖继续每天看望他的种子，给种子浇水。又过了两天，早上刚入园，小乖就大喊起来。

小乖：长出来了，长出来了！老师，我的小白菜也长出来了。

我：太好了！小乖，你知道为什么你的种子比别的小朋友的长得慢吗？

修齐：因为小乖他种得太深了，种子力气很小，它钻不出来。

小乖：对，我种得太深了。

我：你埋上土之后，还做了什么？

小乖不解地摇摇头，眨了眨眼，想了想，突然，他仿佛想起了什么。

小乖：哦，我拿小铲子做了个拍土的动作。

小乖：对，我拍土了，还压它了！

我：对呀，这样土就被你压紧实了，种子要用很大的力气才能钻出来，所以你的种子长得慢了些。

修齐：对，老师说过种子喜欢松软的土。不过你很棒，因为你坚持为它浇水，照顾它，所以它最后还是长出来了（图 2-8-4）。

图 2-8-4　小乖的种子苗长出来了

教师反思

幼儿在播种的过程中，我没有过多地干预幼儿的种植行为，而是重在讲述种植方法，然后让幼儿自由发挥，引导幼儿在观察种子生长的过程中自己发现问题，并说出解决的办法，让幼儿的经验自然而然地获得提升。当小乖的种子长时间不发芽时，我担心小乖接受不了这个现实，打算答应他重新种植的请求。但是，没想到，小乖选择继续坚持，经过他连续多天的细心照顾，种子终于发芽了。我为小乖的这份坚持和细心照顾而感动，相信有了这次的经历，他的抗挫折能力会更强。

教师在探究活动中引导幼儿观察的同时，也要丰富他们有关植物生长的知识。因此，我们借此机会开展了认识小白菜、鸡毛菜、小麦等植物的教育活动，增强幼儿对种植活动的兴趣和探究欲望。同时，鼓励幼儿把自己看到的小白菜生长过程画下来或拍下来进行对比，引导幼儿梳理并总结植物生长过程的相关知识，积累相关经验。

（二）小白菜快长大（3 月 23 日）

过了几天，所有小朋友的小白菜苗都长出来了。他们继续观察小苗，每天给小苗浇水。但接下来的几天里，小朋友们发现小苗长得好慢啊，而且显得无精打采的。这是为什么呢？如何让小苗快点儿长大呢？

言言第一个发现了小苗长得慢的问题，并主动向自己的妈妈请教。

1. 施肥。

言言：老师，我的小苗一直低着头。我和妈妈说了，她说因为该施肥了，所以我妈妈买了肥，让我和小朋友们一起用。这样，我们的小苗就能很快长大啦！

我：那太好了！言言真是个主动学习的好孩子，还能和大家一起分享你的好办法，真棒！我替大家谢谢言言妈妈、谢谢言言。

言言的妈妈为小朋友们带来了一些植物肥料。我拿出了这些植物肥料。孩子们拿着小铲子，一起为自己的小苗施了肥。

2. 移植。

两个星期后，小朋友们发现，小白菜苗还没有长大。

修齐：老师，我的小白菜为什么还没有长大呀！你看，它还是和我的照片一样高，还是两片小叶子，和我们吃的小白菜一点儿都不一样。

悠悠：我的还一直低着头呢！

彤彤：我的还没有我的照片高呢！

端端：这可怎么办？我们的菜是不是长不大了？

修齐：这样，我们一起查一查，看看我们的小白菜为什么长不大呢！

我：老师刚刚查到，因为我们给小种子准备的家太小了，所以小白菜长不大。大家看看，农民伯伯种的小白菜都是在外面的地里，空间是非常大的。而我们给小种子准备的家只有纸杯这么大。小种子一看，“我的家这么小，如果我长得太大，就会把我的家撑坏的，所以我不能长大”。现在，我们该怎么办呢？

言言：我们可以把它种到外面去，这样，它就可以长大啦！

我：我们怎么把小白菜宝宝种到外面去呢？需要哪些工具呢？

端端：铲子、水壶、小白菜宝宝。

小乖：先挖个坑，不能挖深了，把小白菜宝宝放进去，埋上土，也不可以拍它、压它，不然，它长得会很慢的，再浇上水，就好啦！

我：是的，孩子们，小种子、幼苗都喜欢松软的土，外面的土这么硬，需要先用小铲子松松土哦！

说完，我就带领孩子们来到户外的小菜园，同时将培育小白菜苗的纸盒也都搬到了那里。我告诉孩子们，移栽菜苗要选择松软的土壤。在选好的地里，先挖一个小坑，在土坑里撒上一些植物肥料（图 2-8-5），再将小白菜苗放进土坑里，填土，埋好菜苗的根部。我一边说，一边示范着。小朋友们迫不及待地想要试一试，他们开始选地。很快，孩子们就选好了移植小白菜苗的位置。他们拿起小铲子，开始用力地松土。

图 2-8-5 往挖好的土坑里撒有机肥

我：好啦，土松好了！快快拿上小白菜宝宝，我们要给它们搬家啦！给小白菜宝宝搬家的时候，我们要连着盒子里的土一起埋到土坑里哦！因为小白菜还太小，我们直接拔出来移植，容易伤到它的根部，小白菜苗很容易死掉（图 2-8-6）。

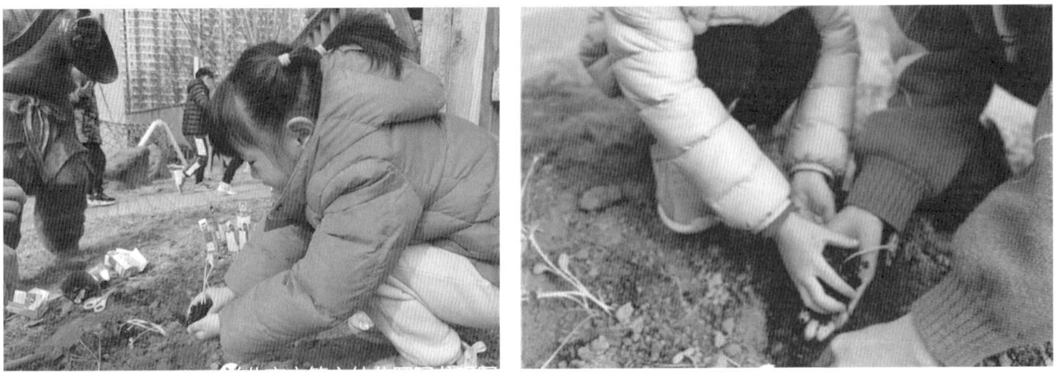

图 2-8-6 移植小白菜苗

教师反思

幼儿能够发现小白菜苗没有长大的异常情况，并将自己观察到的现象表达出来，再与家长、同伴交流，通过上网查找小白菜苗长不大的原因，进而学到了新的知识，体现了对植物的关心与照顾，提高了语言表达能力、沟通与交流的能力及解决问题的能力。

幼儿对于小白菜苗长不大的现象感到非常担心，还担心小白菜苗是否可以健康地成长。对于幼儿的问题，教师及时回应并解答，引导幼儿利用一周的不同时段观察并记录小白菜苗的生长变化过程，比较小白菜苗一周之内的变化，来验证幼儿的猜想是否正确，还引导幼儿向会种菜的老师求助。总之，让幼儿学会了运用多种方法对自己感兴趣的问题进行探究。

（三）小白菜成长记（4月8日—20日）

1. 小白菜宝宝长大了。

小白菜宝宝每天都在长大，每天都有新的变化。小菜园成了孩子们每天的打卡地。今天，小朋友们又一起来到了小菜园，察看小白菜苗的生长情况。

我：看看，我们的菜怎么样啦？

小乖：长起来了。

修齐：长高了。

我：我们的小白菜长得怎么样？是直直的，还是弯弯的？

小篆：我的是弯弯的，还有点儿软软的。

我：你们觉得怎样才是健康的、长得好的？

潼潼：我的是健康的，我最喜欢它了。

多多：不是的，你这个要死掉了。

星雨：你这个不好，我的才好。我的长得最大、最高了。

我：小苗的叶子要是掉在了地上，叶子黄黄的、弯弯的，就是长得不太好。长得好的小苗，叶子是绿绿的、直直的。

然后，我和孩子们一起剪掉了黄了、蔫了的叶子。为了让每一棵小白菜宝宝都能充分地吸收营养，我们还为它们除掉了长在周围的杂草。

经过小朋友们的照顾，可以看出所有的小白菜宝宝都还活着，并且已经健康地长大了。

2. 小白菜倒了怎么办？

每一棵小白菜都在茁壮成长，可是，解决了这些问题，又出现了新的问题。这天午睡时，就听到外面刮起了大风，风声很响。起床后，孩子们来到小菜园，发现有的菜都倒了。

紫漪：有的菜怎么倒下了啊？它们在干什么？

然然：它们在睡觉啊！

句号：是被风吹倒了。

小乖：怎么吹倒了啊？

句号：就是风吹倒的啊！

紫漪总是在活动中提出问题，她喜欢问“为什么”。此时，修齐用手扶正了一棵小白菜。于是，我赶紧引导幼儿，希望他们能主动思考并解决问题。

我：修齐，你这是在干什么？

修齐：小白菜倒了，我要把它扶起来。

可是，修齐的手一松开，小白菜又倒了下来。看到这一幕，悠悠就动手了。他把边上的泥土往小白菜苗的根部堆。这时，潼潼手里拿的铲子被右石看到了。他借来铲子，用铲子铲着泥土，给小白菜苗培土。我也跟着他一起把小白菜苗根部的土拍紧实。孩子们马上就学会了，也纷纷拿起铲子来帮忙。

孩子们对这些小白菜苗进行了及时的“抢救”。他们喜欢和泥土互动，体会到了帮助小白菜苗的乐趣，也提高了动手能力及解决问题的能力。看着小白菜苗都恢复了正常（图2-8-7），孩子们可高兴了。

图2-8-7 小白菜正常地生长

3. 小白菜怎么吃？

在孩子们的细心照料和阳光雨露的呵护下，我们的小白菜正在茁壮成长。

修齐：我们到底什么时候才可以吃啊？

小乖：我也想吃，我也想吃。

端端：小白菜很好吃的。

悠悠：我们把它吃掉吧！

一转眼，悠悠摘下了一片叶子，递给我。我连忙说道：“不能直接吃哦！”于是，孩子们又议论开了：“小白菜怎么吃，才好吃呢？”

小乖：做熟了，才能吃。

修齐：我知道，我们家里也种这个菜。我回去问问我奶奶，就知道了。

然然：我家里没有。

修齐：那我明天告诉你。

今天是周五，眼看快要到离园的时间了。于是，我趁热打铁，让孩子们回去可以和爸爸、妈妈一起探究小白菜怎么吃。

周一来园，孩子们带着自己探究的结果来和大家分享。有的小朋友回家吃了从菜市场买来的小白菜，忙着分享吃过的味道；有的小朋友去了菜地，向邻居奶奶请教种小白菜的问题，再看一看奶奶种的小白菜生长情况；有的小朋友利用家里的电脑，上网寻找答案。

现在，孩子们对于“什么样儿的小白菜是可以吃的，什么样儿的小白菜是可以采摘的”有了明确的认识。我们总结了大家分享的种植小白菜知识，对今后要继续做的事情有了计划，如天晴时，要每天浇水。我们还通过集体教学活动观看了相关的视频，学习了更多有关种植的知识，期待着小白菜快点儿长大。

孩子们再次来到小菜园，验证自己刚学到的知识。有的小朋友早上一来园，就先到菜园里观察了小白菜，集体活动时间迫不及待地说着自己的发现。

我：过了一个周末，小白菜有没有长高呢？

小乖：我找到了，我找到了，就是这个很高的，我们家里也是这样的。

端端：我没有找到。

悠悠：它会躲在里面睡觉的，在里面找。

小朋友们纷纷仔细地找了起来，的确发现一共有五棵小白菜长得又高又壮。孩子们开心地鼓起掌来。

教师反思

从准备种植小白菜到现在，孩子们经过了两个多月的劳作，在这一方小小的菜园里，见证了一颗种子的生长过程，见证了生命的神奇力量，发现了植物生长的奥秘，孩子们的好奇心得到了满足，他们各方面的能力也在潜移默化中得到了提高。

本次活动的缘起是幼儿对吃的小白菜产生好奇并提问“小白菜是怎么来的”，活动的实施过程是基于幼儿的观察与发现、基于幼儿的实际情况开展的。教师在活动过程中不断调整预设的活动环节，始终追随着幼儿的思路，伴随着小白菜生长过程中的变化而不断推进。在此过程中，教师一直在鼓励幼儿集体讨论、思考，或求助他人，或尝试自己解决问题，支持幼儿各方面能力的发展。

种植活动的最终目的不仅是让孩子们体验种植过程的辛劳与收获时的喜悦，而且可以积累关于种植、探究、责任等多方面的经验。当小白菜变黄、变蔫了的时候，孩子们着急地想办法救活它；当小白菜被风吹得东倒西歪时，孩子们及时地给它培土，扶正它……这些都是孩子们在积极寻求解决问题的办法。当孩子们拿着重重的喷水壶给小白菜苗浇水时，他们的责任感获得了发展，手臂的肌肉力量也得到了锻炼。孩子们通过直接感知、实际操作，提高了动手能力、探究能力、观察能力、合作能力、语言表达能力等多方面的能力。

遇到的问题	猜　　想	解决方案	结果
种子长不出来	种得太深、土壤压得太紧实	耐心等待、松松土	成功
小白菜长不高	花盆太小	移植到菜地里	成功
小白菜倒了怎么办	被风吹倒、种得太浅	给根部培土、压紧实	成功
怎么吃最好吃	炒菜吃、生吃	回家后查询和实际制作、品尝	成功

本次活动的主要参与者是幼儿，我给孩子们提供了最强有力的支持。在种植活动过程中会遇到我无法解答的问题，孩子们需要多方求助。首先是求助于身边的人，问问幼儿园里的保安叔叔、食堂阿姨等有经验的人；在问题无法解答时，再求助其他人，让孩子们问问家长，也可以请教邻居种菜的爷爷、奶奶，以获取更多的经验；还可以走进另一片菜地，对比种菜的区别。总之，这些体会和经验都是幼儿发展中前所未有的，是本次活动中最大的收获。

第三章　中班生活化课程案例

案例一　遇见秋天的美好

北京市棉花胡同幼儿园回龙观园　陈明蕊

金秋九月，幼儿园林地风景如画。孩子们对林地里的种种变化感到欣喜不已，数不胜数的“毛毛狗”、顶着“褐色头发”的高粱、白白的棉花，还有那千姿百态的各种自然物，一切都是那么的美好。每天一到户外活动时间，我们班的幼儿总要去幼儿园林地观察、欣赏秋天的美景。孩子们在这里畅所欲言。

北北：老师，我闻到了一股牙膏的味道，妈妈告诉我这是薄荷。

佳佳：我发现这里有好多的“毛毛狗”，它们长得毛茸茸的。

洛洛：快看啊，这有白白的棉花啊！

西瓜：哇，这还有好多的玉米呀！

洋洋：老师，这三个长条叶子的是什么啊？

孩子们对林地里的各种植物充满了好奇，他们不断地发现，不断地追问。

（一）走廊里的发现：秋天的美好（9 月 7 日）

午餐后，我带着孩子们在幼儿园的走廊里散步。突然，他们又有了新的发现。

光光：哇，我发现墙上有一个大大的花瓶，里面有高粱和小麦呢！

北北：我发现了一个房子形状的花瓶，里面有小球球一样的花。

西瓜：我发现这个长长的花瓶里有“毛毛狗”和狗尾巴草，还有的花瓶是长长的，里面有棉花呢！

我顺着孩子们的发现看过去，原来这些都是秋天收获的自然物。是啊，秋天的景色多美啊！怎么才能让这美丽的景色留下来呢？孩子们的发现给了我很大的触动和生成教育活动的灵感。回班后，我向孩子们提出了问题。

我：刚才，你们发现那些花瓶里的自然物记录了去年秋天林地里的美好。今年，林地里的自然物又有了新的变化，你们想做些什么呢？

这一问，激起了孩子们的奇思妙想，他们开始大胆地表达自己的想法。

佳佳：我想把去年花瓶里的花草换成新的，然后送给我的老师！

洛洛：我想用牛筋草来装饰花瓶，放在美工区里，让我们的班级变得更漂亮！

洋洋：我想把漂亮的小花送给小班的弟弟、妹妹，让他们感到快乐，高高兴兴地和老师一起玩游戏！

帅帅：我想在花瓶里放上好多我喜欢的狗尾巴草，毛茸茸的。

馨儿：我想用高粱、“毛毛狗”来装饰我的花瓶，送给我的好朋友。

…………

教师反思

听到孩子们的想法，我很受感动，我们的孩子是多么友爱、温暖、阳光！新学期开学之际，幼儿园林地景色宜人。孩子们看到生机勃勃、形态各异的自然物都欣喜不已，充满了好奇，他们之间的讨论与问答，无不激发着彼此对林地自然物的探究兴趣。孩子们通过观察走廊里去年哥哥、姐姐们用自然物装饰的花瓶作品，也想把今年秋天美好的景物留下来，并大胆地表达自己的想法：送给小班的弟弟、妹妹们；装饰新班级；装饰幼儿园，让幼儿园变得更漂亮等，表达了孩子们美好的祝福和心愿。孩子们的想法引发了我的思考：如何激发幼儿留住秋天的美好，做更深入的探究呢？

（二）怎样插花才漂亮（9月8日）

孩子们想把最漂亮的花束送给自己喜欢的人，借此表达他们的爱！于是，我试探性地提出了问题。

我：怎样插花才漂亮呢？

方可：就是把好看的花插进去，这样就漂亮了。

馨儿：我们看看楼道花瓶里的花是怎么插的吧！

小乖：我可以回家问妈妈，我妈妈可喜欢买花了。

方可：我们还可以请爸爸、妈妈用手机查一查。

下午的离园环节，我再次提醒幼儿别忘了这个小任务，明天将自己调查的结果带来与大家分享。

第二天，西瓜一进门都顾不上和我互相问好，就着急地跟我说起了她调查的结果。

西瓜：我们家花瓶里的花就很漂亮。妈妈跟我说，插花要搭配好颜色，这样才好看。

小朋友们陆陆续续来到班里，开始互相分享自己的调查结果。

帅帅：花瓶里的花朵有大的，也有小的。

硕硕：花瓶里的植物要有很多种颜色，才会更漂亮。

佳佳：选择漂亮的花瓶，植物的高低要和花瓶的外形搭配，才会协调、好看。

北北：在插花前，我们要先画一幅设计图。

筱野：我们需要用剪刀修剪自然物，还需要用毛根把自然物捆在一起，再放进花瓶里。我们还需要漂亮的花瓶。

我：装饰幼儿园需要很多的花花草草呀！我们去哪儿找这些材料呢？

我的提问再次让孩子们陷入了思考。不一会儿，他们又议论开了。

小乖：陈老师，昨天，我们在林地里玩的时候发现有好多黄色的小花，就跟花店的花一样好看！

恒恒：嗯，我也看到了！我还看到有好多长着漂亮叶子的植物。

于是，我们利用户外活动时间来到林地，寻找孩子们认为长得很漂亮的自然物，用它们来插花，表达我们对同伴、老师和幼儿园的喜爱之情。

材料准备好了，我们开始进行创作。在插花活动中，我鼓励幼儿自主选择材料，与自己的花瓶大小协调、搭配设计，要求花枝高低错落有致、花朵种类丰富（图 3-1-1）。插花活动结束后，孩子们将部分作品展示在幼儿园的走廊里，还有一部分作品送给了班级的老师、小班的弟弟和妹妹们，让我们的幼儿园变得更美好。

图 3-1-1　孩子们在进行插花设计

教师反思

本环节，教师采用家园共育的方式，让孩子们了解了插花的方法，如选择漂亮的花瓶、植物与花瓶大小协调、植物的颜色要搭配设计、植物高低错落有致、用剪刀修剪多余的植物枝叶、植物种类要丰富等。有了要插花的想法后，孩子们利用户外活动时间采摘林地里的植物，为插花活动做准备。在插花活动中，我们发现采摘的植物太多了，存在浪费的现象。如果边采摘边进行插花创作，效果会更好。孩子们可以享受大自然带给他们的美好感受，激发创作灵感。我想下次活动可以给孩子们更多的自由，鼓励孩子们大胆创作。

（三）插花活动后的新发现（9 月 11 日）

1. 小花为什么“低头”了？

又过了两天，我们一同去走廊观看插花作品。孩子们发现有的小花“低头”了。他们对于小花"低头"的现象产生了疑惑，互相讨论起来。

北北：小花怎么了啊？像生病了似的，低着头。

紫萱：没有之前漂亮了，小花像是冬眠了。

我：为什么小花"低头"了啊？

馨儿：天气太热了，小花也受不了！

西瓜：小花没有水分了，花瓶里也没有水。

月月：小花可能累了吧！

为了回答这个问题，我们在班里展开了讨论与探究。我们将孩子们插花作品的前后变化拍照，制作成 PPT，在一体机上播放。孩子们仔细观察、对比图片后发现，"毛毛狗"、高粱、小麦、玉米穗、棉花等植物没有变化，而小菊花、薄荷等都"低下了头"。我鼓励幼儿在观察的基础上大胆猜测，并尝试总结规律。

光光：我觉得是因为植物没有水分了，所以就低头了。

萱萱：高粱和小麦是没有水分的，是干的，所以就没低头。

幼儿发现的规律是："低头"的花，如薄荷、菊花等，都是一些有水分的植物，植物需要喝水，才能保持挺立，就像班级自然角的植物一样；没有变化的花原本就已经干了，如"毛毛狗"、高粱、小麦，它们本来就是干的，没有水分的，所以不会发生变化。

2. 怎样让小花"不低头"呢？

针对"怎样保持小花最美的形态"这个问题，孩子们的想法有两种：一种是保持水分，一种是控干水分。乐乐同意保持水分，西瓜坚持控干水分。

乐乐：把小花放在水里，这样就一直有水分，就不会干了啊！

孝堂：可以用喷壶经常给花喷点儿水，我见超市的阿姨就是这样做的。

于是，我便问选择控干水分的幼儿。

我：那怎么做，才能让小花即使干了，也不会"低头"呢？

西瓜：我见过妈妈把鲜花倒吊着晾干，小花没有变，干了之后，还很漂亮。

佳佳：我想把花平放在盘子里晾干，试一试。

经过孩子们的讨论，我们总结出让小花"不低头"的三种方法：（1）鲜花倒吊着晾干；（2）鲜花平放着晾干；（3）鲜花插到有水的花瓶里保鲜。幼儿根据自己的猜想分组进行自主探究，动手操作，验证猜想。孩子们选择了相同的材料——玫瑰花和百合花进行实验。"倒吊组"将花以倒吊的方式放置在班级门口，孩子们说这里比较通风；"平放组"将花以平放的方式放置在托盘里，放在班级有阳光的地方；"花瓶组"则将花插在花瓶里，继续放在班级自然角，每天换水（图 3-1-2）。孩子们在自主游戏的时间可以观察、对比三组实验花的变化，并将观察到的变化用图画或符号的形式记录下来。

在观察、对比三组实验花的变化后，孩子们有了新的发现。

安安：倒吊的花没有变形，还很漂亮！

硕硕：插在花瓶里的花，叶子都掉了。

萱萱：平放在托盘里的花都压得扁扁的了。

大家最终得出结论：倒吊放置的花能保持最美的形态（图 3-1-3）。整个活动中，幼儿发现问题、探究问题、自主实验，将新经验与已有知识联系在一起，达到了自主发展的活动效果。孩子们在活动中获得了收获知识与经验的幸福感。

图 3-1-2 让小花“不低头”的三种实验方法

图 3-1-3 通过实验对比来获取新经验

接下来，孩子们开展了“装饰幼儿园”的活动。

小乖：我喜欢美工区，我想把小花放在美工区窗台的花瓶里。这样，每次我进美工区画画时都能看见。

馨儿：我想把漂亮的花插到走廊的花瓶里。这样，其他班的小朋友就能看到，也会很开心的。

光光：我想把花插到园长妈妈办公室门口的花瓶里。这样，园长妈妈看到花，就能想到我们了。

孩子们开动脑筋，用制作好的干花进行各种装饰，如班级的窗台、自然角、幼儿园的走廊等，最终，让幼儿园焕然一新（图 3-1-4）。

图 3-1-4 用漂亮的小花装饰班级环境

教师反思

孩子们自主探究活动的开展紧紧围绕着问题展开：怎样保持鲜花最美的形态？一方面，我们在活动中融入家园共育的方式，鼓励幼儿和家长通过各种途径与方式收集让小花“不低头”并保持最美形态的方法，让幼儿用图画或家长用文字记录等形式记录下来并带到幼儿园，和教师、同伴分享、交流。对于孩子们收集的保持鲜花最美形态的方法，我们组织孩子们以小组为单位进行讨论，以便孩子们对问题产生新认知，也可以依托集体教学活动进行分享。孩子们经过讨论，总结出让小花“不低头”的三种方法：鲜花倒吊着晾干、鲜花平放着晾干、鲜花插到有水的花瓶里保鲜。在对三组实验花进行实验、观察、对比后，幼儿获得新认知：倒吊放置的花能保持最美的形态。

（四）经验回顾：我们的收获（9 月 28 日）

有一天中午，孩子们吃完饭后，来到主题墙前，看着主题墙上的主题活动过程图片津津有味地讨论着（图 3－1－5）。

佳佳：这是我们去林地采摘植物时留下的。

西瓜：现在，我认识好多植物呢！这个植物，我认识，是苜蓿。

二宝：这个黄色的小花是野菊花。回家后，我也把它倒吊着晾干，然后送给了妈妈。

馨儿：西瓜，你还记得吗？这是我们在林地插花的时候，你用剪刀修剪的植物，高高低低的，我觉得挺漂亮的。

看到孩子们回顾之前的活动过程是那么的开心和满足。于是，我带领孩子们共同总结并回忆“遇见秋天的美好”活动内容，梳理相关经验，让孩子们获得新的认知，满足心理需要。

图 3－1－5　回忆活动过程，收获满满

我：孩子们，明年，咱们的林地还会长出漂亮的花朵。到时候，咱们再给幼儿园走廊里的花瓶换一次干花吧！

馨儿：这个主意好，可要是小朋友们忘记怎么制作干花了，可怎么办呢？

悦悦：我们可以把这些图片做成自制图书，忘了的时候，可以翻开看看。

听到孩子们的想法，我不由得再次陷入沉思，反思自己的教育行为，生活中的教育往往不留痕迹，不用刻意地说教，最终会以最自然的方式帮助孩子们学习与成长。于是，我们收集了本次主题活动相关的资料，将图片装订成册（图3-1-6），投放到图书区。在区域活动中，孩子们可以随时翻阅，帮助他们提升相关的知识与经验。同时，也可以为教师指导幼儿深度学习提供参考。

图3-1-6 收集与主题相关的资料做成书

教师反思

1. 利用园本资源促进幼儿深度学习。

“遇见秋天的美好”主题活动源于幼儿的发现，整个活动过程有效地利用了幼儿园的园本资源。在活动中，教师尊重并充分利用幼儿的学习特点，为其提供探究的环境和材料，让幼儿能直接感知、亲身体验、实际操作，获得新的经验。幼儿在活动中感受着自然的美，欣赏着自然的美，体会着自然与人类的关系，在体验、探索中，发现快乐，获得自信。活动中，教师持续关注幼儿新的兴趣和需求，利用关键性提问进一步延伸活动内容，引导幼儿进行深度学习与思考。将环境与主题有效衔接，清晰的主题线索呈现了幼儿的学习过程。将学习的结果落实在班级、幼儿园走廊的环境中，留住了秋天的美好，使幼儿园的环境变得更漂亮。

2. 相信幼儿、支持幼儿自主探索，开启深度学习。

依托主题活动启发幼儿深度学习，既需要教师提升自身的专业水平，又需要教师在教学实践中不断地探索，以满足幼儿深度学习的需要，这也是教师和幼儿共同成长的有效途径。教师要善于发现幼儿的兴趣点，通过“玩”发现一日生活中的教育契机，相信幼儿，大胆放手，支持幼儿各种自发的探究。当幼儿有了主动探究的问题意识时，教师要支持他们更好地玩和更深入地探索。“玩”对应的是“探究”。“玩”完以后，教师要支持幼儿之间互相分享，引导幼儿清楚地表达，即“说”。接着，要支持幼儿进行表征记录，即“记”。有了更多表征记录之后，要支持幼儿再次分享与交流，利用集体讨论丰富和拓展幼儿的经验。在幼儿深度学习的过程中，让点状的知识变成线状的知识，线状的知识变成面状的知识，最后慢慢地形成网络知识体系。

案例二　我的小树朋友

北京市棉花胡同幼儿园回龙观园　周鑫楠

小雪节气来临之时，天气逐渐转寒。棉花棒棒堂也迎来了初雪的一天，孩子们都穿上了厚厚的冬衣。在一次早来园环节，教师通过倾听幼儿的谈话，发现孩子们讨论的话题都和天气变化有关。每年到了这个时候，棒棒堂都会开展“为小树穿冬衣”的活动，通过孩子们认领小树的方式，给小树“穿上冬衣”，让小树暖暖地度过冬天，迎来春天。

《纲要》中指出：要让幼儿“爱护动、植物，关心周围环境，亲近大自然，珍惜自然资源，有初步的环保意识”。由此，我们以幼儿园园本资源为起点，以主题活动为载体，以幼儿为中心，开展了“我的小树朋友”主题系列活动，让大自然成为幼儿学习、成长的天然场所和资源，让他们在充分参与、亲身体验的过程中融入自然、发现自然、热爱自然，从自然中获取知识、培养能力、陶冶情操。

（一）寻找小树朋友（11 月 4 日）

棒棒堂的小树林里有很多不同种类的小树，负责种植的蔡爷爷帮助我们给所有的小树编了号码，每个小朋友都要认领一棵小树。

孩子们得知要认领小树，提出了疑问：“我的小树朋友在哪儿呢？怎样才能找到它呢？”根据幼儿的疑问，我向他们提出了问题：“我们可以用什么方法寻找自己的小树朋友呢？”孩子们共同讨论，想出了很多办法。

芳芳：我们可以用找数字的方法。先记住自己小树的数字，再找到小树上对应的数字，就能找到自己的小树了（图 3－2－1）。

还有的小朋友说可以分小组去找，找到后，贴上自己的标记。讨论中，孩子们提出各种寻找小树的方法，但是哪种方法最好，还需要孩子们通过实践来验证，才能得出结论。孩子们在寻找小树的过程中，教师始终在观察孩子们的表现，如幼儿是如何给小树做标记的？对于整个林地的空间方位，幼儿是如何理解的？通过观察，找到适合幼儿的教学方法，以便开展后续的活动。孩子们在实践过程中，不仅验证了自己想出来的方法是否有效，还探索了更多的好方法。

比如，骁骁发现自己的学号和其他小朋友的学号是挨着的，他猜测小树的编号也应该是挨着的；轩轩发现自己的小树和林地中某种特殊游戏材料相邻，因此，他很容易地就记住了自己小树的位置（图 3－2－2）。孩子们经过讨论和实践验证，最终都找到了自己的小树，认识了自己的小树朋友。

图 3-2-1 通过数字来寻找小树

图 3-2-2 通过特殊的地理位置寻找小树

教师反思

本次活动是主题活动的开始，也是整个主题活动导入的部分，起着关键性的作用，它能够激发幼儿对小树朋友的兴趣，为后续的活动做好铺垫。最终，孩子们都找到了自己的小树朋友，也很期待和小树朋友发生更多有意思的故事。在寻找小树朋友的过程中，孩子们能按照自己想出来的方法寻找小树朋友，体现了幼儿遇到问题能积极思考，勇于实践、验证。同时，也需要教师结合实际情况，提出关键性、开放性的问题，鼓励幼儿使用不同的方法寻找自己的小树，最终通过同伴互助、寻找标志物、结合学号等方式找到了自己的小树，认识了自己的小树朋友。

（二）了解我的小树朋友（11 月 5 日）

孩子们找到自己的小树朋友之后，对它充满了好奇，讨论也越来越激烈。我没有打断他们的讨论，而是提供了自由的空间，让他们能充分地表达自己的想法。我在一旁观察幼儿的讨论情况，并进行简单的记录。关于小树朋友，有的幼儿想要了解树的高矮，有的幼儿想要了解树是如何开花、结果的，还有的幼儿想要了解树干的粗细。

户外活动时间到了，我和孩子们来到了小树林，自由地观察、探索和发现。在孩子们观察小树的过程中，我引导他们从不同的角度去了解自己的小树朋友。他们发现碧桃树的小芽是毛茸茸的；还有的小朋友发现小树的树皮很粗糙，有一道一道的裂痕；佳茗观察到自己的小树很高，枝很少，而其他小树大多都很矮，而且树枝很多（图 3-2-3）。在这个过程中，孩子们通过观察、对比、触摸等方式感知小树的外形、枝芽、叶子、树皮等特征，认识了小树朋友，并通过拍照、绘画等方式进行了记录（图 3-2-4）。

图 3-2-3 通过观察、对比来了解小树朋友

图 3-2-4 用拍照的方式记录小树朋友

回到班里，孩子们还在兴致勃勃地讨论着“林地里有多少种树”的话题，有的说有碧桃；有的说有银杏树；还有的说有苹果树……看到孩子们对小树的兴趣这么浓厚，我向孩子们抛出了问题。

我：咱们班认领的小树到底有几种呢？每种又有多少棵呢？

如何解决这些问题，孩子们开始分享自己想出来的好办法。

皓皓：我们可以在自己的小树下做标记，相同的小树使用相同的标记，然后再数数标记的数量进行统计。

听了皓皓的想法，其他小朋友都觉得这是个好办法。于是，我们根据孩子们做的标记，将不同种类的小树画在了展板上（图 3-2-5），每个图形代表一种小树，进行统计（图 3-2-6）。很快就统计出了我们班有几种树，分别是什么，各有多少棵。

图 3-2-5 将不同种类的小树画在展板上

图 3-2-6 通过标记图形统计小树的种类和数量

教师反思

中班上学期，幼儿对于统计的活动相对陌生一些，但是在一日生活中，我们会向幼儿

渗透很多关于统计的方法，比如，在益智区，孩子们尝试了对纸牌的花色进行统计；在绘本剧表演的过程中，孩子们还尝试了对角色进行统计等。因此，幼儿对统计活动很感兴趣，也有一定的前期经验。在本次活动中，幼儿愿意主动思考，尝试不同的统计方式，针对小树找到最适宜的统计方法。由于树木的种类相对较多，最终，孩子们选择了替代法，使用不同的图形代表不同种类的小树，然后去实地张贴图形，进行统计，统计结果清晰、有效，进一步提升了幼儿对统计方法的认知，也感受到了统计给生活带来的便利，感受到了数学的有用和有趣。

（三）给小树朋友做名片（11月11日）

孩子们认识了自己的小树，每每说起自己的小树，都能说得头头是道。可是，看到不一样的小树，他们就不认识了，总是说错名字。孩子们又遇到了一个难题：有什么好办法让别人也认识自己的小树呢？有的小朋友说写上名字就好啦，还有的小朋友说给小树拍照片，介绍给别人。这时，妮妮想出了一个办法，引起了小朋友们的关注。

妮妮：咱们不是给自己的家做过名片吗，也可以给自己的小树做名片呀！

学以致用，这不正是我们在教育幼儿的过程中希望看到的嘛！看到孩子们能够迁移已有经验来解决实际问题，我们都很欣慰。小朋友们都觉得给小树做名片是个不错的主意。

我：什么样儿的材料适合做名片、挂在树上最结实呢？

豆豆：纸片肯定是不行的，因为风一吹，就刮走了。

艾米：可以用木头，木头很结实啊！

经过讨论，孩子们决定回家寻找适合制作小树名片（即树牌）的材料。芮芮和妈妈找了很多材料，如废旧铁盒子、塑料盒子，因为塑料盒子怕阳光晒，最后选择了铁盒子（图3-2-7）。姥爷还和芮芮一起设计了好看的蝴蝶造型。垚垚也找到了很多废旧材料，比如，硅胶彩绘的手机壳、塑料片等。因为名片的大小需要测量，幼儿在家长的帮助下学习了自然测量、工具测量等方法，也测量了树牌的大小（图3-2-8）。

图3-2-7 幼儿挑选制作树牌的材料

图3-2-8 测量树牌的大小

本次活动让孩子们获益匪浅。区域活动时，孩子们根据自己选择材料的形状、大小等，陆续在美工区制作出了创意小树牌。

户外活动时，我们一起将制作好的树牌挂到了自己的小树上（图 3－2－9）。挂好树牌后，每次户外活动时间，孩子们都会去看看自己的小树和树牌。如果小树牌出现了问题，孩子们也会及时修补（图 3－2－10）。孩子们对小树朋友的点点滴滴都铭记在心，时常会去看望自己的小树，这是自然教育带给孩子们最大的收获，让他们成了有爱心和责任心的孩子。

图 3－2－9 互相帮助挂树牌

图 3－2－10 幼儿修补树牌

教师反思

在本次活动中，我们将“给小树朋友做名片”的活动分成了三个小的子活动，分别是“如何让别人认识你的小树”“寻找最适宜的制作材料”及“制作树牌”。在这三个活动中，孩子们都能积极动脑思考，想出了很多的好办法。第一个子活动“如何让别人认识你的小树”，孩子们想出了制作树牌的方法，希望不论在任何时候、任何人，只要看到树牌，就知道是谁的小树及其种类与名称了。第二个子活动基于班级在 10 月份开展过“我的小区我的家”主题活动，孩子们给自己的家设计过名片，因此，对名片的作用有了一定的了解。我们利用家园共育的形式，让幼儿在家长的带领下，寻找各种适宜做树牌的材料，通过对比不同材料的耐磨性、结实度等选定制作树牌的材料。幼儿在家长的帮助下，还学会了自然测量、工具测量等方法，并对树牌的大小进行了测量，最终选定了最适宜的材料。我们利用区域游戏时间，带领幼儿开展了第三个子活动“制作树牌”。在制作树牌的过程中，孩子们能够根据自己的想法进行制作，使用不同的材料进行装饰，如自然物、废旧材料等。在此过程中，孩子们还能互相帮助，比如需要使用胶枪时，他们会请老师帮忙；需要合作时，他们也会请同伴帮忙等，促进了教师与幼儿、幼儿与幼儿之间的交流与合作。

（四）我为小树穿冬衣（11 月 22 日）

冬天到了，我们都穿上了厚厚的棉服，小树怎么过冬呢？带着这个问题，我和孩子们制作了观察记录的表格《小树过冬调查表》（图 3－2－11），通过家园共育的方式，让家长带领幼儿去公园、马路边等地方寻找答案（图 3－2－12）。在分享、交流时，孩子们都积极发言。

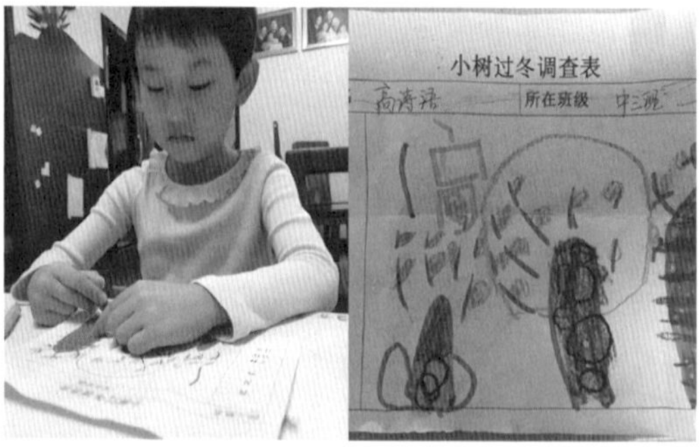

图 3－2－11　幼儿对调查情况进行记录

图 3－2－12　幼儿在户外进行调查

芮芮：我发现路边的小树，有的刷了白色的石灰浆，还有的用厚厚的海绵包起来了。

诗诗：很多小树都是用白色的石灰裹住的。妈妈告诉我，还可以用一些旧衣服和布料包裹树干。

大森：我家小区也是把小树的树干刷成了白色。

汤圆：奶奶告诉我，可以给小树裹上塑料布。

孩子们了解了小树过冬的方法后，我们接着开展了“给小树穿冬衣”的亲子活动。

在后勤老师的帮助下，我们决定通过刷石灰浆、用旧衣物和塑料布包裹小树的树干等多种方式帮助小树过冬。活动开始前，各种材料准备就绪。

我：给小树“穿冬衣”的时候，我们需要注意什么呢？

妮妮：要戴好手套，不要把石灰浆弄到别人的衣服上，也不能离开自己的爸爸、妈妈。

西西：要上、下来回刷，多刷几次。

接着，“给小树穿冬衣”的活动就开始了。大家按照自己选择的方法给小树“穿冬衣”。西西在妈妈的帮助下开始给小树的树干刷起了石灰浆（图 3－2－13）。妮妮和她的好朋友诗诗分享了用海绵作为小树过冬的“衣服”。骁骁带来了家里的旧床单，给小树包裹过冬。小树穿上了厚厚的“衣服”，这个冬天就不怕冷啦！孩子们和家长们都很兴奋，纷纷说道：“快来，帮我们和小树拍张合影、留念吧！”活动中，我们鼓励家长放手让幼儿自己动手帮小树“穿冬衣”。家长们没有包办、代替，而是在孩子需要时，给予引导和必要的帮助。整个过程中，孩子们都很有成就感，也感受到了自己肩负的责任。有的家长带来了“穿冬衣”的其他材料，幼儿之间还能相互分享、使用不同的材料包裹小树的树干。孩子们和家长们都非常享受这个过程。同时，还发生了一件让我很感动的事情，有两个小朋友因为生病不能来参加活动，西西对我说：“老师，大米、小米是我以前小三班的好朋友，我和妈妈来帮助他们吧！”我想这就是自然教育中孩子们带给我的感动吧！他们在活动中增长了知识，提高了动手能力，在实践中相互关爱。

小树的冬天真幸福！我问道：“小树在冬天是什么样子的？”孩子们说：“光秃秃的。”

“能够看到树上面的树枝、树杈，夏天被树叶挡着，看不到。”“小树会跟随季节的变化而变化，每次的变化都是一次‘换装’。”孩子们边观察边讨论，最后，他们决定，进行一次户外写生活动（图 3－2－14），用写生的方式记录冬天小树的样子。在幼儿分享自己的写生作品时，我发现孩子们的作品特别形象，很有味道，也更加真实。我们常说：“教育要回归自然。”一草一木、一花一叶都给予了孩子们探索的乐趣。在小树的系列活动中，孩子们在自然中学习、成长，他们亲近自然，能够爱护环境。

图 3－2－13　为小树的树干刷石灰浆

图 3－2－14　幼儿户外写生作品《冬天的小树》

教师反思

1. 走进自然、热爱自然。

本次主题活动“我的小树朋友”是以“我为小树穿冬衣”为契机，利用园本资源，通过一日生活中的各个环节及家园共育的方式，开展了丰富多彩的系列教育活动，旨在激发幼儿热爱大自然、保护树木的美好情感，这也是我们开展本次主题活动的初衷。

2. 通过探究活动，支持幼儿感受、发现、创造自然之美。

在活动过程中，本班幼儿能够使用较为清晰的语言表达自己的想法，心态积极、乐观，善于思考。在游戏和日常生活中，教师能够引导幼儿以原有经验为基础，通过亲身体验、实践操作的方式去积累新的经验，提升各方面的能力。在家园共育方面，家长们的教育方式能够和幼儿园同步，比如，在寻找树牌材料的过程中，家长们没有直接告诉孩子什么样儿的材料最合适，而是和幼儿一起找到了很多可以制作树牌的材料，通过逐一对比，最终，选出了最适宜的材料。在了解小树过冬方式这一活动中，家长们并不是直接采取网络查询的方式，而是拿着调查记录表，真正带领孩子们走出去，利用小区及周边环境资源来了解小树过冬的方式。本次主题活动的开展层层递进，按照活动的顺序进行，活动与活动之间有着较强的逻辑关系和连续性。每次活动，教师都是通过开放性的重点提问激发幼儿兴趣，引导幼儿主动、积极参与，即使是最后一个活动结束了也不是完全的结束，主题活动还可以延伸。最终，孩子们通过本次主题活动感受到了大自然的魅力，懂得了自然界有很多“好朋友”，激发了幼儿热爱大自然、保护环境的情感，进而在不断地探寻中感受、发现、创造自然的美，同时也和自己的小树建立了深厚的友谊。

3. 活动延伸。

活动的最后，孩子们也提出了自己的想法：“等到春天来临，我的小树会是什么样子呢?”针对幼儿的这一想法，我们会带着课程的意识引导幼儿去观察、探究，从儿童的需要出发，积极给予回应，继续开展“我的小树朋友”春天的故事。

通过开展本次主题活动，我也深刻地感受到自然教育对于幼儿发展的重要性，让孩子们成为风的幼儿、泥土的幼儿、雨的幼儿、小树的幼儿、大自然的幼儿。就如同著名教育家陶行知先生所说的：“我们要解放小孩子的空间，让他们去接触大自然中的花草、树木、青山、绿水、日月、星辰。”大自然是人类最好的老师，它在四季交替中孕育着万物生灵，它汇聚了生命的律动与成长的真谛。

（本文为北京市昌平区教育科学“十四五”规划2021年度课题“基于‘棉花文化’，建构‘相惜至爱’园本课程的实践研究”的研究成果，课题批准号：CP-BFG2021044）

案例三 好玩的捉迷藏

北京市棉花胡同幼儿园回龙观园 邢 源

这段时间，午睡前的过渡环节，几个活泼的小朋友在散步前，总喜欢悄悄地溜到表演区，玩“捉迷藏”的游戏。“龙珠，我找到你啦!”知知指着表演区悬挂的衣服后面说道。龙珠钻了出来，指着自己身后，说：“后面还有多多!”多多眯着变成一条缝儿的小眼睛，笑着走了出来。几个小朋友这才慢悠悠地准备去散步。

户外玩自主游戏的时候，孩子们又自发地玩起了“彩虹灯笼捉迷藏”的游戏。数数穿着警服，扮演“小警察”（图 3－3－1）。几名穿着彩虹灯笼的小朋友快速地移动着，寻找着安全或者隐蔽的地方躲藏。待小警察巡逻时，他们会把头和身体都藏进彩虹灯笼里，一旦被发现并喊出他们的名字时，小彩虹灯笼的主人这才笑嘻嘻地露出小脑袋（图 3－3－2、图 3－3－3）。

看到孩子们对“捉迷藏”的游戏有着浓厚的兴趣，我决定和他们一起开启“好玩的捉迷藏”主题活动。

图 3－3－1 穿着警服巡逻的数数

图 3－3－2 穿着彩虹灯笼的龙珠

图 3－3－3 穿着彩虹灯笼的多多

(一) 躲猫猫初体验（11 月 2 日）

我：今天，咱们一起来玩“捉迷藏”的游戏。如果我是老猫，要来找小猫，小猫们应该怎么藏?

多多：老猫要闭着眼睛数数。闭眼的时候，我们藏。

我：你们都同意多多的说法吗？（同意）那老猫要数几个数呢？

小易：20 个数吧，我觉得 20 个数就可以藏好。

我：我们现在试试，1、2、3……19、20。大家觉得时长可以吗？（可以）

我：好的，那我们一起约定好，老猫闭着眼数到“20”，开始寻找小猫。我找一只老猫的好朋友媞媞，让她和我一起找小猫，游戏开始。

“1、2、3……”媞媞背对着小朋友们开始数数。孩子们一听到数数声，快速地离开椅子，四散地跑到教室的各个角落，藏了起来。

我：我找到你们啦！你们都藏在床的夹缝里。

媞媞：找到你们啦！你们都在这里呢！（媞媞掀开窗帘，笑了）

游戏结束后，我们一起分享躲藏、寻找和发现的秘密。

我：刚才，你藏在哪儿？有没有被发现？

轩轩：我藏在窗帘后面，被发现了，还有和我一块儿的几个小朋友。

多多：我和元元藏在桌子后面（图 3－3－4），桌子后面空空的，没有东西挡住我们，很快就被找到了。

帅帅：我藏在床的夹缝里，被找到了（图 3－3－5）。

图 3－3－4　躲猫猫：藏在桌子后面

图 3－3－5　躲猫猫：藏在床的夹缝里

果果：我藏在卫生间里，那里有镜子，媞媞好像是从镜子里看见了我，我也看见了她。

这时，竹竹从表演区跑出来。

竹竹：老师，我没被找到，我自己藏在表演区悬挂的衣服最后面。

我：你们真能干，发现了自己容易被找到的原因。可竹竹和你们藏的地方都不一样，最后，都没人发现他。怎么藏才能像竹竹一样，不容易被找到呢？

果果：我觉得要藏在和别人不一样的地方。可是，好多地方都露在外面。

多多：我们得找到更多能挡住自己的东西，在桌子上、床的夹缝前面都放上布或帘子。

轩轩：还不能和小朋友挤在一起，那样会一起被发现的。

我：你们的想法都很好。多多还说，我们需要一些用来躲藏的遮挡布，或许遮挡布真的可以帮到我们。

莎莎：我觉得我们也需要！

媞媞：就像班里的钢琴布，藏在它的下面，就不容易被发现。

我：怎么才能准备好这样一块神奇的遮挡布呢？

多多：我们找来大块的布，像斗篷一样盖住能躲藏的地方！还要多一些的布。

我：在美工区游戏的小朋友们可以动手试一试！

教师反思

本次活动延续幼儿喜欢玩“捉迷藏”的游戏兴趣，在集体游戏中创设“躲猫猫”的游戏情境。幼儿兴趣浓厚，且大部分幼儿在“躲猫猫”时能遵守游戏规则。但是，大部分人很快就被“老猫”找到了。他们发现在班里躲藏时，因为室内遮挡物较少、多人藏在一处等，所以很容易被发现。

为了进一步拓展在室内玩“躲猫猫”的空间，孩子们通过讨论发现屋里躲藏的地方不够多，他们想到了创作躲藏画布的主意。教师作为幼儿游戏的支持者，赞成并鼓励幼儿利用区域活动时间尝试完成，为后续玩“躲猫猫”的游戏提供材料支持。

（二）绘画躲藏画布（11 月 3 日）

第二天的美工区活动时间，几个小朋友开始创作躲藏画布。孩子们围在画布的周围，从不同的方向开始创作（图 3－3－6）。豪豪是“坦克迷”，他用水彩笔熟练地勾勒出坦克的轮廓（图 3－3－7）。语桐选择粉色，在坦克的上面画着可爱的小朋友。莎莎把自己喜欢的小兔子画在了画布上，小兔子还鼓着圆圆的肚皮，开着兔子汽车（图 3－3－8）。

图 3－3－6 在躲藏画布上绘画

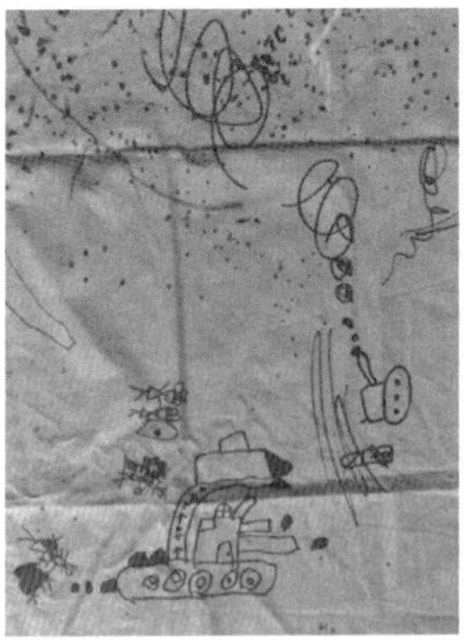

图 3－3－7 豪豪画的坦克

图 3－3－8 莎莎画的兔子汽车

多多看见豪豪的坦克，也赶紧在坦克的后方画了一辆“迷你坦克”，正在发射“炮弹”。多多说：“我要超过你！”说着，他又用棕色的水彩笔在画布上点了很多小点点，像雨点一样密密麻麻，又像坦克正在连续发出的炮火（图 3－3－7）。

还有的小朋友在画布上用水粉作画。一宝画出了自己喜欢的彩虹线条，竹竹用粗粗的笔画出波浪线的花纹……不一会儿，躲藏画布就画好了。

活动结束后，多多和一宝分享了绘画好的躲藏画布。看到画布完成了，宸宸有些着急。

宸宸：老师，有了画布，咱们又可以玩"捉迷藏"啦！

在宸宸的提议下，小值日生把画布分别铺在桌子上、床的夹缝处、钢琴凳上，大家再次玩起了"躲猫猫"的游戏。这次，孩子们的"藏身之地"变多了，扮演老猫的小朋友也增多了。孩子们不再像之前一样三五成群地躲在一起，而是分散地藏在各个角落（图3-3-9、图3-3-10）。躲在画布下的多多和其他小朋友，笑得合不拢嘴，可他还是忍着，捂着嘴，不敢发出一点儿声音（图3-3-11）。

图3-3-9 藏在桌子底下

图3-3-10 藏在画布下面

图3-3-11 "躲猫猫"时捂住嘴，不敢出声

这次游戏结束后，我和孩子们再次分享了游戏后的感受和发现。

多多：我觉得太好玩啦！这次，我藏在分餐桌的最里面，还有布挡着，还好没有被发现。

正好：我藏在桌子底下，画布的一边把我挡住了，一边没有。我被吱吱找到了。

恬恬：再铺画布的时候，我们要用画布把整个桌子挡住，不能歪歪扭扭的。

小易：老师，可是我还有个问题，我们的画布挡住了自己，但是衣服会透过来，也容易被发现。

吱吱：我就是正好看到衣服上的红格子透了过来，所以才找到了她。

我：怎么做，才不容易被发现呢？

果果：我们要藏在有图案、颜色深的画布后面。

教师反思

在初次体验“躲猫猫”的游戏时，孩子们发现班里的桌子、床的夹缝都没有遮挡，想通过绘画躲藏画布的方式来增加躲藏空间，于是就有了美工区的绘画活动。孩子们通过水彩笔、水粉在白布上绘画，将自己喜欢的图案画在布上，完成了躲藏画布的绘画创作，获得了使用线描、水粉画创作各种图案、造型等装饰绘画的经验，也为后续体验利用画布遮挡玩“躲猫猫”的游戏提供了躲藏空间。

画布完成后，孩子们再次玩起了“躲猫猫”的游戏。躲藏画布的增加让部分幼儿体验了游戏的成功，但是有的小朋友因为衣服颜色太过鲜艳、画布摆放得不整齐而被发现。在幼儿的讨论和分享中，他们总结了躲藏的新经验，那就是遮挡物要把自己的身体全部挡住，还要寻找画布上有图案或颜色较深的位置进行躲藏。

（三）艾玛和我捉迷藏（11 月 5 日）

我将与捉迷藏有关的绘本——《艾玛捉迷藏》《谁藏起来了》《龙在哪里》等投放到图书区。今天的区域游戏时间，豪豪和乐乐手里拿着《艾玛捉迷藏》，玩起了角色扮演游戏。

豪豪：猜猜我（大象艾玛）在哪里呀？

乐乐：这里。

豪豪：不对，不对，哈哈，这是小船！

豪豪：你再找找，我在哪里呀？

乐乐：这儿，这儿。

豪豪：不对，不对，哈哈，又错了！这是小猴子和我玩的球。

豪豪（继续往后翻书）：这次，你再找找大象藏在哪儿呢？

乐乐：树后面！

豪豪：哈哈，哈哈，又错啦！这是河马的袜子。

说着，豪豪笑得前仰后合。这时，我被他们的笑声和对话吸引了，一起加入了花格子大象艾玛捉迷藏的互动游戏中。

我：你们好开心呀！看来，你们也喜欢和花格子大象捉迷藏。乐乐，你都把什么东西当成了艾玛？

乐乐：把小船、猴子的球，还有河马的袜子当成了艾玛。

豪豪（乐呵呵地）：这本书也太好玩了吧！想不到花格子大象这么会找地方藏起来，乐乐总搞错。

区域活动分享环节，我请豪豪和乐乐对着绘本的画面讲述自己的发现。

乐乐：你们看，花格子大象藏在哪儿了？

其他幼儿一起指着书中有红黄格子的地方。

乐乐：我也以为是这儿，可后来一看，不是，那是和花格子差不多的球和船（图 3-3-12）。

图 3-3-12 乐乐分享着自己的发现

我：故事中，小鸟和艾玛玩“捉迷藏”的游戏时，小鸟都把什么东西当成了艾玛呢？

吱吱：把狮子的遮阳伞、小鱼的船、晾衣竿上的衣服、大象的朋友韦伯当成了艾玛。

我：为什么会把它们当成艾玛呢？

理理：因为它们的样子和艾玛身上的格子花纹很像。

我：如果你是花格子大象艾玛，你会藏在哪里，不让别人发现呢？

正好：我想把艾玛藏在那座绿色的大山下！你仔细一看，发现不是。哈哈，那是一只长着花格子壳的乌龟！

准准：我想让艾玛藏在恐龙先生的钓鱼竿里，这样肯定不容易被找到，因为恐龙先生的钓鱼竿也是花格子的图案。

听到孩子们天马行空的想象，我鼓励孩子们自由创作《艾玛捉迷藏》的绘画作品，希望他们通过想象学会利用相近色和环境背景色与大象艾玛玩好玩的“捉迷藏”游戏。

教师反思

当“捉迷藏”的游戏从生活中走进绘本故事《艾玛捉迷藏》里，孩子们也变身成绘本中小鸟的角色，和花格子大象艾玛一起玩起了“捉迷藏”的游戏。他们边阅读边寻找大象，再通过阅读验证自己寻找的结果。简单的花格子图案易找，艾玛的藏身之地难寻。正是绘本中这一寻而不得的神秘感和趣味性，使孩子们对故事情节的发展始终保持着兴趣。绘本故事分享阅读环节为幼儿阅读绘本、观察画面并表达阅读的发现创设了机会，也提升了幼儿玩“捉迷藏”游戏的经验，那就是躲在与自己身体或衣服颜色相近的地方不容易被发现。

(四) 我的艾玛藏在哪儿（11月8日）

周一，孩子们迫不及待地要分享自己的作品。一宝着急地举手，拿着自己的作品，开始与小伙伴们分享。

一宝：你们猜猜，艾玛躲在哪儿了？

一宝：哈哈，不对！你好呀，小兔子，我还以为你的兔子蛋糕是艾玛呢！

说完，她把自己也逗乐了（图3-3-13)，其他小朋友也跟着笑起来。

莎莎拿着自己的作品，也跟着介绍起来（图3-3-14)。

莎莎：我画的是小鸟遇到了小青蛙，把青蛙背着的小花包当成了艾玛！

图3-3-13 一宝绘画的《艾玛捉迷藏》

图3-3-14 莎莎绘画的《艾玛捉迷藏》

接着，媞媞拿着自己的作品，开始与同伴分享（图3-3-15)。

媞媞：你以为这个萝卜后面是艾玛吗？错啦，那是小兔子的五彩家，还有胡萝卜门！

这时，很多小朋友都跃跃欲试，想要分享自己创编的《艾玛捉迷藏》故事。于是，我给了他们自主分享的时间。孩子们拿着作品，回到座位上，向好朋友开心地介绍起来。

语桐：哎呀，小恐龙，我还以为你拿的扳手是艾玛呢！

语桐说话的时候表情很生动，语调还起伏变化着。

我（走到吱吱身边)：你的艾玛藏在这朵五彩小花的后面吗？我来看看吧！

他快速地翻开第二页，笑了起来。

吱吱：哈哈！老师，我这是三只小瓢虫！

小十七：朵朵，你猜，我的艾玛藏在哪儿？

朵朵（指着花格子图案)：在这儿，在这儿。

小十七：不对呀，那是龙猫的大肚皮。哈哈……

果果：让我看看恐龙的钓鱼竿，这后面肯定不是艾玛。

孩子们沉浸在分享作品的喜悦中，猜测、判断、揭晓答案（图 3－3－16）……

图 3－3－15 媞媞跟莎莎分享着作品

图 3－3－16 果果和好朋友一起寻找艾玛

我请孩子们分享游戏的发现。

我：你们的艾玛为什么没有被发现？

安安：我知道，艾玛总是把自己藏在和花格子差不多的地方，就像变色龙一样，藏在绿色的叶子上也变成绿色，因此，很难被找到。

我：你们真棒！你们看（我指着一张图片问），我们的军人叔叔们在隐藏的时候，都穿着什么衣服？藏在哪儿？

宸宸：叔叔们穿着迷彩服，和那些树、草地的颜色差不多，敌人不容易发现！

我：那我们再次绘画躲藏画布的时候，应该怎么画，才不容易被发现呢？

孩子们想出了很多的好办法：再加点儿颜色，和大家衣服的颜色差不多；可以把画布画成迷彩服的样子，我们在林地里玩“捉迷藏”的时候也能用；还可以把外套放在一个地方，自己再藏在另一个和自己衣服颜色差不多的地方，这样就不容易被找到啦！

我：你们说得真好！待会儿，咱们到户外的林地里去玩“捉迷藏”，试试你们的新方法。

教师反思

孩子们将自己获得的经验进行迁移，利用区域游戏时间和在家里的时间进行绘画创作，续编了《艾玛捉迷藏》的故事，并与教师、同伴一起分享。每个孩子续编的故事结尾都不相同，非常有创意。每个孩子的表达与分享都得到了教师、同伴的回应和支持。这一活动为幼儿参与语言故事续编活动提供了动力，也打开了幼儿想象的翅膀。他们的创意与表达，使故事延展出更加生动、有趣的情节，也增强了幼儿的自信心。

通过观察、体验、游戏、阅读、创想、绘画，幼儿最终了解了躲藏时自己与周围环境之间的关系，初步感知了自然界动物保护色的重要作用，将简单、好玩的“捉迷藏”游戏拓展到“我与他人、我与环境、我与自然”的深层次关系中，充分实现了游戏的价值，满足了幼儿自主游戏的需要。

(五) 数字捉迷藏（11月10日）

进餐前的过渡环节，多多走到我身边，悄悄地对我说。

多多：老师，我想带领小朋友们玩一个“数字捉迷藏”的游戏。

我：听起来很好玩儿啊！怎么玩儿呢？

多多：待会儿，小朋友们都坐好。我拿出我的数字扑克牌，然后，请大家闭眼。我藏起一张数字扑克牌，让他们快快地说出是哪一张。

我：哇，给你点赞，太有创意啦！一会儿，你带着大家试一试吧！

说完，多多带着小朋友们玩起了“数字捉迷藏”的游戏。

多多：你们看，扑克牌4、5、7、9、K在我手里。你们闭上眼睛（快速地拿走数字9的扑克牌），睁开！

多多：哪张牌藏起来了？

果果：9。

多多：对啦（图3-3-17）！

图3-3-17 多多和小朋友们玩“数字捉迷藏”的游戏

多多换着手里的数字扑克牌，又增加了两张，难度升级。小朋友们都紧盯着他手里的数字扑克牌，玩得不亦乐乎。

教师反思

“数字捉迷藏”的游戏是主题活动中数学领域的生成课程，教师在预设主题时并没有想到这个游戏。这一游戏在过渡环节中开展，对于培养中班幼儿的观察能力、反应能力、记忆能力、点数能力起到较好的促进作用。多多一直积极地参与“捉迷藏”的游戏，从中发现问题、思考解决的方法。他的爱思考、爱动脑开启了班级捉迷藏类游戏的创意新玩法。

在他的带动下，更多的小朋友创编了新的“捉迷藏”游戏，使“捉迷藏”游戏进一步丰富与拓展，也让游戏的各个环节充满了新意和趣味。

案例四 扎染玩起来

首都师范大学附属回龙观幼儿园 杨 楠

一天，乐乐穿了一件扎染的衣服来到幼儿园。乐乐刚走进班里，就一蹦一跳地来到我面前，说："杨老师，你看，我的衣服是扎染的。上周末，妈妈带我买的，我们还扎染了一个包。"乐乐的话吸引了很多小朋友，他们把乐乐团团围住，乐乐开始津津乐道地讲起了扎染的"趣事"。

森森：我也想玩扎染。

妙语：可是，我们没有材料呀！

乐乐：我可以去美工区带你们做。

孩子们对扎染产生了浓厚的兴趣。但是，他们并不了解怎么扎染，无从下手。为此，我先向幼儿介绍了扎染，它是中国传统而独特的一种染色工艺。我给孩子们分享了一些扎染的图片和制作方法的视频。孩子们也分享了自己关于扎染的经验。

妙语：扎染就是给布染上颜色。

小益：我妈妈带我出去玩的时候，我见过。(扎染的布上）有好多颜色和图案呢！

蓁蓁：我妈妈有一条扎染的连衣裙，特别好看。

乐乐：扎染就是拿一块布，捏成随意的形状，然后把它放到颜料里，拿出来，过一会儿，布干了，颜色就固定了。

基于以上孩子们的经验，我们打算先从简单的染纸入手，让幼儿感受纸张的不同折叠方法会让扎染出来的花纹不同。结合幼儿的需要，我们在美工区投放了各种材料：布、纸巾、洗脸巾、大小不同的夹子、麻绳、橡皮筋、瓶盖、石头、一次性手套、扎染颜料等。

（一）染纸（3 月 7 日）

孩子们铺好桌布后，就迫不及待地开始了。嘻嘻选择了纸巾，她先将纸巾上下对折，再左右对折，变成一个正方形，然后找到颜料，准备染色。蓁蓁也叠好了纸巾，她提醒着嘻嘻。

蓁蓁：你应该先戴上手套。

嘻嘻和蓁蓁试了半天，怎么也戴不上手套。于是，她们拿着手套，跑到我面前。

嘻嘻：老师，这个该怎么戴呀？

我帮她们戴好手套后，她们开始往纸上点颜料。点完之后，蓁蓁想立刻打开，但是尝试了好几次，都失败了。

蓁蓁：纸太湿，很容易坏。这个怎么打开呢？

乐乐：你可以试试轻轻地打开。

蓁蓁的动作尽可能地轻柔一些，纸巾果然打开了，但是，还有一小块儿被撕坏了。

嘻嘻：我觉得应该等干了再打开，这样就不会坏了。

于是，嘻嘻没有打开纸巾。他们把扎染好的纸巾（图 3-4-1）放到了窗台上，等着晒干。

其他区域的孩子们也被吸引过来，他们看着五颜六色的纸巾，也想参与其中。

图 3-4-1　孩子们在染纸

（二）初步了解扎染（3 月 7 日）

活动结束后，我组织孩子们进行了讨论，并且观看了扎染的视频，目的是分享和拓展幼儿的经验。

讨论 1

我：视频里，给你印象最深刻的画面是什么？

乐乐：我喜欢打开扎染布的时候，我觉得扎染布好漂亮！

克克：我特别喜欢视频里他们做的染料，我觉得好神奇！明明是用绿色的叶子做的，染出来的布却是蓝色的，这是为什么呢？

科宁：我知道扎染很久以前就有，我妈妈给我讲过。如果你穿的是蓝染的衣服，就是特别厉害的人。

讨论 2

我：扎染的步骤有哪些呢？

乐乐：首先是把叶子放在锅里煮，煮一会儿，就会有黑黑的颜色，这个就可以染了。

童童：先准备一块布，然后叠成自己喜欢的形状，再用绳子绑上，也可以用夹子夹上。

侯莲：然后，就可以直接放进颜料里泡一泡，等泡一会儿之后，就可以拿出来，晾干了。

讨论 3

我：扎染需要准备哪些材料？

小益：需要颜料和布，还有皮筋。

妙语：还有夹子、筷子、瓶盖，我之前不知道是干什么用的，现在知道了，就是夹着布用的，这样就能出花纹了。

安然：得用一些东西，煮出染料来。

馨馨：还有石头、瓶盖、玩具，这些都可以染。我特别想试试，看看染出来是什么样子的。

教师反思

由于孩子们自发地对扎染产生了好奇，我从他们的兴趣点入手，开展了“扎染”的主题活动。“扎染”需要丰富的材料支持和经验引导，我是第一次开展这个主题的活动，只能多学习、实践，和孩子们一起摸索着前进。在材料准备方面，一开始，我比较担心孩子们的安全问题，颜料都是幼儿园统一采购的，从而保证了材料的安全性。活动中，吸引孩子们深入学习的，一个是扎染作品，另一个是关于扎染的视频，正是得益于这两种素材，幼儿的兴趣一直没有减退。

在一次区域活动结束后，我发现幼儿对于扎染的经验太少，难以支撑他们完成扎染活动。于是，我采用了讨论的方式，引导幼儿回忆视频里扎染的步骤和制作的细节，并让幼儿用绘画和符号将制作步骤记录下来，以便让幼儿加深印象。

第一次的染纸活动是初步尝试扎染。幼儿对染纸的打开方式进行了讨论，并且选择了自己喜欢的方式。考虑到纸的特点，也可以让幼儿尝试使用不同的材料进行扎染并观察、比较扎染的效果。

（三）一起扎染（3 月 9 日）

科宁选了一块正方形的白布准备扎染。一开始，他有些犹豫，不知道如何下手。他走到旁边，翻看了扎染步骤示意图（图 3-4-2），开始对照着步骤图把布卷了起来。然后，拿了一根皮筋。

科宁：这个皮筋怎么弄呀？

乐乐：你要先把皮筋套在卷好的布条上，然后转一下。

科宁：这个怎么转啊？你可以帮我弄一下吗？

乐乐：好吧！

科宁：这个皮筋都放在哪里呀？

我：不同的扎法扎染出来的花纹也不同。你可以根据我提供的扎法图片选择一种，然后观察打开后花纹的样子。

科宁：我选择的是像绑头发的这种，一节一节的。

一旁的蓁蓁把皮筋缠了好几圈，但是一松手，皮筋就开了。于是，蓁蓁拿了几个夹子，把布夹了起来（图 3-4-3）。

1.浸湿

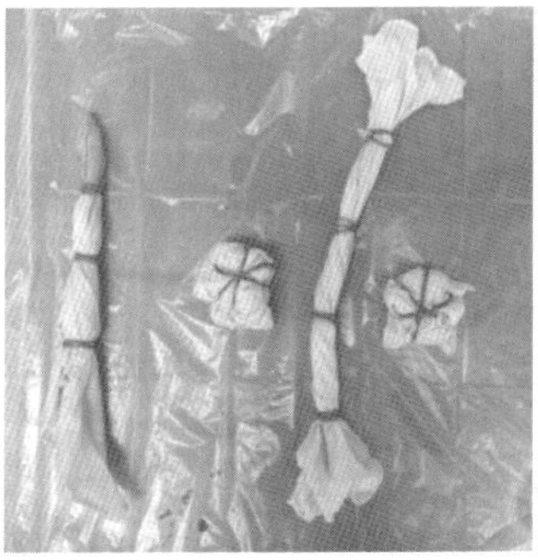

2.捆扎

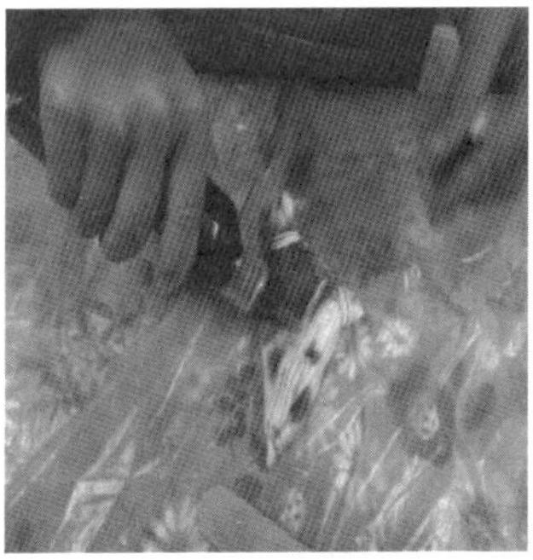

3.染色

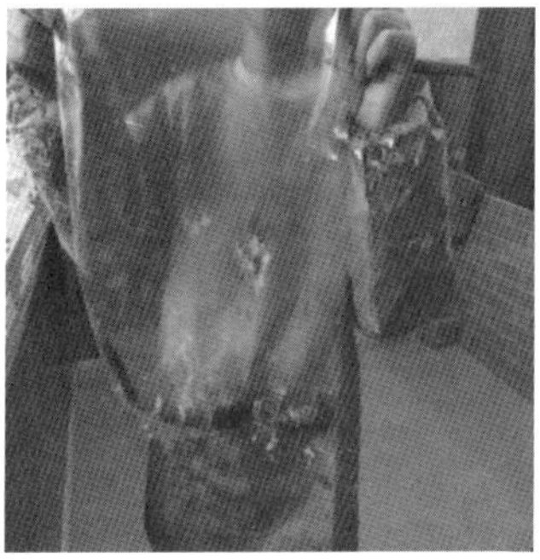

4.密封

5.晾晒

图 3－4－2 扎染步骤示意图

图 3－4－3 使用夹子的方法

接下来，就是选择自己喜欢的颜色进行点染（图 3－4－4）。点染的时候，要求颜料要充分浸润材料。

想想：我想每一节都用不同的颜色，像彩虹一样。

蓁蓁：我也要做个“彩虹”的。

图 3-4-4　点染上色

教师反思

我很庆幸的是在扎染的活动中可以给幼儿提供不同的材料。在“扎”的过程中，幼儿可以选择用皮筋、夹子，也可以用石头、玩具、瓶盖等，感受不同物品扎染后会产生不同的花纹。除了这些材料的使用，不同的折叠方式也会产生不同的花纹。我先准备了一张折法步骤图（图 3-4-5）。幼儿根据自己的喜好进行折叠，可以先进行猜想。在做好成品后，将成品图展示在后边，建立起“扎”与“染”的关系。

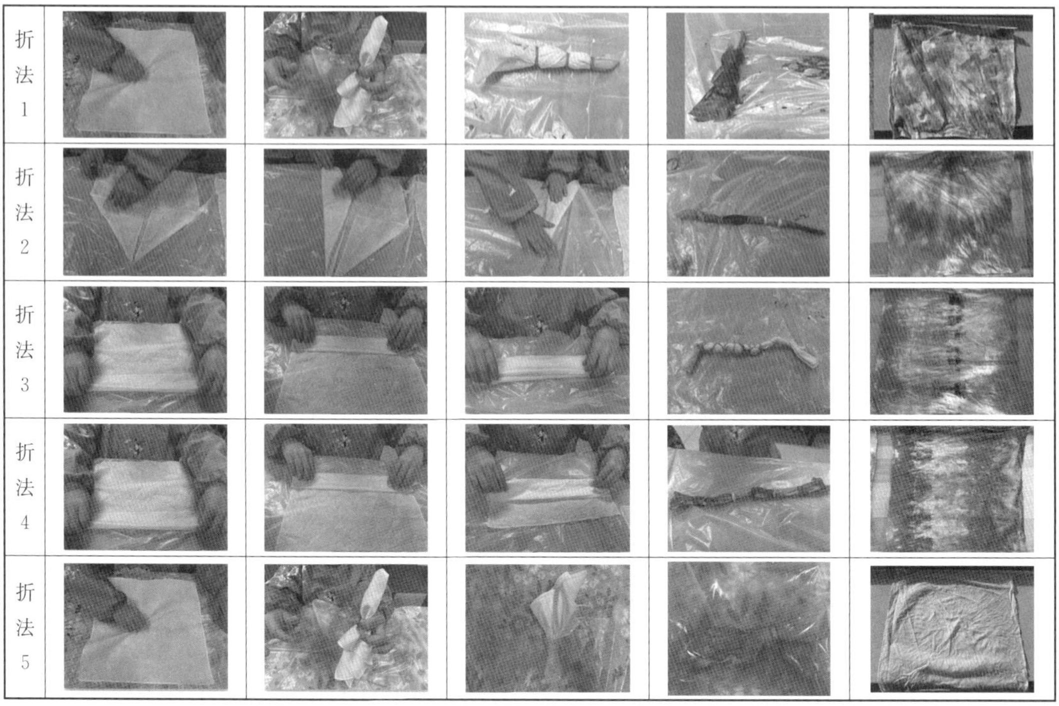

图 3-4-5　折法步骤图

在幼儿初步掌握扎染的方法后，我鼓励幼儿自己创新不同的“扎”法。我们还可以结合不同的季节，延伸出不同的“染”法。

（四）春天的扎染（4月6日）

春天到了，万物复苏，草长莺飞，树枝上逐渐长出了新的叶芽。户外活动时，孩子们更加活跃。他们从枝头、草丛里已经感受到春天的颜色（图3-4-6）。

图3-4-6 寻找春天的颜色

乐乐：树叶和花可以扎染吗？

嘻嘻：我觉得可以，它们也有颜色。

克克：那我捡一些黄色的迎春花，回去试试。

蓁蓁、鸠鸠也一起加入了捡花的“队伍”，想要一起尝试怎么把植物的颜色染到布上。

乐乐：颜色怎么才能出来呢？

蓁蓁：我们给它敲碎，汁液就出来了。

乐乐：我们可以用石头敲一敲。

乐乐把叶子放在了布上，开始用石头不停地敲打叶子。不一会儿，叶子的形状就出现在布上了。接着，他们又用同样的方法敲打了花儿。

我：除了叶子和花儿，还有什么可以用来扎染呢？

乐乐：我吃过火龙果，火龙果的果肉是红色的，我觉得可以。

于是，我和孩子们一起准备了不同的水果和蔬菜，组织家长和孩子利用假期的时间在家里一同制作染料，并分享自己成功的作品。

教师反思

我们研究了扎染中不同的“扎”法，其实扎染也有不同的“染”法。结合春天的季节特点，幼儿可以发挥想象力，充分利用身边的自然物，如花、草、水果等，制作各种颜色的染料。之后，我们组织了一次假期的亲子活动，让家长带领幼儿一起尝试制作蔬菜、水果的染料。有的幼儿用火龙果制作出了粉红色的染料；有的幼儿用紫甘蓝制作出蓝紫色的染料；有的幼儿用菠菜制作出绿色的染料等。孩子们在探索中发现原来生活中的蔬菜、水果的颜色这么丰富多彩，食物也可以用来扎染。这进一步激发了幼儿的兴趣，同时也让他们获得了成就感。

（五）合作扎染（4 月 20 日）

今天，乐乐带来了一件白色的半截袖 T 恤和一双白袜子，打算和小伙伴一起用扎染的方法进行装饰。

乐乐：我想做个彩虹的半截袖 T 恤。

妙语：我能帮你一起做吗？

昕燃：我也想帮你！

乐乐：好啊，咱们可以一起做。但是，你们得听我指挥。

乐乐：我把中间卷起来，你们帮我一起扶着，我给它绑起来。

妙语：我可以帮你用瓶盖做一朵小花。

乐乐：可以。

昕燃：我也可以给你做小花，你要什么颜色的？

乐乐：彩色的吧！我要做彩虹的。

图 3-4-7　扎染半截袖 T 恤

教师反思

看到孩子们合作进行扎染（图 3-4-7），我感到很欣慰。在开始之前，乐乐和其他幼儿进行了分工，每个人都能自主地表达自己的想法，将扎染应用到生活中。其实，孩子们可以利用扎染的方法给很多东西进行装饰，如衣服、包、围巾、帽子等。接下来，可以引导家长和幼儿共同收集家里的废旧物品，用扎染的方法翻新。最后，再举办一个扎染作品展。

在收集材料的过程中，家长们发现家里白色的物品比较少。我们又向其他班的幼儿发出邀请，并设计、制作了一张海报，征集可以用来扎染的物品，加强了幼儿之间的交流与合作。

在现实生活中，幼儿对见到的各种事物充满了好奇，他们乐于观察并思考事物之间的联系，喜欢探索身边有趣的事情。幼儿本来就喜欢手工制作，自然而然地也会对扎染产生兴趣，尤其是在发现了生活中有很多扎染的制品，还可以用生活中的水果、蔬菜、花草等制作染料。教师需要做的就是及时回应幼儿的好奇心，满足他们想要探究、尝试的愿望。

教师趁着幼儿好奇心最强的时候，追随幼儿的兴趣和疑问，开展了关于扎染、染料制作的系列活动。幼儿可以先尝试用纸巾扎染，再迁移经验，用白布、白色的衣物进行扎染。

幼儿和家长共同查找、制作扎染颜料的材料，尝试利用生活中各种蔬菜、水果、花草等制作染料。纸巾扎染成功后，幼儿再次迁移经验，进行不同花纹的探索，发现了不同

“扎”的方法和花纹之间的关系。幼儿在本次活动中关于扎染的问题、猜测、发现都源于生活。相比教师直接告知或者从书本上学习的知识，动手实践获得的一手知识与经验更真实、更生动，更容易掌握和记忆。幼儿通过活动获取了扎染的经验，又将这一经验运用到生活中，体现了学以致用的教育价值。

为了充分满足幼儿扎染的兴趣，后续可以进一步丰富扎染的材料。

1. 增加不同的扎染材料。可以向家长征集一些白色的袜子、半截袖 T 恤、长衫、连衣裙、背包等，让幼儿带到幼儿园，进行扎染装饰，也可以向其他班级征集物品，扩大征集范围，丰富物品的多样性，让幼儿充分感知不同物品扎染的特点，体验扎染的乐趣。

2. 丰富扎染的颜料。教师出于安全的考虑，为幼儿提供的扎染颜料都是成品，缺少了幼儿对制作颜料的探索。后续可以引导幼儿尝试提取各种自然物中的颜色，动手制作扎染用的颜料，尝试扎染不同的物品，感受颜色的变化。

在今后的活动中，我们会从幼儿的需求和兴趣出发，做幼儿的支持者、引导者、合作者，为幼儿搭好成长的桥梁。

案例五　神奇的光影

首都师范大学附属回龙观幼儿园　刘　新

冬去春来，孩子们在幼儿园的操场上沐浴着阳光。他们发现，自己的脚下总会出现影子，并且随着身体动作的变化而变化。大家在阳光下做着各种动作，有的小朋友大鹏展翅，有的小朋友跳起来摆个“大”字，有的小朋友双手举过头顶（图 3－5－1），还有的小朋友和好朋友一起拉手……他们共同感受着影子的变化。操场上，一片欢声笑语。

图 3－5－1　孩子们在做影子游戏

玩耍中，有的小朋友提出了疑问：“影子是怎么产生的呢?”“咱们班的光影魔术盒是不是关于影子的玩具?”“从这个玩具里，我们能不能找到一些关于影子的秘密呢?”

孩子们发出了疑问，这是一个很好的教育契机。于是，我引导幼儿开始探寻影子的秘密。大家带着对光和影子的浓厚兴趣，把关注点放在了探究光影魔术盒的游戏上。

（一）初次感受神秘光影（3 月 6 日）

今天，区域活动时，忧忧选择了益智区。他拿出了光影魔术盒，这是他第一次玩这个玩具。只见，他挑出了一张自己喜欢的剪影卡——外星人！一切准备就绪，打开光源（图 3－5－2）。

忧忧：这个魔术盒上面怎么有三个灯呀？我都打开试一试。

兮兮：我也想试一试，这张影子卡片是放在哪里的？

忧忧：这里有个卡槽，肯定是放在这个卡槽里的。

兮兮：还真是这样。咱们一起试一试！

图 3-5-2 光影魔术盒

忱忱：我怎么觉得影子看不清楚呢？

兮兮：可能是你没关灯，屋子里太亮了，所以影子看不清楚！

忱忱听了，觉得有道理，赶紧去把灯关掉了，影子变得稍微清楚了一些。

忱忱：果然是因为没关灯！

我发现忱忱还是有些疑惑。

我：怎么了，忱忱？

忱忱：我觉得这个影子还是看不清楚。

我：那你想想，除了把灯关掉，能让影子更清楚，还有什么办法吗？

忱忱把目光投向了操作台。他先试了试电源，发现没什么变化，又挪了挪剪影卡的位置，还是没什么变化。最后，他决定试一试不同的投影板（图 3-5-3）。他取下了半透明的投影板，换上了一个不透明的白色投影板，影子一下变得清楚多了（图 3-5-4）！

忱忱：不透明投影板上的影子比半透明投影板上的影子清楚！

忱忱有了新的发现，特别开心！

图 3-5-3 两种投影板

图 3－5－4　影子变清楚了

区域活动结束后，在集体分享环节，忱忱和兮兮开心地跟大家分享自己的发现。

忱忱：我将外星人的卡片插进去，投影板上就会有外星人形状的影子，将小鸟形状的卡片插进去，就有小鸟形状的影子。

兮兮：不过，大家一定要将教室的灯关上，不然，太亮了。这（指光影魔术盒）上面的灯照出来的（影子）就不太清楚了。

我：这上面有很多的卡槽，可以将卡片插在不同位置的卡槽里。同一张卡片放在离灯近的和离灯远的位置，照出来的影子大小一样吗？

忱忱：不一样。

我：如果把卡片放在离灯近一些的地方，会出现大影子还是小影子？

兮兮、忱忱：大影子。

我：那离得远一些呢？

兮兮、忱忱：小影子！

我：其他的小朋友想要看看他们说得对不对，可以明天来益智区试一试。

教师反思

《纲要》中指出，4～5 岁幼儿科学领域的目标是："对周围的事物、现象感兴趣，有好奇心和求知欲，能用适当的方式表达、交流探索的过程和结果。"一次偶然的机会，幼儿发现了影子之后，益智区的光影魔术盒玩具就成了班里最受欢迎的玩具。在探究光影玩具的过程中，孩子们发现，物体离光源越近，影子就越大，离光源越远，影子就越小，并且不同形状的物体经过光照之后也会形成相应形状的影子。孩子们通过游戏了解了影响影子形成的因素有很多，在使用半透明投影板的时候，投影板上有影子，但不那么清晰，但是，换上白色不透明的投影板后，影子就变得清晰了。教室的灯光太亮时，影子是看不清的，甚至没有影子。只有在比较暗的环境下，用单一光源照射物体才能形成影子。

孩子们在区域活动中自由探索光和影之间的关系，并将自己的所见、所闻、所想表达出来。在教师的引导下，幼儿通过梳理、总结、提升，形成了自己对光影的认知，并再次调动了探究的欲望和求知欲。

幼儿已经初步了解了影子是光照在物体上形成的。影子和光还有很多秘密，等着孩子们去探索。

（二）光和影子的小秘密（3月9日）

1. 外星人坐飞船。

上次活动后，女孩子们对光影的秘密也产生了兴趣。区域游戏的时间到了，诺诺选择了益智区。像上次忱忱那样，她先将外星人的卡片摆好（图3－5－5），又试了试卡片离灯光远近不同形成的影子变化。她不停地摆弄着这些卡片，一张一张地替换着。随后，她又发现了一张飞船的卡片，于是，她将飞船和外星人的卡片都放在了操作台的卡槽里，一张远，一张近，刚把灯打开，她就发现了一个好玩儿的现象，怎么投影板上有两个影子呢？飞船和外星人的影子叠加在了一起。

兮兮：你的外星人怎么在飞船里面？

诺诺：你昨天不是说离得近，影子就大，离得远，影子就小吗？

诺诺：你看，我把飞船的卡片放在灯的前边，就有一个大的飞船影子了。我再将外星人的卡片放在飞船卡片的后边，就有一个小外星人的影子了。这样，不就形成了外星人在飞船里的影子了吗？

兮兮：你真棒！我也想试一试！

诺诺：这里还有一些其他的卡片，我们再看看有没有新的发现吧！

于是，两个小朋友拿出了盒子里的其他卡片尝试起来，大树、小鸟、人物、花朵……各种各样的影子纷纷组合在了一起。

兮兮：咦？快看，这个大树和小鸟的影子组合到一起，就好像小鸟要回到大树妈妈的怀抱。

诺诺：换成小花，试一试。

兮兮：前面的影子不能将后面的影子遮住，遮住就不行了。

2. 光是沿直线传播的。

琳琳将两张中间有个透明圆点的黑色卡片拿了出来。她把两张卡片重叠在一起，发现两个圆点竟然重合在了一起（图3－5－6）。如果把这两张卡片一前一后地放在光影魔术盒的卡槽里，会是什么样儿呢？

琳琳将其中一张卡片固定好，打开灯，发现投影板上只出现了一个光点，其他的地方都被影子覆盖了。

琳琳：这怎么出现了一个小光点？

逸伊：我知道了，肯定是光透过卡片上的小圆点照在投影板上，所以这里有个小光点。

琳琳：那投影板其他的地方怎么是黑色的呢？

伊伊：那就是光照在卡片黑色的部分被挡住了。再把另外一张卡片也放上去，试试！

琳琳又将一张中间带有圆点的卡片放在了另一个卡槽里并固定好。

图 3-5-5　外星人坐在飞船里的影子

图 3-5-6　两个圆点重合了

伊伊：那个小圆点怎么没有了？

琳琳：是不是被第二张卡片挡住了？

伊伊：移动一下这个卡槽，试一试！

说着，她将第二个卡槽左右移动了一下，发现这个圆点竟然像月亮一样慢慢地变圆了。

琳琳：快看，这个小圆点又出现了！

区域游戏结束后，开始了游戏分享环节。今天，有几个小朋友心潮澎湃，他们迫不及待地想要第一个分享自己的新发现。

兮兮：小朋友们，你们知道吗，我们又有新发现了。飞船的影子和外星人的影子竟然组合到了一起！

诺诺：对，上次，咱们都知道了影子离灯光近就会变大，离灯光远就会变小。这次，我们将这两张卡片组合摆放，一张近、一张远。最终，我们发现小外星人坐进了大飞船里！

琳琳：我们发现了两张一模一样的卡片，都是中间有个透明的小圆点，其他部分是黑色的。

伊伊：对呀，对呀，一开始将投影灯打开之后，光照在一张卡片上，投影板上就有个小点，这是光照出来的。但是，又加了一张卡片之后，光点竟然没有了！

我：那是什么原因造成的？

琳琳：因为第二张卡片的其他部分将这个光点挡住了！

我：最后，你们是怎么解决的？

琳琳：我们小心地将第二张卡片和第一张卡片对齐，让中间透明的小圆点对齐！

伊伊：这个就像是我们中秋节活动时了解的月亮（指月相变化），慢慢地变圆了！

我：哇，原来光是直直地照射出去的，被不透明的物体挡住了，就终止了。

琳琳：还有一点，只能打开中间的投影灯，要是三个灯都打开，就不明显了。

我：原来是这样，只能有一个光源。

我：你们说得非常好，这些都是你们自己发现的。老师给你们点赞！光影魔术盒里还有很多材料，我们可以慢慢地去发现更多关于光和影的秘密。

佳一：老师，我有个问题，就是每次他们玩光影魔术盒的时候，都要把灯关掉，我们在拼插区都没法玩了。

芮芮：对呀，对呀，关了灯，我们美工区画画也特别暗。

我：这还真是个问题，也不能为了这个玩具，其他区域的小朋友没法玩游戏了。那我们大家一起想一想，怎么解决这个问题。每个人都想一想，晚离园之前再一起说说。

教师反思

在今天的游戏中，幼儿已经开始尝试使用工具探究光影的秘密，在和同伴商讨和猜测中，巩固了物体离光越近影子就越大、离光越远影子就越小的认知，发现了两张卡片组合在一起会形成新的影子，还发现了光是沿直线传播的。他们不仅关注到投影灯发出的光要和卡片中间的透明小圆点对齐，还关注到光的直射问题，在了解了光和影之间的关系后，升华了对光影的认知，提升了相关经验。在幼儿发现与探究的过程中，教师始终退后观察、引导，通过提问的方式把问题抛给幼儿，让幼儿自主探究，成为游戏的主人，培养了幼儿良好的学习品质。

在游戏过程中，大家能轮流游戏，不争、不抢，共同商议。幼儿在每次失败后，都能集中注意力，集思广益，尝试用各种方法找到问题的根本并解决问题。这就是游戏的神奇之处，它能将大家的心聚在一起，引导幼儿为了共同感兴趣的目标去探索、去发现。在分享环节，幼儿能组织好语言，把游戏过程讲清楚，让别人能听懂，其语言表达能力和社会性都得到了很好的发展。

其他区域的幼儿提出玩光影魔术盒的游戏时，总是把教室的灯关掉，屋子里有点儿暗，他们都无法正常地进行其他游戏了。针对这个问题，大家一起商讨解决的办法，最终决定在教室里创设“光影小屋”，这样，就不会因为是否关灯而产生矛盾了。

（三）神秘的光影（3月12日）

针对上次其他区域幼儿提出的问题，我们进行了商讨。为了达到光影游戏的效果且不影响他人，我们特意在班里布置了“光影小屋”。光影小屋里不仅有光影魔术盒玩具，还有一些手电筒和各种材料，幼儿可以根据自己的想法自由探究光和影的秘密。

这次区域游戏环节，小霖选择了光影小屋，他做的区域游戏计划是和呈呈一起玩光影魔术盒玩具。

呈呈：刚才，我发现这里面有一些像圆眼睛的材料，还能安在这个灯上。

小霖：我们把它安上去，看看。

于是，小霖把一个红色的“眼睛”（滤镜）安在了中间的灯源上。

呈呈：打开灯，看一看。

小霖：哇，投影板都变成了红色。

呈呈：我记得其他玩具筐里有张红色的小塑料片。我们试一试，看看它能不能变色。

呈呈找来红色的塑料片，试了一下，果然变色了（图3-5-7）。他有些兴奋，不禁大喊。

呈呈：快看呀！变色了。

呈呈：我们再试一试其他的颜色。

说着，他又把另外两种颜色的滤镜也安在了灯的上面。

小霖：我知道了，灯源上安什么颜色的（滤镜），灯光就会变成什么颜色的。

伊伊：我也来试一试。如果把三个都安上，会怎么样呢？（动手将三种不同颜色的滤镜分别安在了三个灯上）咦？这个颜色怎么都散开了，变得不那么明显了？

伊伊：它们互相都不重合了！

我：之前的那些颜色都去哪儿了？

呈呈：它们藏起来啦！

我：你能把它们再变出来吗？

伊伊：我再试一试，还是不行，怎么办？

我：可以缩短距离，试一试！

小霖：快看，这个灯光像个红绿灯。

伊伊：出现了浅紫色和浅绿色！是滤镜没有的颜色。

看到这样的变化，伊伊露出了笑容（图 3－5－8）。

图 3－5－7　呈呈发现投影板变红了

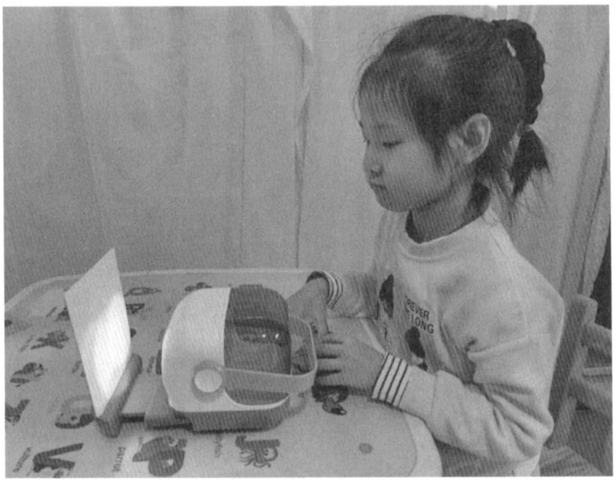

图 3－5－8　伊伊发现投影板出现了滤镜没有的颜色

教师反思

在本次活动中，教师和幼儿共同商量并解决了教室开、关灯的问题，布置了“光影小屋”，拉上遮光帘，“小屋”里黑漆漆的，为玩光影游戏提供了适宜的环境，也使游戏更加神秘，调动了幼儿的好奇心和求知欲。在游戏过程中，幼儿能够大胆地表达自己的想法，主动观察光影现象，分析产生这种现象的原因。幼儿第一次发现光也是可以变颜色的。他们将不同颜色的滤镜放在光源上，光打在投影板上，就变成了不同的颜色。通过实际操作，他们还发现三个光源同时打开，三种颜色的光影重叠在一起，还会变出新的颜色，简直不可思议！

(四) 影子大变色 (3月13日)

方方：快看，快看！墙上出现了彩色的光！

琪琪 (赶快跑过来)：为什么只有这个光是彩色的？

方方：我们再试试别的。

琪琪：这个黑色的不行，只有彩色的才可以！

方方：我们再去试试别的东西！

两个人将这个消息告诉了其他小朋友，大家一起来寻找：什么物体照射出来的光是彩色的？

琪琪：我发现了光影魔术盒里面的彩色片！

方方拿起了绿色透明卡片，放在眼前，观察着周围的景物。

方方：眼睛前面全是绿色的了！

琪琪：我们来试试！

方方：这个彩色片放哪里呢？

琪琪：光源前面正好有个洞洞，可以插进去！

说完，两个小朋友就把之前剪好的小人卡片放在了上面，又在光源前面加上了红色滤镜，打开了光源 (图3-5-9)。

图3-5-9 小人影子的背景是红色的

伊伊：成功啦！投影板上的光是红色的啦！

我：为什么滤镜能改变光的颜色，而卡片就不能呢？

方方 (思考了片刻)：我发现这些滤镜都是有一点儿透明的，卡片都是黑黑的，不透明的。老师，是这个原因吗？

在区域游戏分享环节，我再次将这个问题抛给了其他幼儿，请他们来回答。有的小朋友摇头。有的小朋友说滤镜有特殊功能，是专门用来改变影子颜色的。有的小朋友说因为彩色片很薄，光能透过去，所以照出来的光才有颜色。还有的小朋友说因为滤镜是塑料的，卡片是硬纸做的，所以滤镜能变色，纸不能。最后，方方将他的想法跟大家分享了一下。大家思考了一会儿，纷纷同意他的说法。为了验证方方的说法是否正确，大家回到家里，和家长一起寻找了一些材料。

回到家里，孩子们带着浓厚的兴趣，继续寻找生活中的“滤镜”。

同杰：妈，我记得我的游泳眼镜戴上，会有不一样的颜色！

妈妈：你能看见吗？

同杰：当然了，每次戴游泳眼镜，我都能看见有颜色的世界！

东东：我的眼前全都是蓝色的了！

妈妈：这个是什么材料呀？

东东：塑料的，这是我喝水的杯子，透明的，所以我能看得见（图3－5－10，A）。

琳琳：我来试一试，看看我喝水的玻璃杯行不行。（将彩色玻璃杯放在眼前，观察周围的事物）也能看见不一样的颜色啊（图3－5－10，B）！

兮兮：透过家里的海洋球，我也能看见蓝色（图3－5－10，C）。我知道了，要想光变色，就要放在眼睛上看一看。透过这个物体，如果能看到，就能变色。如果看不到，就会形成影子。不透明的物体不行，透明的才能变色。

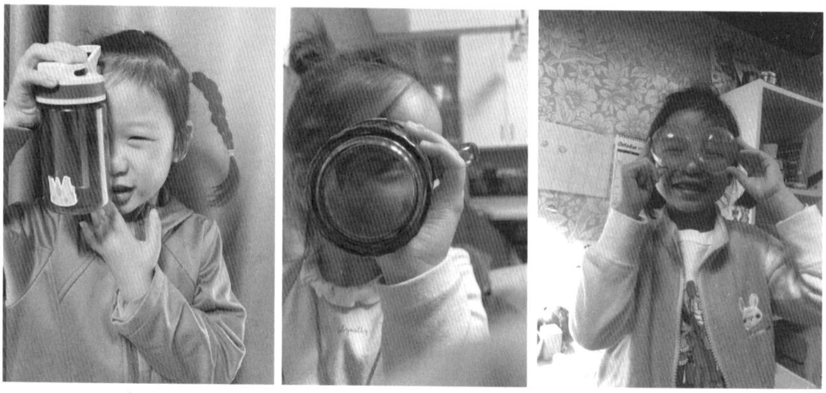

A　　B　　C

图3－5－10　分别用水杯和海洋球当滤镜

小宇：我发现，之前我在家里拼磁力片时，那个塑料的拼片和班里的材料很像，我也拿来试一试！

佳一：我在家里也找到了一些材料，是海洋球和姐姐用的饮料瓶（图3－5－11），我还拿着这些材料，对着灯光看了看，发现也能透过去，看到的景物会变色呢！

小凯：我家的玩具魔尺也是彩色的，是我最喜欢的玩具了。我猜魔尺也能透出好看的颜色，我要把它带到幼儿园来试试。

第二天，大家带着各自找到的材料来到了幼儿园。刚到班级门口，他们就迫不及待地想跟老师分享。

我：区域活动的时候，你们先去光影小屋自己试一试，看看你们找的材料能不能让光变色。

于是，大家带着好奇心和目标走进了益智区，轮流将自己找到的材料放在了光源的前面，结果让人非常惊喜。最后，我们以表格的形式把探究的结果呈现出来（图 3－5－12)。

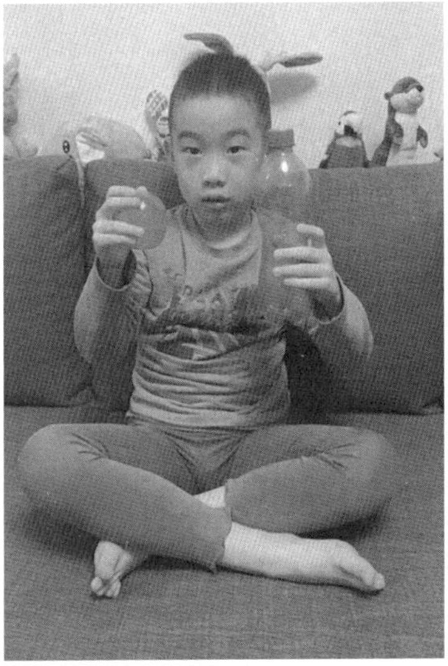

图 3－5－11　用海洋球和饮料瓶当滤镜

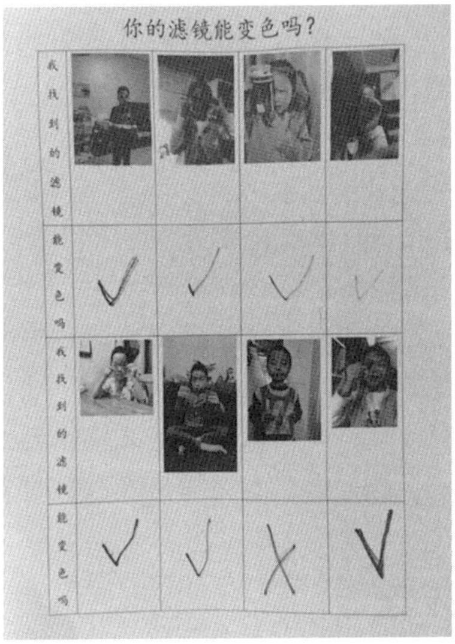

图 3－5－12　滤镜变色记录表

教师反思

孩子们发现在光源前面安上滤镜，照射出来的光会变色，换成纸片却不会变色，只会形成影子。如果既安上彩色滤镜，又插上纸片，两者叠加，还能形成彩色的影子。在这之后，大家一直好奇：为什么光有滤镜，就无法形成影子呢？为什么影子会有颜色呢？带着这些疑问，孩子们努力地在生活中寻找答案，找到了可以变色的各种“天然滤镜”。最终发现，眼睛可以透视的、带有颜色的材料都能成功地使光变色，而遮挡住视线的材料只会形成影子。这一发现让大家瞬间明白了光和影子之间的秘密。

在探究光能变色的过程中，幼儿发现透过不同颜色滤镜的光重叠在一起，会变出一种新颜色的光，而这个颜色不是滤镜的颜色。我们将这两种颜色的颜料放进水里，混合在一起，和两种滤镜重叠在一起一样，也会变出新的颜色。这两种方法得到的颜色也是一样的。

在不同的实验过程中，孩子们始终自主探究。教师为孩子们创造了宽松、愉快的环境，提供了适宜的、新颖的材料，让孩子们在光影的探究中得到了认知的发展。他们在发现问题、解决问题的过程中，也提高了解决问题的能力。我深刻地感受到适时的等待、适宜的环境创设和材料及有针对性的支持与引导是多么重要。

（五）欣赏皮影戏（3 月 14 日）

皮影戏是中国民间传统艺术之一。今天，我们一起欣赏了皮影戏的视频片段（图

3－5－13）。孩子们纷纷感叹皮影戏的有趣，在感叹的同时，也提出了一些问题。

芮芮：这个动画太有意思了！

伊伊：可是，这些影子动画是怎么动起来的呢？它们又是怎么形成的？

孩子们通过观看网上搜集到的有关皮影戏的图片，了解到幕布上的影子能动是因为幕布后面有人在操作皮影（图3－5－14）。幕布上方有一排大大的灯源，照射在幕布上，将皮影放在幕布前，影子就落在幕布上了。

图3－5－13　观看皮影戏视频

图3－5－14　看到幕布后有人在操作皮影

教师反思

孩子们欣赏了皮影戏之后，对皮影戏产生了浓厚的兴趣，觉得皮影戏很好玩，也很有趣。幕布上的影子动画配上音乐和对白，让大家置身于故事的情节变化中。孩子们在欣赏之余，也不忘好奇地提出一些问题。接下来，孩子们又会在寻找问题答案的过程中，提升探究能力。

（六）影子小游戏（3月15日）

孩子们做了这么多光影小实验，对光和影有了初步的认知。今天，一些小朋友选择了美工区，他们做的区域活动计划是：画一张属于自己的剪影卡，还要将这些剪影卡组合在一起，再放在光源下，看看会出现什么样儿的影子。

伊伊：我发现飞船和外星人这两张卡片，一张图案的周围是黑色的，另一张图案本身是黑色的。我们做剪影卡的时候，也要这样设计。

芮芮：我们怎么设计呢？我想在卡片中间画一只小鸟，再在另一张卡片上画上大树。

兮兮：我想画一朵小花和一棵小草。

琪琪：我要在一张卡片上画蓝天，另一张卡片上画小飞机。可是，我不会画飞机。算了，我还是画只小鸟吧！

我：小鸟在天上飞。

琪琪：对！

几个小朋友画好之后，纷纷拿到光影魔术盒的光源前验证，看看两张卡片组合出来的影子是不是自己想要的画面效果。偶然间，他们发现彩色马克笔画在透明卡片上的图案，经过光源照射，能够变成彩色的光影（图 3－5－15），好像发现新大陆一般兴奋。

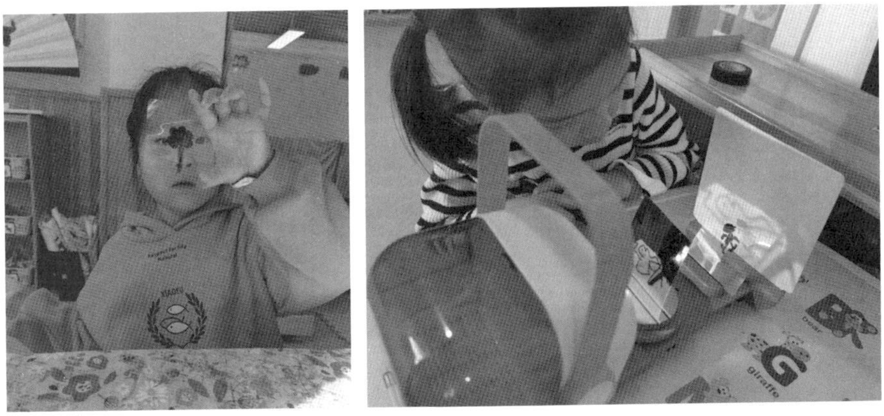

图 3－5－15 发现彩色马克笔在透明卡片上绘制的图案能变出彩色的光影

琪琪：哇！快看，我画的蓝天真的是蓝色的。

于是，大家都来设计自己的彩色光影卡片。这个发现吸引了许多小朋友。梓祎和东东，还有梓言，纷纷拿出了透明卡片，设计并绘制了自己的彩色光影卡片。

梓祎：我要画个彩虹。这样，地上就会有彩虹了。

梓言：我来画海洋中的小水母和小鱼。

东东：我要画只漂亮的小蝴蝶。

此时，室内游戏已经不能满足大家的需求了。户外活动时，大家将自己制作的彩色光影卡片拿了出来，在阳光下欣赏着自己的彩色光影作品（图 3－5－16、图 3－5－17）。

琳琳：哇，我的彩色小蝴蝶在你的花朵上飞舞呢！

图 3－5－16 墙上出现了彩色蝴蝶的影子

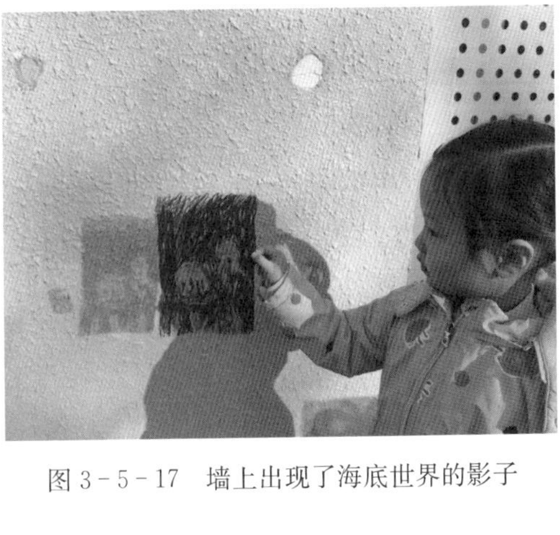

图 3－5－17 墙上出现了海底世界的影子

梓祎：看我画的海底世界，影子变成蓝色的了。小水母在海里游啊游！

大家愉快地玩着游戏，为春天增添了一抹“彩虹式”的热闹风景。

回到家里，孩子们将今天在幼儿园的所见、所玩、所想跟爸爸、妈妈分享。家长们纷纷肯定了孩子们的想法，并及时给予了鼓励。随后，又和孩子们玩起了光影小游戏。

东麒：我家里有个漂亮的杯子，上面有好看的图案，我用手电筒照一照，试一试。

兮兮：我也发现我家有个绿色的玻璃杯。我将手电筒放进杯子里照了照，发现绿色的光透了出来，散发出来的光影还有花纹呢！

东东：我和妈妈一起玩了手影游戏。我用手比画出了老鹰的翅膀，用灯一照，还真有老鹰出现，老鹰在找食物呢！

教师反思

《指南》中指出，幼儿的科学教育是启蒙教育，应重点激发幼儿的认知兴趣和探索欲望。而科学教育应密切联系幼儿的实际生活，将身边的事物和现象作为科学探索的对象。影子常常陪伴在我们身边。幼儿对影子产生了兴趣及强烈的好奇心。教师关注到孩子们的兴趣，结合本班玩具材料——光影魔术盒，引导幼儿进行探究。起初，孩子们对光影现象的了解是从一个个小实验开始的，等他们了解清楚光影产生的原理和它们之间的关系后，又自发地生成了一些小游戏。孩子们在自主探究中，发现了光与影的关系，掌握了属于自己的探究方法。

在幼儿探究光与影的过程中，教师没有直接告诉他们答案，而是充分利用各种材料给予他们支持、引导。同时，利用家长资源，共同支持他们去观察、比较、操作、实践、探索。经过多次探寻，孩子们每次都有新的发现。教师利用新颖的材料和多种玩法，帮助幼儿不断积累经验，形成受益终身的学习态度和能力（表 3－5－1）。

教师创造了轻松、愉快的氛围，采取了退后、放手的策略，引导幼儿自主思考，提出关键性的问题，并适时引导。幼儿逐渐养成了与同伴共同商议、共同解决问题的好习惯。在游戏过程中，幼儿拥有独立思考的能力，能将自己的想法付诸实践。

表 3－5－1　幼儿分步探究光与影的过程

	提出问题	解决问题	新发现	备注
第一次	影子是怎样形成的	光透过物体，照射到投影板上，形成了物体的影子	物体离光源越近，影子越大；物体离光源越远，影子越小	光照射不同形状的卡片会产生相应形状的影子
第二次	光是沿直线传播的吗	使用两张带有透明圆点的相同卡片，让光从小圆点透过去	光源要对准卡片，两张卡片上小圆点的位置要重合在一起才行	在移动卡片时，要一点儿、一点儿地移动
第三次	在光源前面安上滤镜会怎样	透过带有颜色的滤镜照出来的光是有颜色的。	滤镜是什么颜色，光就是什么颜色的。如果两种不同颜色的光重叠在一起，还会形成新的颜色	掌握好光和投影板之间的距离（距离要尽量近一些）

（续）

	提出问题	解决问题	新发现	备注
第四次	滤镜颜色不一样，光的颜色真的不一样吗？黑色的卡片和滤镜加在一起会怎样	光透过不同颜色的滤镜真的会形成不同颜色的光；而黑色的卡片只会形成影子	彩色的光和影子可以同时存在	周围黑暗的情况下，彩色影子的效果更明显
第五次	皮影戏是怎么来的	一起上网查阅有关皮影戏的图片，了解到有人在幕布后操作皮影，光打过来之后，就会看到幕布上的影子动了起来	幕布后面有光，光是从上方打来的	用木棍操作皮影，不能用手，光要直接照射在幕布上
第六次	怎样才能形成组合的光影	需要两张透明卡片，近处的卡片要在卡片的周围画出影子图案，远处的卡片要在中间画出影子图案	用彩色的马克笔画出的图案，灯照后，会形成彩色的影子	画完两张卡片，要把它们重叠在一起，比对一下，看看效果

孩子们在一次户外活动中发现了光和影子之后，开始不断地探寻光和影子的奥秘。在游戏过程中，他们勇于探索，善于发现，能充分利用自然和实际生活的机会，通过观察、比较、操作等方法发现问题、解决问题。孩子们借助光影魔术盒中的材料，发现了光与影的形成、光与影之间的关系、光是沿直线传播的、影子会互相遮挡、变色光影等光影的奥秘，感受到了光影的神奇与有趣。在进一步探索中，幼儿又获得了有关皮影戏和光影组合后的变化等新经验。在生活中，幼儿能够寻找使光影变色的材料，形成了独立的思考能力。教师在整个过程中始终支持和鼓励幼儿大胆探究、大胆操作。

在孩子们的探究过程中，教师也发现了一些不足之处。

（1）玩具数量有限。限制了同时操作的人数，即不能较多人同时操作。

幼儿对光影玩具的兴趣比较浓厚，都想赶紧尝试操作此款玩具，亲自探究光影的秘密。但是由于班里只有一份这款玩具，所以每次最多只能三人共同游戏。后期增设了“光影小屋”后，小屋空间有限，更是限制了参与探索光影的幼儿人数。不少幼儿只能排队报名，轮流游戏。

（2）局限于玩具盒里的材料，应加入更多生活中的材料，丰富游戏材料。

光影魔术盒这款玩具中准备了很多比较专业的、现成的材料。后来，我们在寻找可以使光变色的材料时，幼儿表现得非常积极。他们将生活中可以寻找到的、有可能使光改变颜色的材料都带到了幼儿园，加入玩具材料中，通过实验来验证这些材料。

为了充分满足幼儿的好奇心和求知欲，本次活动不会到此为止，今后，我们将继续开展光与影的系列活动。如，（1）户外画影子：幼儿两人一组，分别将对方的影子轮廓画下来；（2）手电筒玩影子：在室内关上灯，拉上窗帘，用手电筒照射物体，探究影子的奥秘；（3）制作纸杯投影仪：教师集体讲解制作纸杯投影仪的方法，并将材料投放到美工区，让幼儿自主创作；（4）家园共育——探秘 3D 全息投影仪：引导家长和幼儿一起制作 3D 全息投影仪，放在手机上观看。

案例六 西蓝花成长记

首都师范大学附属回龙观幼儿园 张 静

新学期开学了，我们“舞着秋风，和着蝉鸣”，开始了种植活动。孩子们开心地跟着老师一起来到幼儿园的“自然小镇”，讨论着种植什么蔬菜。有的孩子说：“我想种白菜。”有的孩子说：“我想种土豆。”还有的孩子说：“我想种西蓝花。”孩子们你一言、我一语地争论起来。为此，我们进行了投票表决。最终，孩子们一致选择种植西蓝花。本班幼儿处于中班年龄阶段，他们乐于参与种植活动，喜欢观察、对比。孩子们在小班的时候参与过简单的种植活动，具有初步的种植经验。本次主题活动结合中班幼儿的年龄特点，帮助他们积累更多的种植经验。相信在这个活动中，孩子们能有新的发现，一段美好的种植之旅开始啦！

（一）播种前，我们需要做什么（9 月 3 日）

今天，孩子们通过投票决定种植西蓝花。大家都很高兴，积极地表达着自己的想法。播种前，我们要做哪些准备呢？对此，孩子们进行了讨论。

哲哲：在播种前，我们需要翻地。

甜甜：我们需要准备一些工具。

美美：我们需要什么工具呢？

瑶瑶：需要小铲子、小锄头，还有耙子。

萌萌：西蓝花的种子需要泡一泡。

亮亮：种子上面的土要埋得浅一些。要不然，种子的芽就长不出来了，种子会被闷死的。

从讨论中可以看出，孩子们已有一些种植经验，他们知道在种植前需要做好种植的准备，然后才能行动。接下来，我们一起梳理了种植前需要做的准备工作。首先，要准备好西蓝花的种子，并浸泡种子；其次，要准备好翻地用的工具；最后，播种时，要把种子埋得浅一些，以便种子能顺利地破土出苗。

（二）西蓝花移苗实验（9 月 27 日）

1. 观察小苗情况。

今天，我们一起来到了自然小镇。九月末的西蓝花种子已经发芽，长出了小苗。孩子们看到长出来的小苗，都非常地兴奋。

乐乐：你快看，小苗也太多了吧！密密麻麻的。

美美：就跟小朋友们排队似的，一个挨着一个。

我也参与到他们的交谈中。

我：小苗那么密，能长得好吗？

浩浩：不行，太挤了。

我：它们之间的距离太近了，需要帮它们移苗。你们知道怎么移苗吗？

2. 了解移苗知识和方法。

我为幼儿演示了移苗的方法，并进行了细致的步骤讲解。幼儿初步了解了为什么移苗，以及怎么移苗。孩子们仔细观看移苗的步骤之后，我向他们提出了问题。

我：谁能来说一说，老师是怎么移苗的？都用了哪些工具？

萌萌：今天，我们给小苗搬家。要把小苗从土里移出来，需要用小铲子先把小苗旁边的土弄松。

亮亮：不能伤到小苗的根部，动作要轻轻地。之后，再把它栽在花盆里。

我：小苗有可能在移动的过程中死掉。关键要注意什么，怎样才能让移苗成功？

孩子们：注意不要把根弄断。

3. 动手移植小苗。

孩子们开始给西蓝花移苗。他们先用铲子轻轻地给小苗松土，再用小手轻轻地挖开小苗根部坚硬的泥土，慢慢地把小苗从土里取出来，然后放进小花盆的土坑里，轻轻地给小苗的根部培土、浇水。刚开始移苗时，孩子们也会不小心把小苗的根部弄断，经过反复尝试，他们终于掌握了移苗的方法，获得了相关经验。移苗工作非常顺利地完成了。

教师反思

1. 发展幼儿的科学探究能力。

本次活动发展了幼儿的科学探究能力，更重要的是他们亲自动手操作，获得了一手的经验和知识。整个过程从认识种子开始，一步一步地，最终到移苗阶段。在此过程中，孩子们进行猜想、提出问题、动手实验、验证结果，还学会了进行简单的记录。这些都离不开孩子们积极探索的精神，更离不开教师的引导和帮助。

2. 知道植物的生长变化过程，学会解决种植过程中遇到的问题。

种植前期，孩子们一起认识了西蓝花的种子，知道在种植前需要做哪些准备，并且和教师到“自然小镇”进行实地操作，翻地并施肥，让土地更适合种子的生长。在此过程中，幼儿还了解了各种种植用的工具，始终保持积极的状态，乐于参与种植活动。

（三）陌生的客人“蚜虫”（10 月 18 日）

1. 发现小虫子。

十月中旬，我们一起来到了“自然小镇”。之前种下的西蓝花、菜花已经长出了小小的叶子。涵涵边看边发出疑问。

涵涵：老师，这片叶子上怎么会有小洞呢（图 3－6－1）？

涵涵的话引起了其他小朋友的注意，他们都围过来观看。

尧尧：老师，是不是小虫子吃了叶子？

凯凯：我发现小虫子了，原来叶子就是被这种小虫子吃了。

于是，我也蹲下，和他们一起仔细观察起来。我们检查了每一片叶子，发现这些叶子的背面有很多白色的小虫子。

美美：老师，这是什么虫子啊？

我：我也不能确定，我们回去一起查查资料吧！

图 3-6-1 发现叶子上有小洞

2. 了解小虫子。

回到班里，孩子们迫不及待地对我说："老师，快点查查资料吧！我们想知道那是什么虫子。"于是，我打开电脑，和孩子们一起查找这种小虫子的名字。经过搜索和对比，我们发现这是一种微小的蚜虫，虽然它的个头很小，但是如果不去除的话，会影响植物的生长。

涵涵：老师，那我们怎么消灭小虫子呢？

我把这个问题留给了孩子们，让他们回家查询并制作一瓶除虫药水。

3. 制作除虫药水。

第二天一早，乐乐告诉我，他和爸爸、妈妈从网上了解到可以喷洒肥皂水除虫。因此，他们制作了一大瓶除虫药水。

种植时间到了，我们到后院为西蓝花和菜花喷洒了这种药水，孩子们边喷边说："讨厌的小虫子马上就要被我们消灭了。"

教师反思

种植中期，我们的西蓝花遭受了虫害，尤其是看到刚长出来的小苗被虫咬，孩子们非常心疼。教师和幼儿共同上网查找，了解到这是蚜虫。幼儿用自己配好的除虫药水，拿着喷壶进行喷洒。在我们的精心照顾下，小虫子全部被消灭了。同时，我们又发现了新的问题，西蓝花的小苗长得比较密集。于是，我们又为小苗进行了移苗。在大家的不懈努力下，西蓝花又能继续健康地生长了。在此过程中，孩子们懂得了发现问题要积极尝试解决问题。

（四）给植物“穿衣服”（11 月 3 日）

十一月到了，天气逐渐冷了，孩子们都穿上了厚一点儿的衣服。今天，我们户外活动时，芊芊突然提出了一个问题。

芊芊：老师，天冷了。“自然小镇”里的西蓝花会不会被冻死啊？我家楼下的小草都冻死了。

芊芊的疑问引发了“给西蓝花、菜花穿衣服”的活动。“穿什么样儿的衣服？”有的小朋友说：“我觉得可以给西蓝花、菜花套个塑料袋，也可以盖被子。”孩子们给出的答案让我很好奇。

我：怎么盖被子呢？会不会压坏西蓝花、菜花那娇小的身体呢？

乐乐：可以搭一个白色的罩子。冬天，我和妈妈去采摘过草莓。冬天的时候，种草莓的地方就有一个大罩子。

从幼儿的表达可以看出，他们对此是有一些经验的。于是，我们准备了一些材料，一起去“自然小镇”进行操作。孩子们逐一尝试自己认为适合的方法。尝试之后，他们发现套塑料袋太麻烦了，好不容易套上了塑料袋，才一会儿工夫，里面就有了雾气。一阵大风刮来，就把塑料袋给吹走了。给植物盖被子更不可行，刚刚盖上去，植物就被压歪了，并且被子无法固定。看来，我们只能搭大棚了。可是，大棚那么大，我们怎么弄呢？孩子们说：“让保安爷爷、爸爸、妈妈都来帮忙。”于是，我们发起了全园的活动“冬季给植物安家”。几天后，“自然小镇”里搭起了大棚，孩子们终于安心了。

一次户外游戏结束后，我们走进了大棚。

孩子们：这里面好暖和啊，外面好冷。

我：你们知道这里面和外面相差多少度吗？

孩子们马上积极地表达自己的看法。

亮亮：不知道，很多度吧！

乐乐：外面是冬天，里面像春天。

我：有没有什么工具可以测一测温度？

亮亮：体温计。

我：体温计可以测量我们身体的温度。有一种测量气温的工具叫“温度计”。

乐乐：我家里有，我可以带来。

第二天，有几个孩子带来了温度计。我们一起来到大棚里，用温度计测量大棚里面和外面的温度。通过测量，孩子们发现大棚里是 15℃，而外面只有 5℃。他们感到非常神奇，看来大棚可以保温，让西蓝花不再受冻了。

教师反思

入冬以来，天气逐渐转寒。“西蓝花会不会冻死？”孩子们又热情地讨论起来，并盼望着“自然小镇”里能搭建大棚，为西蓝花赶走严寒。当有了防风挡寒的大棚后，孩子们利用温度计测量并记录了大棚里面和外面的温度，通过对比、实验，发现大棚内、外存在着明显的温差。幼儿进一步了解到植物生长容易受季节的影响。人们可以通过一些方法和工具帮助植物过冬，减少季节变化对植物的影响。

整个种植活动过程中，幼儿始终对种植保持着兴趣。他们能认真地倾听教师的讲解，并按照要求独立完成种植任务，从中也会有自己的新发现，并和教师、同伴进行交流和实践。在种植活动中，我们能看到孩子们在不断地进步、不断地学习自主探究，由原来的“老师，我不会”到现在的“老师，我要试一试”，他们通过探究学会了查阅资料，能按照设计好的步骤进行操作，解决了种植过程中遇到的问题。孩子们不断尝试，敢想敢做，体验到了收获的喜悦，还获得了满满的成就感。

（五）量量西蓝花的“身高”（11 月 12 日）

1. 西蓝花冒出了小花球。

今天，我们一起来到了“自然小镇”。孩子们兴奋地指着西蓝花长出来的长叶子让我看。子仪开心地笑了。

子仪：老师，西蓝花的叶子长长了。

美美：那你知道它长了多少吗？

大家都摇摇头，说不出来。这时，悠然有了新的发现。

悠然：老师，快来看。在这里，在叶子里面。

我走过去，顺着她手指的方向望去，发现在叶子包裹的中心位置冒出了西蓝花的小花球。孩子们兴奋地说：“它小时候长这样啊，好可爱啊！”

2. 量一量。

孩子们都蹲下来，认真地观察着。这时，天天提出了疑问。

天天：它的花球有多高呢？

天天（用小手比画着）：这么高。

我：我们测量一下吧！测量后，就知道答案了。那我们用什么测量呢？

孩子们很快就有了各种想法，大家开始交流、讨论，可以用尺子，可以用线，也可以用班级植物角的卡通尺子。最后，我请孩子们用各自选择的测量方法到班里准备材料，准备好材料后，我们再一起来测量。

不一会儿，孩子们拿着自己选择的工具再次来到这里，开始进行测量（图 3 - 6 - 2）。测量后，他们对自己测量的数据做了记录。

记录好测量数据后，我们回到班里进行了分享。分享过程中，我们发现测量的结果存在很大的差异，是什么原因让测量结果不同呢？

天天：是因为我们用了不同的测量工具。

美美：是因为我们测量的地方不同。

经过对比和交流，孩子们发现：不同的测量工具、测量方法、测量位置都会直接影响最后的测量结果，该如何统一呢？

子仪：我们可以通过投票选出一种测量工具。

听到这里，我很高兴，看来孩子们已经懂得如何解决意见分歧了。通过投票，大家一致决定用自己制作的卡通尺子进行测量。

图 3-6-2 用自己选择的测量工具进行测量

教师反思

中班的幼儿非常喜爱种植，乐于参与种植活动。在整个活动中，他们学会了对比、观察和使用工具，这与幼儿喜爱大自然、喜欢探究是分不开的。同时，教师和家长也起到了很好的辅助作用，当幼儿遇到自己解决不了的问题时，教师和家长都会给幼儿提供相关的思考线索，并鼓励幼儿大胆尝试（表 3-6-1）。

表 3-6-1 幼儿探究种植西蓝花的过程

	种植的过程	遇到的问题	解决办法
第一次	播种前的准备工作	怎么撒种？ 使用哪些工具？	1. 讨论 2. 寻找工具
第二次	西蓝花移苗实验	为什么要移苗？ 如何动手移苗？	1. 观看教师移苗 2. 观察图片 3. 动手操作
第三次	陌生的客人“蚜虫”	为什么会出现虫害？ 可以怎么做？ 如何寻求帮助？ 查阅哪些资料？	1. 观察情况 2. 互相交流 3. 家园合作 4. 制作药水 5. 喷洒药水、除虫
第四次	给植物“穿衣服”	气温对植物的影响有哪些？ 如何给植物“穿衣服”？ 如何搭建大棚？ 大棚内、外温差有多大？	1. 关注天气的变化 2. 讨论 3. 动手操作 4. 家园合作 5. 测量温度并比较
第五次	量量西蓝花的“身高”	西蓝花长大了吗？ 如何制作非标准的尺子？ 怎样进行测量？ 如何进行记录？	1. 提出问题 2. 进行讨论 3. 制作非标准的尺子 4. 进行测量

在整个主题活动开展的过程中，孩子们收获了知识，积累了种植经验，也感受到收获的不易，从担心种子不发芽，到小心翼翼地移苗，再到消灭害虫，体现着孩子们的爱与奉献。孩子们只有在一番辛勤劳作后，才能真正体会到“汗滴禾下土”的不易，从而懂得珍惜劳动成果。我会继续将农耕文化和精神融入种植活动中，让幼儿从小亲近自然，敬畏自然，感受泥土的芳香和生命破土而出的神奇与惊喜，创造出属于孩子们的幸福种植之旅。

案例七 好玩的沙水区

北京市第六幼儿园回龙观园 杜 燕

沙与水是大自然赋予孩子们最好的礼物。孩子们喜欢玩沙、玩水，这是他们的天性。幼儿园的沙水区是最受幼儿青睐的游戏区之一。在这里，他们可以自由自在地进行各种探索游戏。最近，天气一直比较炎热。孩子们进入沙水区游戏，显得格外兴奋。在沙水区玩耍，不仅能释放孩子们的天性，还能给孩子们降温，尤其是玩水，能让人感觉更凉爽。面对沙与水，孩子们总能展开无限的想象，创造出各种有趣的玩法。在这里，孩子们可以通过触摸、直接感知、动手建构自己的梦想王国……每次看见哥哥、姐姐们在沙水区热火朝天地建造各种造型，我们班的孩子们都羡慕极了，总是问："老师，什么时候我们也能去沙水区玩啊?"看着孩子们期待的眼神，我说："好呀，下次，我们就来沙水区玩。"我们班的"沙水之旅"就这样开始啦!

（一）初进沙水区（9月6日）

今天，孩子们听说要去沙水区玩儿，都高兴地欢呼起来："玩沙喽，玩水喽，耶!"我们一起来到了沙水区。

我：今天的沙子和我们上次见到的沙子有什么不同?

晴晴：今天的沙子湿。

果果：老师，沙子里有脚印！那是谁的脚印呢?

甜甜：是小朋友的!

我：那请几个小朋友在湿沙地上踩踩脚印吧!

几个小朋友在沙池里踩着软软的湿沙子，也留下了一串儿小脚印。我让孩子们先选择玩沙、玩水的工具，然后再玩儿。小朋友们迅速地来到了工具箱前，选择自己心仪的玩沙工具。他们有的拿铲子，有的拿模具，还有的拿小桶。大家选择好自己喜欢的工具，马上就玩了起来（图3-7-1、图3-7-2)。

晴晴和甜甜边玩边关注着旁边果果的玩法。

果果：甜甜，你看看，我印的小青蛙，好不好啊?

晴晴（边画边嘟囔着)：我要画圈水!

晴晴：我要跳水啦!

果果、甜甜：我们来垒个游泳池吧!

晴晴听到后，也加入进来。其他小朋友听到后，也都加入了进来。

甜甜看着晴晴拎着一桶沙子，赶紧用手指着需要沙子的地方。

甜甜：晴晴，你把沙子倒在这里吧！

小侯听到后，也加入进来。他开始往小桶里装沙子，甜甜负责运沙子（图 3-7-3）。

图 3-7-1　用小桶装沙子

图 3-7-2　用镂空的小筐筛沙子

图 3-7-3　孩子们装沙子、运沙子

豆豆看到这么多的小朋友都加入进来，也好奇地凑了过来。

豆豆：老师，这里让小朋友们不小心踩坏了，我来修一修吧！

豆豆一边说，一边开始动手修游泳池的边。

甜甜：再拍拍这里吧！看，我们厉害吧！

然然又在大的游泳池里垒了个小的游泳池，说让海马在里面玩儿，晴晴认真地看着。

晴晴看着然然垒好了海马的游泳池后，也在大游泳池里垒了个小的游泳池。

晴晴：老师，看！我在大游泳池里又垒了个小鱼的游泳池。

户外活动很快就要结束啦！听到音乐声响起，小朋友们开始迅速地收拾工具，排好队。在回班的路上，我们开心地聊着天。

晴晴：老师，我给小鱼垒了个游泳池。

然然：是吗？那装满水了吗？

晴晴：没有呢！

豆豆：那怎么游泳呀？

听到这些话，晴晴有些失望。

我：下午，咱们去给游泳池运水吧！

“好啊，好啊！”小朋友们纷纷表示同意。

教师反思

幼儿喜欢在沙水区活动。他们喜欢无拘无束、自由自在地玩沙。孩子们通过玩沙、玩水，愉快、兴奋的情绪得以宣泄，大胆、丰富的创造与想象得以实现，身体动作的协调性得以增强，还培养了团结合作、坚持不懈、喜悦、接纳、专注投入的良好品质，也真正体验到了游戏的快乐。沙子对于孩子们来说，有一种不可抵抗的诱惑力。每当看到沙子，他们总想去看一看、摸一摸或踩一踩。通过沙水区活动，孩子们既感知了沙子的特性，又培养了想象力和创造力。

本次玩沙活动，因为有了教师的引导和多种辅助材料的投放，幼儿创造出多种游戏玩法。教师能及时发现幼儿的兴趣点，并根据幼儿游戏中出现的问题及时提供材料支持，有利于幼儿进一步探究。接下来的“运水”活动源于幼儿继续游戏的需要，也是幼儿学习合作游戏的开始。

（二）为沙水区运水（9月9日）

为了满足孩子们运水的欲望，我们提前准备了运水的工具——镂空小筐、桶、盆、锅等。下午，孩子们的玩沙热情高涨，他们经过自由探索之后，选取了各自认为适宜的工具，开始运水。

孩子们先是对各种材料进行了一番探索。最终，没有人选择漏水的镂空小筐，大家都选择了不漏水的容器来运水。

晴晴选择的是桶。她一桶一桶地拎着水，往挖好的游泳池里倒水。

甜甜选择的是盆。她端着多半盆水，也在往游泳池里倒水。

整个沙水区都是孩子们忙碌的身影。他们大约忙活了五分钟。

晴晴：我加水都加不过来了！

甜甜：我也是呀！

豆豆：是呀，是呀！

我：你知道为什么加水加不过来吗？

甜甜：因为沙子把水吸收了！

晴晴：我用小桶接水了，水都在沙子里了。

豆豆：我用小桶从水池里接水，想运到沙池里，但半路洒了一些。

我：那你们快看看，沙子有什么变化吗？是吸收了吗？

晴晴：沙子变颜色了，湿了。

只见，豆豆用小手迅速地摸了摸沙子。

豆豆：还真的湿了，原来是沙子把水“喝”了。

我：原来沙子把水都吸收了。那游泳池里还能储存水吗？

孩子们：不能。

甜甜：我们可以和沙子，做东西呀！

这时，沙水区里的小朋友们打开了话匣子。

果果：我要和美滋滋一起搭个大大的沙堡。

泽泽：我要和欣雅打个山洞。

大卫：我要用水和沙子，很好玩！

毅毅：我要和然然挖个弯曲的沟。

晴晴：我要和豆豆一起做个小蛋糕。

孩子们一边讲着，一边用手比画着，脸上洋溢着灿烂的笑容。

晴晴跟豆豆商量着要制作各种不同口味、大小不同的蛋糕。刚开始制作蛋糕时，由于沙子的干湿度不同，两个小朋友做出来的沙子蛋糕，要么沙子太湿不成形，要么沙子太干不易塑形。然而，她们并没有放弃，而是不断地摸索，不断地改进，终于做出了好看的沙子蛋糕。她们还总结了经验：刚开始，蛋糕没有做成是因为没有往沙子里倒水，或者水放得太多了……

沙水区里只能听见孩子们小声商量的声音。每个孩子都在忙碌着用沙子和水塑造着自己想要的事物。不一会儿，活动结束的音乐响起来啦！孩子们开始依依不舍地收拾工具，准备排队回班啦！

一路上，他们有说有笑，向同伴讲述着自己的游戏成果。

晴晴：我做了一个漂亮的蛋糕，可好看啦！

果果：我建了一座三层高的大城堡。

教师反思

教师为幼儿提供适宜的材料，能增加幼儿玩沙的兴趣，促进幼儿之间的交往，也能激发幼儿的创作热情。相反，如果材料数量少、种类单一的话，会限制幼儿的游戏。因此，游戏前，我准备了各种运水工具，有镂空的小筐、小桶、盆、锅等，这些材料影响着幼儿游戏的方式和规则。整个游戏过程中，幼儿始终保持着浓厚的兴趣。

中班幼儿随着年龄的不断增长，生活经验的不断丰富，解决问题的能力也在逐步提升。在沙水区的游戏中，可以看到孩子们也会遇到一些难题。如，晴晴和豆豆在制作沙子蛋糕时，先是用水桶直接塑形干沙子，后来发现蛋糕轻轻一碰，就塌了。她们反复尝试了好几次，情况依旧如此。于是，她们向我寻求帮助。我并没有直接告诉她们用沙子牢固塑形的方法，而是在肯定幼儿坚持的同时，激励她们再试一试其他的方法，也可以看看同伴的做法。在我的激励和引导下，晴晴看到了同伴用加了水的沙子塑形，获得了启示，也在沙子中加了水，但因为水加得过多，沙子软软的，不成形，所以没做出自己想要的蛋糕。但是，她并没有放弃，而是不断地摸索，不断地改进，终于做出了造型好看的沙子蛋糕。之后，她们还进行了总结：水放得太多了，沙子也不容易成形。最终，她们经过不断地探索，掌握了用沙子塑形的方法，较好地解决了问题。

正是这些在游戏中不断出现的问题成了幼儿深度学习与游戏的“助推器”。幼儿经过反复操作、探究，获得了新的经验。而操作中遇到的问题又成了下一个游戏的来源，推动幼儿进一步深入实践，形成“自主游戏，实践操作——遇到问题，助推探究——再次游戏，提升经验”的良性循环。

（三）如何轻松运水（9 月 10 日—14 日）

孩子们玩了几次户外沙水区的游戏后，常常因为提着装满水的桶运水而累得气喘吁吁。于是，“如何轻松运水”这个问题引发了孩子们的一场热议，他们萌生了改变运水现状的想法。

然然：我们找个车子来运水吧！也许会轻松点儿，没那么累。

小侯：我们一起抬水吧！装满水的桶太重了，提不动。

豆豆：我们挖一条河吧！

果果：我们用接力的方式运水吧！

在讨论中，孩子们说出了很多的办法。有的孩子觉得可以用车拉水桶；有的孩子觉得可以用木棍抬水桶；有的孩子说可以排成一队，传递水桶……可是这些办法要么不可行，要么也并不轻松。

涵涵：你们还记不记得我们一起看过的那个《南水北调》的视频呀？就是让水流到另一个地方去！

涵涵的一番话，让孩子们回忆起了曾经看过的《南水北调》视频。于是，孩子们决定，建造一条引水的河流来运水。

第二天，孩子们又来到了沙水区。很快，大家分工明确，开始忙碌起来……

豆豆：我来挖沙坑。

甜甜：我们一起来挖，速度会快一些。

小侯：那我去打水。

然然见状，也来打水。在大家的团结、协作下，他们的沙坑越挖越大，也吸引了许多小伙伴一起加入。大家来来回回地打水，不断地往水坑里倒水，水已经快要溢出来了。

甜甜：水已经满了，别再打水了！

豆豆：得赶紧挖一条小道，把水引过来。

果果：那必须再挖一个小水坑，才能把水引过来。

涵涵：我们需要把水坑加宽、加大。

朵朵：我们可以一起来挖大运河，这样可以运不少水呢！

大家不约而同地拍手叫好。于是，我趁机提议：“每个小朋友今晚回家后，做一个《沙水区挖河道运水计划》。”

教师反思

孩子们在游戏中遇到的种种问题并没有击退他们，反而激起了他们主动探索的兴趣和欲望。他们在之前挖好的沙水区基础上，循序渐进地探索着拓宽河道运水的方法。幼儿根据已有生活经验，认为修建河道运水的方式最快、最好、最省力。同伴间有趣的游戏行为激发了幼儿主动尝试的兴趣。于是，我们开启了“挖河道运水”的一系列自主探究活动。我借此教育契机，提议幼儿回家后制订一个《沙水区挖河道运水计划》，这大大地激发了幼儿挖河道运水的兴趣，也帮助幼儿梳理并形成有计划做事情的观念，为后期的建造“运河”提供了支持。教师在幼儿游戏中的“导”和“引”是一个持续的过程，这对幼儿的认知水平、游戏水平、社会性发展能起到很好的推动作用，对教师自身专业水平的提升也有促进作用。

（四）挖河道运水（9月15日—17日）

孩子们分享了自己所画的“设计图”之后，又来到了沙水区。大家分工明确，开始忙碌起来，有的独自挖河道（图3-7-4），有的合作挖河道（图3-7-5），有的找盛水的器具运水。不一会儿，在大家的共同努力下，沙水区的河道越挖越深、越挖越宽，也吸引了更多的小伙伴加入。大家来来回回不断地往河道里倒水，他们心目中的“大运河”初步形成了。

图3-7-4 独自挖河道

图3-7-5 合作挖河道

小侯：大运河挖得差不多了，就是水太少了。

豆豆：大家快来打水，让大运河的水多起来。

然然：我可以用做城堡的模具打水。

浩浩：我们可以用小桶打水，来回多跑几趟。

知易、诺诺：哈哈，我们还可以用盆来盛水。

班里两位力气最大的涵涵和大卫提议。

涵涵、大卫：那就用最大的水壶来运水。

大家采取不同的方式给河道运水。随着参与的人数越来越多，挖河道运水的规模也在不断扩大。很快，大运河的水越来越多了。孩子们遇山开水路，遇水架大桥，又开辟出一些新的水路来。眼看着大运河的水快要满了。

小侯：水快要满了，得赶紧挖一条小道。

诺诺：那必须再挖一条小水道，才能把水引过来！

大卫和凡凡也来帮忙。孩子们边挖边思考，探索着沙与水的流动性。凡凡趴在沙地上，用手掏挖水道时，大卫惊喜地喊道："快来看呀！通了，通了，通水了！"

教师反思

在"挖大运河"的过程中，幼儿已有经验直接影响着他们玩沙的水平。小朋友们在之前玩沙水区的基础上，由浅入深、由易到难地探索着沙与水的流动性，不断拓宽河道。这其中遇到了很多的困难，如"水满了如何引流"。在整个过程中，作为教师的我都是耐心等待，等待幼儿去发现沙子的不同特性、水的特性、水和沙子的关系等，让孩子们在一次次的失败中不断尝试，最终获得成功。我通过引导幼儿讨论、分享的方式让幼儿反思并总结游戏中的行为，积累游戏经验，提升游戏水平。

正是游戏过程中出现的诸多问题让幼儿面临着一个又一个挑战，进行了一次又一次尝试。明确的目标、坚定的信心、同伴的经验共享，这些都是解决问题不可缺少的重要因素。在沙水游戏中，孩子们通过直接感知、亲身体验和实际操作，在探究的过程中增强了动手能力和分析问题、解决问题的能力，并且学会了互相欣赏，懂得了尊重并珍惜他人的劳动成果。

游戏过程中，当幼儿遇到各种各样的困难时，作为教师，首先要学会等待，给幼儿留出时间、空间，让他们自主探究并解决问题。其次，要尊重幼儿的奇思妙想，认真观察幼儿使用材料的情况、幼儿游戏行为及游戏中遇到的问题。在读懂幼儿的基础上，寻找合适的机会和方式助推幼儿游戏的进程，让幼儿在不断探索的过程中得到发展。

案例八 我们和蛋宝宝的故事

北京市第六幼儿园回龙观园 曹璐瑶 赵文萱

孩子们在阅读绘本《硬硬国和软软国》之后，对生活中各种各样软的和硬的物品都很好奇。他们从家里带来软硬不同的物品进行探究。有三名幼儿把鸡蛋带到了班里，其中一名幼儿带的鸡蛋在来园的路上碰坏了。到园之后，他非常伤心。很多幼儿过来安慰他。鸡蛋破了这件事情引发了幼儿之间的讨论："到底鸡蛋是软还是硬?"鸡蛋的外壳是硬的，可里面是软的。"我们应该怎样保护蛋宝宝，不让它磕破呢?"可以用不同的物品装运鸡蛋，如杯子、塑料袋、布包、铁罐等。通过探究确定什么材质更适合保护蛋宝宝。"为什么其他两名幼儿带来的鸡蛋没有碰坏呢?"首先，因为他们选择了好的包装。一名幼儿选择用快递充气包装包裹鸡蛋；另一名幼儿选择用棉花包裹鸡蛋，并把它放进小水杯的杯套里。其次，这两名幼儿在带蛋宝宝来园的路上，都小心翼翼地用手捧着包裹好的鸡蛋。

（一）什么东西能保护蛋宝宝（3 月 9 日）

我们先来了解一下什么是软、什么是硬。在词典中，软和硬是相对的，"软"即质地柔和；"硬"即质地坚固、组织紧密。

在活动开始前，我和孩子们进行了大胆的猜想：到底用什么东西才能保护好蛋宝宝，不让它磕破或摔破呢?

我：咱们班里有没有适合保护蛋宝宝的材料呢?

恬恬：美工区的小盒子就可以用来装蛋宝宝。

我：小朋友们的家里有什么适合的材料吗？你们可以回家找一找，也可以亲手制作保护蛋宝宝的装置。

颜颜：我可以用家里的小包包来装蛋宝宝。

晨晨：我会用柔软的棉花把蛋宝宝裹起来。这样，它就不会摔碎啦！

阳阳：可以用一次性的盒子（装蛋宝宝）。

多多：可以用废旧报纸（包裹蛋宝宝）。

孩子们关于如何保护蛋宝宝的想法还真不少。接下来，就让我们一起变身"护蛋小能手"吧！孩子们纷纷行动起来，他们各自寻找并制作了保护蛋宝宝的装置，亲自验证蛋宝宝保护装置的护蛋效果如何（图 3－8－1、图 3－8－2）。

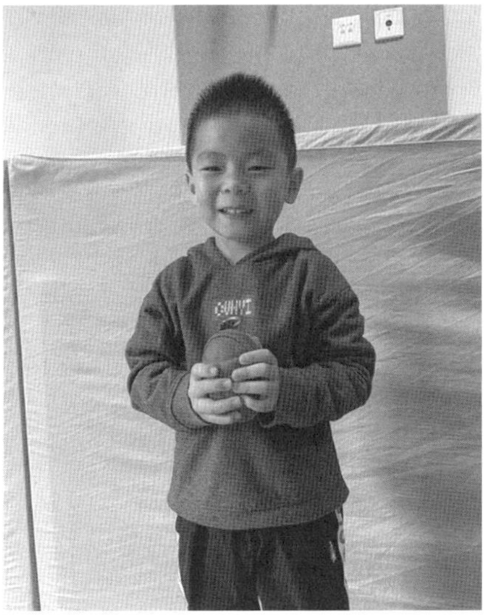

图 3-8-1 用水杯套做护蛋装置

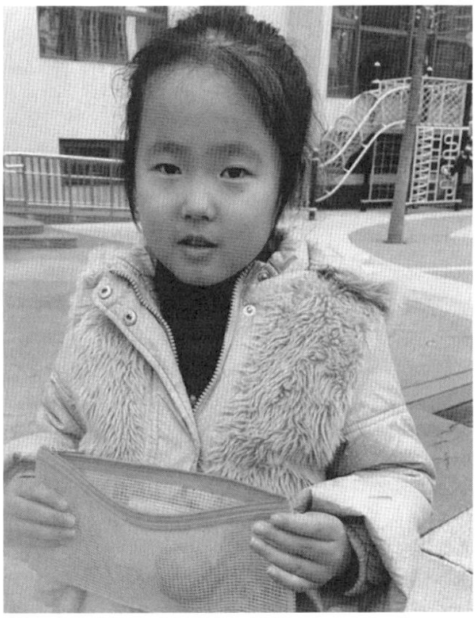

图 3-8-2 用文件袋做护蛋装置

教师反思

一枚破碎的鸡蛋引发了孩子们的讨论，同时也开启了孩子们想要保护蛋宝宝的活动。幼儿能够根据自己的前期经验，感知鸡蛋的软硬，但由于生鸡蛋和熟鸡蛋的软硬程度是不一样的。孩子们看到破碎的鸡蛋是生鸡蛋，而平时吃的鸡蛋又都是熟鸡蛋。因此，孩子们对于鸡蛋的软硬产生了很大的好奇，想要一探究竟。

幼儿先从“什么工具能够保护蛋宝宝”开始讨论。他们基于已有的生活经验，认为坚硬的盒子或者是软软的东西包裹住鸡蛋，就能很好地保护蛋宝宝。在整个讨论过程中，我没有干涉或支招儿，所有保护蛋宝宝的材料都是孩子们自己设想并找到的。有的小朋友还把未完成的保护装置拿回家继续制作。有了保护蛋宝宝的装置，我们就可以开启下一步的护蛋行动了。

孩子们先是对护蛋装置进行讨论，然后开始制作自己的护蛋装置。这个装置到底要做多大？用什么材料来装蛋宝宝，才能让蛋宝宝坚持到最后都不会碎？我的蛋宝宝叫什么名字？幼儿在活动开始之前就提出了很多的问题。他们的兴趣一直没有减弱，已经迫不及待地想要开启保护蛋宝宝的行动了。作为教师，我没有直接告诉孩子们答案，而是让他们通过活动前的自由讨论，在活动中寻找鸡蛋是软还是硬的答案，引导幼儿通过观察、比较、操作等方法，不断积累经验，形成受益终身的学习态度和能力。

此外，幼儿制作的护蛋装置给我们带来了惊喜。这种意外和惊喜是在完全没有准备的情况下发生的，孩子们的反应也都是真实而有趣的。因此，我们就想在平时的教育活动中是不是也可以故意创设一点点意外和惊喜呢？我们在创设意外和惊喜的同时，也应该更多地关注幼儿的活动过程，以及哪些过程能提升幼儿什么方面的能力。在教师的引导下，促进幼儿更加积极、主动地投入活动，使其在活动中潜移默化地习得更多的好习惯与好品质，得到更好的发展。

（二）蛋宝宝的不同之处（3 月 10 日—11 日）

第二天一早，孩子们就带着自己的蛋宝宝来到了幼儿园，并且用了各种各样保护蛋宝宝的方法。孩子们有的拿着密封的小盒子，里面装着自己要保护的蛋宝宝；有的拿着一个小小的包包来放蛋宝宝。这时，熙熙的蛋宝宝引起了很多小朋友的注意。只见熙熙拿着一个纸杯，里面装着自己的蛋宝宝，小心翼翼地走进了教室。孩子们相互说着自己的护蛋装置。

我：你们都有自己的名字，那么你的蛋宝宝有名字吗？

熙熙：我的蛋宝宝叫“蛋蛋”！

妤妤：我和姐姐是双胞胎，我们的蛋宝宝也是双胞胎。它们一个叫“涵涵”，一个叫“妤妤”。

琦琦：我的蛋宝宝叫“小猴子”。

恬恬：我的是……粉色的小鸡。我们怎么那么像鸡妈妈呢？

孩子们突然又开始针对这个话题展开了讨论。

旻旻：老师，熙熙的蛋宝宝碎掉了！这可是今天的第一个。

我赶快走到熙熙面前，只见熙熙的眼泪已经在眼眶里打转了，再看熙熙的鸡蛋，已经碎在了地上。

熙熙：老师，我就是想拿起来看看蛋宝宝，一不小心就给捏碎了。

我刚想上前安慰他，就听到旁边的恬恬对他说。

恬恬：没关系的，你和我一起保护我的蛋宝宝吧！我是鸡妈妈，你是鸡爸爸。

恬恬的话温暖了熙熙，这个眼泪快要落下来的男子汉脸上又堆满了笑容（图 3-8-3）。

有几个小朋友正在观察熙熙捏碎的鸡蛋。

旻旻：老师，为什么鸡蛋碎在地上会是这样的呢？有白色的，还有黄色的，摸起来好黏啊！

我赶忙找来一个小托盘，把破碎的鸡蛋壳和流动的蛋液放进去，同时拿出早餐剩下的熟鸡蛋，切开熟鸡蛋，放在碎了的鸡蛋旁，让孩子们进行对比观察（图 3-8-4）。

铭铭：同样是鸡蛋，为什么里面却不一样呢？

图 3-8-3 同伴之间的安慰

图 3-8-4 观察生、熟鸡蛋的差别

熙熙：因为一个是生鸡蛋，一个是熟鸡蛋啊！生鸡蛋看着像是水，放在耳边摇一摇，有哗哗的声音。熟鸡蛋没有水，是一块儿、一块儿的。把生鸡蛋煮一煮，就变成我们平时吃的熟鸡蛋了。

颜颜：为什么生鸡蛋里面全是水？感觉里面没有多少东西呢！而熟鸡蛋却这么大。早上吃饭的时候，我吃了不到一个鸡蛋，就饱了。

颜颜的一个小问题让孩子们的议论声停了下来。大家开始思考：为什么会是这样呢？

晨晨：老师，你知道为什么吗？

我摸了摸他的头，拿起托盘。

我：你们的问题有点儿难。我们以前学习过，你们知道生鸡蛋里面是什么形态吗？

熙熙：液体。

我：那熟鸡蛋呢？

恬恬：固体的。

我：生鸡蛋煮熟之后，由液体变成了固体，发生了一种变化。这种变化是因为鸡蛋里面的蛋白质发生变化导致的。

孩子们一个个抓着小脑袋，陷入了沉思。

教师反思

孩子们经过昨天的自由讨论，总结了一些简单的护蛋经验。今天，我们可以看到孩子们根据自己的理解，带来了各种不同的装置来保护自己的蛋宝宝。在孩子们的心中：今天，自己就是蛋宝宝的“妈妈”，负责保护好蛋宝宝。孩子们刚刚来园展开讨论时，就发生了突发状况：一个蛋宝宝碎掉了。每个孩子的心里都开始紧张起来，熙熙也因为这种情况有点儿不知所措。这时，我本想上前及时干预，稳定并调节幼儿情绪，却发现同伴之间能够用自己的方式来相互安慰，恬恬的一句“我是鸡妈妈，你是鸡爸爸”的话语，让熙熙与恬恬的蛋宝宝瞬间产生了联系。这让熙熙重新拾起保护蛋宝宝的责任和爱心，也感受到来自同伴的温暖。

当鸡蛋摔在地上后，我并没有及时清理，而是将破碎的鸡蛋放进了托盘里，并切开熟鸡蛋，与生鸡蛋液并排摆放，方便幼儿更好地观察。在没有进行生、熟鸡蛋的对比时，幼儿很难了解生鸡蛋和熟鸡蛋哪里不一样，也很难进行探索，只有当破碎的生鸡蛋和切开的熟鸡蛋放在一起时，孩子们才会有直观的发现。随后，幼儿针对自己不清楚的事情，第一时间向我询问，经过我的解答，他们了解了生鸡蛋变成熟鸡蛋是一种化学反应。

（三）我珍贵的蛋宝宝（3 月 10 日—11 日）

区域游戏环节，孩子们为了保护好自己的蛋宝宝，没有选择热闹的建构区、表演区，他们不约而同地选择了比较安静的美工区、图书区。当我询问经常在建构区活动的旻旻为什么今天选择别的区时，她向我解释了自己的想法：“建构区的积木是硬硬的，会把我的蛋宝宝碰碎的。”其他幼儿也说出了同样的原因。

户外活动环节，孩子们带着蛋宝宝来到了户外。因为带着蛋宝宝，他们的动作像是受到了限制，变得小心翼翼。户外游戏时，孩子们玩得很开心，有时会突然停下来，打开自己的护蛋小装置，将蛋宝宝取出来，仔细观察一下有没有损坏，然后长舒一口气，再继续和其他的小朋友做游戏。有的幼儿一边活动，一边用一只手牢牢地护住自己的蛋宝宝，不松开（图 3-8-5）。

午餐环节，孩子们把蛋宝宝放在餐盘旁，每吃一口饭都要看看蛋宝宝有没有碎。有的小朋友吃饭时，一直把手放在纸杯里，握着自己的蛋宝宝，生怕蛋宝宝碎了。更加戏剧性的是，今天的午餐有紫菜蛋花汤。到了喝汤的时候，孩子们看着碗里的鸡蛋，再看看手里的蛋宝宝，喝一口、看一眼，仿佛在确定自己的蛋宝宝还在，没有被做成汤。

午睡环节，孩子们纷纷上床，准备睡觉。可是，蛋宝宝怎么办呢？先吃完午饭、洗漱完的小朋友们互相讨论着。

颜颜：我们把蛋宝宝带上床，一起睡觉吧，好保护它（图 3-8-6）。

图 3-8-5　户外活动时，护着蛋宝宝

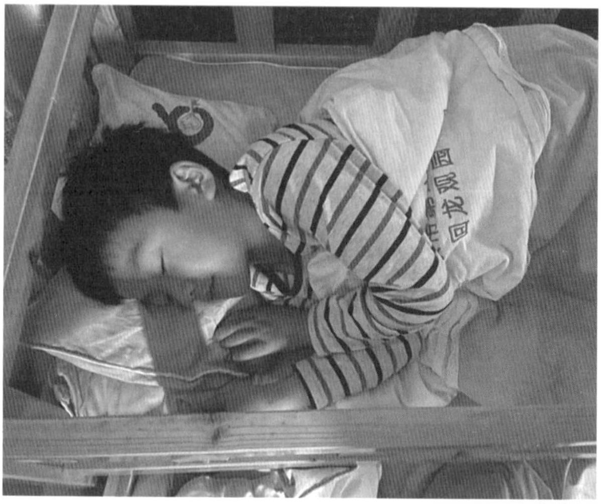

图 3-8-6　午睡时依旧守护着蛋宝宝

盥洗环节，虽然孩子们有诸多不便，但是他们依旧小心翼翼地带着自己的蛋宝宝，就像父母关爱、照顾着自己的孩子一样，小心地呵护着。平时风风火火的晨晨，今天的步伐也慢了下来。为了不让他的蛋宝宝受到伤害，上厕所时，他轻轻地把盛着蛋宝宝的盒子放在桌子上，然后再去小便，多么细心的晨晨呀！

虽然，孩子们都小心翼翼地保护着自己的蛋宝宝，但意外还是接二连三地发生了。有的小朋友因为不小心，有的小朋友因为太好奇，导致蛋宝宝“受伤或者失去生命”。看着被摔碎的蛋宝宝，孩子们伤心极了。但通过老师和伙伴们的安慰，他们也能慢慢地从悲伤的状态中走出来，并挑起了帮助好朋友保护蛋宝宝的责任。

临近离园环节，一天的护蛋行动结束了，最后的颁奖仪式也开始了。

我：宝贝们，这一天的护蛋行动马上要结束了，你们感觉怎么样啊？

小美：护蛋行动真的太难了。

悠悠：我以后一定要小心一点儿，好好保护蛋宝宝。

我：那现在谁的蛋宝宝还是完整的呢？

冬冬：我的鸡蛋宝宝好好的，耶！

月月：你们看，你们看，我的鸡蛋宝宝一点儿也没破！

大壮：我的鸡蛋宝宝也没有碎，太好了！

…………

护住生命的喜悦洋溢在孩子们红扑扑的脸蛋上。最后，护蛋成功的孩子们被评为“护蛋小明星”，他们高兴地上台领取奖牌并合影留念（图3-8-7）。

图3-8-7 孩子们获得了“护蛋小明星”的奖牌并合影留念

一天的护蛋之旅就这样愉快地结束了。孩子们在离园前又开启了话题讨论：到底鸡蛋是软还是硬呢？

铭铭：鸡蛋是软的，因为我已经很好地保护它了。可是，当它掉在地上的时候，还是摔破了。如果它很硬的话，一定摔不破。

晨晨：鸡蛋确实是软的，因为我们都小心翼翼地去保护它。如果它很硬，我们就没必要这么小心了。

我：原来和鸡蛋大小一样的装置最适合保护蛋宝宝了。软一点儿的装置在蛋宝宝不小心掉下来的时候，会像保护膜一样保护着蛋宝宝。

教师反思

在“护蛋之旅”中，孩子们有欢笑，也有泪水。他们表现出的爱心与责任感以及对鸡蛋软硬的探索欲望远远超出了我们的想象。对于他们而言，这不仅是一枚蛋，而且是真的生命。我们可以看到，孩子们为了手中蛋宝宝的安全，会下意识地对周围环境进行分析，评估风险，如户外游戏时、进区的选择等，这些都是从“如何能保护好蛋宝宝”的角度出发进行的思考。在此过程中，有的孩子会把自己比喻成“鸡妈妈”，体验了家长带孩子的不易，感受到为“人”父母的辛苦，认识到应保护和善待生命，体会生命成长过程中的不易和艰辛，培养了幼儿的爱心、耐心、责任心。

孩子们通过一天的护蛋行动发现了护蛋装置不能太大，太大会导致蛋宝宝在里面四处滚动，容易在不经意间发生磕碰，导致破裂；护蛋装置也不能太硬，否则坚硬的部分和蛋宝宝的外壳发生碰撞，也容易导致鸡蛋开裂；最好是护蛋装置的大小和蛋宝宝的大小基本一致，且整体偏柔软一些。

(四) 生熟大作战 (3月14日)

在保护蛋宝宝的过程中，孩子们发现了生鸡蛋变成熟鸡蛋的科学小知识。在一次区域活动中，有些孩子又开始提出自己的奇思妙想。

小侯：生鸡蛋和熟鸡蛋都是被蛋壳包裹着，怎么才能知道它是生的还是熟的？

俊俊：放在热水里面的是熟的。

小侯：那要是没在水里呢？

俊俊：把它敲开，能吃的就是熟鸡蛋。

听着孩子们的奇思妙想，我笑了。我又拿出了一个完整的熟鸡蛋。

我：老师把最后一个熟鸡蛋交给你们。你们观察一下，看看这个熟鸡蛋和你们的蛋宝宝有什么不同？

俊俊拿过熟鸡蛋，又把自己的生鸡蛋拿起来，放在手里掂了掂（图3-8-8），说：“我觉得蛋宝宝比它轻。”然后，又使劲儿地摇了摇生鸡蛋，再使劲儿摇了摇熟鸡蛋：“我感觉我的蛋宝宝里面在晃。”我点了点头：“我有几个更科学的小方法来辨别生、熟鸡蛋。”在孩子们的追问下，我端来一盆水，把两个鸡蛋放进水里，生鸡蛋能漂起来，而熟鸡蛋只会沉入水底（图3-8-9）。我又指导俊俊小心地在桌面上转动鸡蛋，旋转时速度快的是熟鸡蛋，旋转之后速度越来越慢、转不动的是生鸡蛋（图3-8-10）。最后，又请小侯帮我把手电筒拿了过来，打开手电筒，引导他们细致地观察：“你们观察一下，鸡蛋里面是什么样子的？”我示意小侯如何观察，让他自己慢慢地发现。小侯说：“透明的，蛋宝宝里面是透明的。煮熟了，就看不见了。”（图3-8-11）俊俊看着有些着急：“快给我看看，快给我看看。”他们的说话声吸引了别的小朋友，又有几个小朋友围拢过来。

图3-8-8 生、熟鸡蛋比一比重量

图3-8-9 生、熟鸡蛋在水中的沉浮现象

图 3-8-10 旋转生、熟鸡蛋

图 3-8-11 通过光影查看生、熟鸡蛋

晨晨：你们知道哪个是我的蛋宝宝，哪个是熟鸡蛋吗？我来教你们。

看着孩子们争前恐后地去辨别生、熟鸡蛋，我不禁想到在今后的活动中，我们应该多倾听幼儿、追随幼儿，及时调整教育环境，满足幼儿的游戏兴趣和需要。《指南》指出："幼儿的学习是以直接经验为基础，在游戏和日常生活中进行的。"一切自然资源，包括美景、美物、美味，都可以为幼儿提供获得知识和成长的体验。保护蛋宝宝的活动给予了孩子们最深刻的体验，给予了孩子们发挥智慧的空间和机会，给予了孩子们最真实、最有意义的生命教育。因此，本次活动是根据《指南》的要求进行的一次很好的实践，让孩子们亲自保护蛋宝宝，不论成功与失败，对于他们来说，都是一次最宝贵的经历。

教师反思

在活动过程中，有的幼儿能提出新的发现，让我觉得很意外。"如何分清生鸡蛋和熟鸡蛋"这一点在预设活动时，我未曾思考。但是，在区域活动时，幼儿运用发散性思维提出了这一问题，这让我真正认识到幼儿的探索欲是多么的强烈。在幼儿提出问题后，我为幼儿提供了熟鸡蛋，让幼儿自主探索。在此过程中，幼儿通过比较重量、摇晃鸡蛋得出了分辨生、熟鸡蛋的结论。其实，我更希望幼儿能运用一些与科学区有关的材料来探索这个问题。因此，我及时进行了干预。但是，我并没有直接告知幼儿分辨的方法，而是为他们提供了道具和场地，让幼儿自己探索，通过水中沉浮、旋转鸡蛋、光源照射等方式判断鸡蛋的生与熟。我们从一开始的认识软硬，到后面发现鸡蛋的软硬，想要探索鸡蛋的软硬，开启"保护蛋宝宝"的活动以及"生熟大作战"，设计了一系列的活动。在探讨什么装置能保护蛋宝宝时，充分调动了幼儿的兴趣，发展了他们的探索能力和语言表达能力；在制作护蛋装置时，发展了幼儿的动手能力与实践操作能力。在整个保护蛋宝宝的活动中，发展了幼儿的专注力。随着活动的不断深入，幼儿对物体的软硬有了更深刻的理解，为幼儿今后的探究活动起到了铺垫前期经验的作用。在面对破碎的鸡蛋时，我看到碎掉的鸡蛋壳，又引发了幼儿用蛋壳作画的活动，多方面促进幼儿发展，在科学领域及艺术领域发展幼儿的探究能力和动手能力。

案例九　秋天的树

北京市第六幼儿园回龙观园　王凌燕　唐迎迎

秋风渐起，天气转凉。秋天到了，幼儿园周围的环境渐渐地发生了一些变化。秋天落叶纷飞，树叶逐渐变黄、变红、变褐，还有其他各种颜色……美不胜收。秋天的环境变化引起了孩子们的好奇与关注，他们时常向我发问："为什么树叶会变黄呢？为什么树叶会落下来呢？"

秋天，大树上落下的一片片叶子犹如一个个小精灵，撩动着孩子们的心灵，刺激着孩子们探索自然的欲望。为了引导幼儿感知、体验秋天大树的特征，了解秋天和我们生活的关系，主题活动"秋天的树"自然而然地应运而生了。

（一）树叶飘飘（10 月 18 日）

活动当天，我们来到小树林。一阵秋风刮过，各种各样的树叶随风飘落，有的在疾风中飞舞，有的在空中盘旋，还有的时而聚在一起，时而散开，这是多么生动的景象呀！孩子们纷纷捡起树叶，欣赏着飘落的树叶。

芮芮：我找到一片大叶子！

暖暖：好大啊！你在哪里找到的这么大的树叶？我也想找几片玩玩。

芮芮：就在前面那棵大树下，我带你去看看吧！

说着，芮芮拉着暖暖，向前面的梧桐树走去。

糖糖：看，我也找到了一片大大的树叶。

糖糖手里拿着一片梧桐树叶，高兴地向其他小朋友展示。

我：糖糖，你的叶子真的好大呀！

糖糖：老师，我的叶子是最大的！（指着点点）我的树叶比点点手上那片黄色的叶子（银杏树叶）大。

我：真的吗？让我看看。哦，你的树叶的确比点点的树叶大不少。除了大小之外，这两片树叶还有哪些区别呢？

经过我的提示，他们开始对比两片树叶（图 3－9－1），还有几个小朋友也围过来看他们比较树叶。大家开始讨论，最后得出结论：点点捡到的银杏树叶比较小，糖糖捡到的梧桐树叶比较大；银杏树叶是黄色的，像一把小扇子，梧桐树叶一部分是黄色的，叶子中间还有一些绿色。

暖暖：老师，我看到糖糖手上的叶子和那几棵很粗、很粗树上的叶子一样，点点的树叶和咱们操场旁边小树上的叶子一样。

我：暖暖观察得可真仔细！树叶宝宝和我们人类一样，每个树叶宝宝都有属于它们自己的家。点点手上的叶子是银杏树的叶子，比较小，它是银杏树的树叶宝宝，是从银杏树上落下来的。糖糖手上的树叶是梧桐树的叶子，比较大，它是咱们幼儿园那几棵梧桐树的树叶宝宝，是从梧桐树上落下来的。

希希：我捡到了一片红树叶，像妈妈的口红一样的颜色。

乐乐：我也捡到了红树叶。你看，我也有红树叶。

孩子们看到希希和乐乐都有红树叶，其他几个小朋友也想捡几片红树叶，他们发现前面几棵树的叶子有些红了（图 3－9－2）。

图 3－9－1　对比、观察落叶

图 3－9－2　发现红树叶的来源

阳阳：我的树叶好奇怪啊！一半是红色，一半是绿色。

暖暖：我现在有好几片叶子了，有黄色的、绿色的，还有这种很奇怪的颜色（褐色）。

我：小朋友们，树叶宝宝就像咱们班的小朋友们一样，长得都是不一样的。它们除了有大小的区别外，还有就像小朋友们今天穿的五颜六色的衣服一样，它们也都穿着不同颜色的衣服。

孩子们听到我的比喻后，像小大人一样地点点头。

突然，传来了一阵哭声。我们循声望去，只见糖糖边哭边说："我的大树叶坏了！我的大树叶坏了！"原来糖糖手上的梧桐树叶碎了。见到糖糖哭了，希希跑到梧桐树附近，又捡了一片梧桐树叶子，递给糖糖，她想安慰糖糖。

希希：糖糖，你别哭了。我给你又找了一片大叶子，这个更大、更结实呢！

我：希希，你怎么知道这片树叶更结实呢？

希希：因为我发现它是软软的，不爱碎。有一天，在我们小区，我捡到了一片树叶。我奶奶说，这个太干了，爱碎，别往家里带了。后来，我奶奶就又给我捡了一片这样的树叶，让我玩儿。

我：希希分享了她知道的叶子小知识。有的叶子容易碎，有的叶子就很结实，真的是这样吗？小朋友们快去验证一下吧！

孩子们纷纷走到树底下，去探寻叶子的秘密了。

桉桉：老师，我把树叶踩碎了，它还会发出声音呢！

希希：有一片树叶刚掉下来，真的很结实。

我把一片已经非常干枯的树叶和一片刚掉下来的树叶放在一起，给孩子们看。

我：小朋友们，你们看！老师手上这片比较小、卷在一起的叶子，轻轻一碰，它就碎了。而这个刚掉下来的树叶就不容易碎。所以，希希说得对不对啊？

小朋友们纷纷应和："对。"

在我的引导下，孩子们继续探寻着落叶的秘密……

教师反思

《指南》中指出："幼儿科学学习的核心是激发探究兴趣，体验探究过程，发展初步的探究能力。"我通过带着孩子们去百果园捡树叶的活动，激发了孩子们对落叶的探究兴趣。在孩子们捡树叶的过程中，他们发现了树叶的不同，并进行了猜想与验证，满足了幼儿的探索欲和求知欲，发展了幼儿初步的探究能力。

亲近大自然的时间总是转瞬即逝，不知不觉间，孩子们和我已经在百果园待了快半个小时了。可是，孩子们还在不断地告诉我他们的新发现，这让我感受到大自然就是一个充满吸引力的"大课堂"，里面到处都是有趣的知识点，总会让孩子们有许多新发现，也为今后的活动埋下了伏笔。

（二）谁先落下来（10 月 20 日）

前两天，我们带着孩子们去百果园玩儿，看到树叶已经开始掉落。今天，户外活动开始前，我给孩子们布置了一个小任务：每个人去百果园捡几片自己喜欢的树叶带回班。孩子们非常高兴，欣然地接受了这个任务。我们来到百果园，孩子们发现树叶比前两天更加绚丽多彩了，有绿色的、黄色的、红色的、褐色的，真是五彩斑斓。孩子们开始挑选树叶（图 3－9－3），经过精挑细选，他们将自己喜欢的树叶带回了班。回到班里，孩子们兴奋地谈论起关于树叶的话题，比如，树叶的颜色、大小、厚薄、软硬、从哪里捡到的。

点点：树上还有很多树叶宝宝没有落下来呢！并且它们和地上的叶子颜色也不一样。

我：小朋友们猜一猜，为什么有的树叶宝宝会落下来啊？

宁宁：我猜是风把它从大树上吹走了。

石头：我觉得是树叶宝宝怕冷，就掉了下来。

我：为什么树叶会变颜色呢？

萱萱：因为树叶掉下来好久了，所以就变了颜色。

一时间，活动室里充满了孩子们的争论声，他们各说各的理由，谁也说服不了谁。见到孩子们对树叶这么感兴趣，我又带着孩子们回到了百果园，继续观察树叶。

我：孩子们，你们看，地上的树叶和树上的树叶有什么不同？

萱萱：地上有好多褐色的树叶，并且都卷了起来。树上有一些叶子还是绿色的。

桉桉：亮的地方树叶少，不亮的地方树叶多。

我：桉桉，你是不是想说阳光照射多的地方树叶少、阳光照射少的地方树叶多啊？

桉桉：是的，老师。

雨桐：老师，是太阳给晒的吧！我想树叶一定是被太阳晒得没有水了。看！我“捉”到了刚掉落的梧桐树叶。

幼儿园里有好几棵山楂树，有几棵长在阳光充足的地方，还有几棵被高大的梧桐树遮住了部分阳光。为了探寻落叶的原因，我带着孩子们来到了山楂树前，引导大家一起观察不同位置的山楂树。为了方便记录，我提前准备了一份记录表（图 3－9－4）。

图 3－9－3　孩子们在挑选自己喜欢的落叶

图 3－9－4　落叶对比观察记录表

我帮孩子们将猜想及观察结果记录在表格中。通过对比观察，我发现结果和孩子们猜想的一样，光照少的地方树叶比较多，光照多的地方树叶比较少。阳光照射多的地方，树叶先落下来；阳光照射少的地方，树叶后落下来。

暖暖：老师，我发现柿子树的上面还有叶子，下面就没有了。

我：小朋友们，快去看看，真的是这样吗？

雨桐：对的，对的，梧桐树的叶子就是这样的。

希希（从山楂树那边跑过来）：山楂树也是。

我：由此可见，树叶是从靠近树干的地方先落下来，而树梢上的叶子是最后落下来的。

乐乐：老师，我认为不对，我看苹果树的叶子就不是啊！

我：乐乐观察得很仔细。那你再看看，苹果树的树底下叶子多吗？

乐乐：不多，是不是它的叶子还没有掉下来啊？

我：对的，乐乐。通过观察，我们还发现，有的树叶落得早，有的树叶落得晚，就像小朋友们每天早上来幼儿园一样，时间是不同的。

教师反思

时值深秋，各种树的叶子开始纷纷落下。户外活动中，幼儿与大自然有了亲密的接触。他们欣赏着秋天的美景，感受着秋天大自然的变化。通过捡树叶、对比与观察树叶、探究落叶的先后顺序等活动，激发了幼儿的学习兴趣，培养了幼儿的观察能力和探索精神。

幼儿通过观察和比较的方法探究树叶落下来的秘密，正所谓“实践出真知”，只有幼儿在亲自动手探索后得到的知识才是印象最为深刻的。本次活动既能给幼儿带来直观的体验，又能培养幼儿主动探究的良好学习品质。

（三）常绿树和落叶树（11 月 16 日）

随着一次又一次的记录，孩子们的目光转向了落光叶子的树和一直长着绿叶子的树。

今天，我们再次来到百果园。孩子们看着满地的落叶，惊叹道：“哇！好多的落叶呀！”他们拾起落叶，惊奇地发现这些落叶都已经干枯了，并且变成了褐色，满地都是枯黄的落叶。

这时，诺诺和甯甯突然注意到不远处的灌木丛，他们回头向糖糖喊道：“糖糖，你看！灌木丛的叶子还是绿绿的（图 3－9－5）。”紧接着，意承也凑了过来。

意承：为什么别的树叶都变色了，它的叶子还是绿色的呢？

听到意承的话，几个孩子围了过来（图 3－9－6），他们都扭头看着我，看来他们很想知道这个问题的答案。

图 3－9－5　幼儿关注到灌木丛的叶子是绿色的

图 3－9－6　对常绿树产生疑问和兴趣

我：冬天到了，天气变得非常寒冷。大树妈妈为了保护自己身体里的水分不会过度流失，就会把身体内的水分锁住。失去了水分的树叶宝宝，身体变了颜色，被风一吹，落在了地上。到了来年的春天，攒够水分的大树妈妈又会长出更多的树叶宝宝。没有掉的树叶是因为它自己能够不让水分跑掉。你们可以摸一摸，感受一下这两种叶子的不同。

我刚说完，孩子们就迫不及待地伸手摸了摸两种树叶，争先恐后地说着自己的感受。

皓皓：落叶的树叶摸起来软软的，很舒服。

娇娇：柿子树叶像小乌龟的壳，滑滑的。柏树叶子细细的，尖尖的，小小的，还有点儿扎手。

我和孩子们一起上网查了查，原来叶子有的薄，有的厚。比较薄的叶子上面有一些小气孔，这些小气孔会让叶子里的水分蒸发、流失，叶子就会落下来。到了秋冬季节，落下叶子的树叫“落叶树”。比较厚的叶子，气孔较少，水分不容易流失，叶子就不会掉落。一年四季保持绿色的树叫“常绿树”。

教师反思

深秋时节，许多树都发生了变化，而这一变化是生活中常见的，常绿树和落叶树不仅符合季节特征，而且来源于幼儿的生活。《纲要》中指出，教育活动内容应该“既贴近幼儿的生活来选择幼儿感兴趣的事物和问题，又有助于拓展幼儿的经验和视野。”孩子们有着与生俱来的好奇心和探究欲望，他们的科学探究活动应从身边的事物开始。作为教师，我们可以引导孩子们关注周围生活和环境中常见的事物，发现其中的有趣和奇妙，保持他们的好奇心，让孩子们从身边的事物开始，真正地理解科学、热爱科学。

活动开始之前，我预想到孩子们可能会根据叶子颜色的不同来探究常绿树和落叶树。探究过程中，我引导幼儿通过触摸的方式感受两种树叶的触感是不一样的。孩子们动手触摸树叶之后，纷纷表达着自己的感受。这种探究方法为幼儿今后的探究活动积累了丰富的经验。

（四）小树保护行动（11 月 23 日）

随着冬天的降临，小朋友们都换上了厚厚的棉服。幼儿园的小树也脱下了一身的叶子，只剩下光秃秃的树枝。这个景象深深地触动着孩子们幼小的心灵，他们决定给小树穿上厚厚的冬装，帮助小树度过寒冷的冬天。

皓皓：我们怎样给小树“穿衣服”呢？

孩子们让我帮他们从网上查询给小树“穿衣”的方法。我把这些方法告诉了孩子们：可以给小树缠麻绳、刷石灰、套塑料袋、捆绑旧衣服等。

孩子们说干就干，很快行动起来，寻找需要的材料。糖糖找来了麻绳，暖暖找来了塑料袋，墨林找来了旧衣服……他们准备好材料之后，就出发了。

来到百果园，他们又犯起了难，这么多的树，该怎么给它们“穿衣服”呢？

我：小朋友们别着急，先拿着材料去比一比，看看哪种材料最适合小树。

经过尝试与比较，我们得出了结论：如果是小树，就用比较方便、容易操作的材料，像塑料袋。如果是大树，就需要多用一些材料，因为树干很粗，可以用麻绳和旧衣服缠绕或捆绑。

孩子们分好小组后，开始行动啦！

希希这一组的小朋友拿着塑料袋，专门给很小的树苗套上塑料袋。

我：万一风婆婆来了，把塑料袋都给吹跑了，怎么办啊？

乐乐：那就用胶带粘上。

我：好主意！

说着，他们又把班里的胶带拿了出来，我帮他们用剪刀把胶带剪成一段一段的。然后，他们把塑料袋套在小树苗上，再把塑料袋的袋口用胶带扎紧。

墨林这一组正在准备给柿子树“穿衣服”。他们准备的是麻绳，可是，该从上面往下缠，还是从下面往上缠呢？

我：墨林，你们选择一种方法先试一试，错了也没关系。

孩子们开始行动啦！可是，刚缠好的麻绳根本不在树上待着，总是掉下来。这时，我走过去，帮他们先将麻绳的一端系在树干上，这样就方便多啦！孩子们一圈一圈地缠着麻绳，不一会儿，就给柿子树“穿好衣服了”。

乐乐和希希正在用旧衣服给苹果树“穿衣服”（图 3-9-7）。因为苹果树太大了，不能像小树苗那样套塑料袋，旧衣服又太厚了，怎样才能把它固定在树干上呢？我给孩子们出了个主意。

我：希希，要不，你用墨林他们那组剩下的麻绳试试？

希希跑过去借来了麻绳。我帮他们把麻绳系在了树上，很快，苹果树也“穿上了衣服”。

“老师，这些树怎么没‘穿衣服’呢？”只见孩子们三三两两地围着山楂树和大柿子树。给大树“穿衣”源于幼儿的生活。因此，他们在活动中表现得非常积极。孩子们带着这个问题，去问保安爷爷（图 3-9-8）。

图 3-9-7 孩子们在给小树“穿衣”

图 3-9-8 向保安爷爷请教问题

保安爷爷很有耐心地给孩子们讲解着：“给树木穿上一层衣服能起到保温的作用，防止树木在冬季被冻伤。可是，常绿树、还有岁数大的树是不怕冻的。山楂树比较耐寒，也不怕冻。这样的树不用‘穿衣服’。”孩子们得知这一常识后，纷纷跑过来告诉我。我也顺势引导孩子们继续探寻。

我：那你们知道那些不用“穿衣服”的树叫什么树吗？

话音刚落，焦焦又跑去问保安爷爷。保安爷爷告诉他：“它们叫‘耐寒树’。”

孩子们非常感谢保安爷爷能告诉他们这么多知识。这次活动又让孩子们增长了见识，他们感叹着："原来树还有这么多种类啊!"

教师反思

生活中存在着许多有趣的科学现象，它们具体、直观、生动，时刻吸引着幼儿，激发着幼儿探究的兴趣和欲望。我们要善于发现这些有趣的科学现象，为幼儿创造条件，引导他们运用多种感官进行探究，在活动中获取知识和经验，体验发现的乐趣。

给树木"穿衣"的活动引发了孩子们的好奇心和求知欲，这也正是孩子们获得知识的驱动力。本次活动因为冬季天气变得寒冷，激发了幼儿对树木的同情心，他们决定帮助树宝宝"穿衣服"御寒，进而生成了有趣的教育活动。我认为这一活动非常有意义。

本次活动让我深深地感受到生活中处处蕴含着教育契机，需要我们时刻做个有心人，乐于深入幼儿生活，注意倾听他们的谈话，及时发现，恰当引导，才能达到教育的目的。

第四章　大班生活化课程案例

案例一　我们的花草纸

北京市棉花胡同幼儿园回龙观园　赵　阳

在区域活动环节，幼儿接触了新的手工创意制作形式“纸浆画”，就是把一张普通的卫生纸变成制作手工的材料，进行绘画创作，这让幼儿对纸有了新的认识。珂珂感叹着：“原来卫生纸还可以用来做手工呀！”日常生活离不开各种各样的纸，幼儿也在生活中积累了使用纸张的经验：从纸巾、纸盒到纸袋，从书籍、报纸到贺卡，纸是我们物质生活的必需品。《纲要》中指出，教育活动内容选择的原则是“既贴近幼儿的生活来选择幼儿感兴趣的事物和问题，又有助于拓展幼儿的经验和视野。”纸在生活中十分常见，贴近幼儿生活，具有趣味性、可操作性、多变性的特点，看似普通的纸却蕴含着很多的教育价值。造纸术是中国古代四大发明之一。纸是中国古代劳动人民长期经验的积累和智慧的结晶，它是人类文明史上的一项杰出发明与创造。当古法造纸与美丽的花草相遇，孩子们又会有哪些惊喜和发现呢？

（一）造纸初尝试（5 月 7 日）

为了体验造纸的过程，孩子们从家里带来了造纸的材料与工具，并利用区域活动时间进行尝试。大部分幼儿都非常愿意参加此次活动。活动分组开展，各小组之间分工明确、合作默契，有人负责撕纸，有人负责搅拌纸浆。纸浆完成后，有人负责端着漏网，有人负责舀纸浆（图 4－1－1）。最后，孩子们选择在窗边太阳照射最充足的地方晾干纸浆，等待成品——纸的出现（图 4－1－2）。这时，有一组幼儿将刚铺好的纸浆又倒掉了。

图 4-1-1　幼儿分小组制作花草纸

图 4-1-2　将铺好的纸浆放在窗边晾晒

我：你们有什么发现吗？为什么把铺好的纸浆倒掉呢？

隽隽：我发现这个纸需要撕得特别、特别小，才能让纸的表面更细。

彤彤：我舀了纸浆，往漏网上放的时候，总是一坨一坨的。我发现不能把纸浆直接倒在上面，要慢慢地把它铺平。

孩子们通过不断地尝试与调整，终于铺好了平整的纸浆。

第二天，孩子们刚一来园，就兴冲冲地跑到窗边，看看纸怎么样了。结果，隽隽的纸还没干，他很疑惑。这时，玥辰也走进了教室，她得知隽隽的纸没干，赶紧跑到自己做的纸前，摸了摸，发现自己的纸干了。隽隽气馁地拿着纸来问我："老师，为什么我的纸还没干？"我便问他："你和玥辰的纸比对一下，看看有什么区别。你觉得为什么没干呢？"隽隽看了看，发现自己做的纸有点儿厚，估计还得晾晾。下次，他准备做一张薄一点儿的纸。

第二天区域活动时，孩子们又尝试了一次，终于做出了自己满意的作品。大家看到有个小朋友带来的花草宣纸，都很好奇，这张纸里面的小草是怎么放进去的。他们都觉得放入小花、小草，纸变得更好看了。这时，很多孩子都围过来问我："我们能在造纸的时候，加入花草吗？"我说："当然可以了。"孩子们得到了我的鼓励后，便利用户外活动时间去林地搜集小野花和小草。

教师反思

在孩子们对造纸活动产生兴趣后，为了满足幼儿想要亲手造纸的愿望，我利用区域活动时间，引导幼儿收集造纸的材料和工具，通过小组分工，合作尝试制作纸张。我很感动孩子们在实验造纸的过程中，遇到问题后能相互讨论，通过实际操作与尝试，总结出造纸时要把纸浆均匀地铺在漏网上面、纸浆要铺得薄一点儿、再拿出去晾晒等好的造纸经验。这些经验的获得不是教师告诉他们的，而是他们在亲自实践和积极探索中自己总结出来的。这不正是幼儿活动过程中的自主学习与发展吗？

孩子们在不断地尝试下，成功地制作出纸张，在此过程中，提高了幼儿自主解决问题与小组合作的能力。孩子们在制作纸张之余，发现其他幼儿带来的花草宣纸很有意思，便想尝试自己制作花草纸。有了这个想法后，孩子们便利用户外活动时间去林地收集小野花和小草，准备利用区域活动时间再次尝试制作花草纸。

（二）初探花草纸（5 月 10 日）

幼儿利用户外活动时间，来到林地，采摘了很多小野花，还捡了一些掉落在地上的叶子，兴奋地拿回班里。到了区域活动时间，三个小朋友结成一组，每组一个盆。孩子们开始撕纸，把碎纸放进盆里，准备制作纸浆。有的小组选择的是将小花和叶子撕碎，放入纸浆里搅拌；有的小组是把纸浆平铺好之后，再将小花和叶子铺在上面。孩子们都在认真地制作花草纸（图 4－1－3）。第二天，孩子们来察看结果。团团发现放在纸上面的小花变黑了，小花周围的纸也都变黑了；珂珂发现他们组的纸没有变色，但是放进去的小花和小草都看不见了，不知道哪儿去了。

我：你们觉得为什么会这样呢？

彤彤：我觉得看不见小花和小草，是因为小花和小草放得太少了。

佳佳：这个小花看起来像蔫了，就像咱们植物角的茉莉花，从白色变成了黄色。

孩子们为了更好地解决遇到的问题，提出想要看一看花草纸制作过程到底是怎样的。因此，我们在区域分享时间观看了制作花草纸的视频。孩子们通过观看视频发现，原来制作花草纸用的是干花，不是新摘下来的花，所以视频中做的花草纸没有变色（图 4－1－4）；还有的小朋友发现，视频中是将花瓣摆出好看的图案后，再把纸浆一点儿一点儿地放在花瓣上，这样纸干了之后，花瓣就不会掉下来了；一些小朋友认为要往纸浆里面多放一些碎花和碎叶子，才会更好看。于是，孩子们在激烈的讨论之后，决定利用户外活动时间再去林地采摘一些小花和小草，拿回来制作成干花，再用它制作花草纸。

图 4－1－3　第一次尝试在纸浆里加入花草

图 4－1－4　晾晒后，发现纸张和小花、小草变黄、变黑

教师反思

在今天的活动中，孩子们通过自己的猜想和设计，第一次尝试制作了花草纸，结果却

失败了，遇到了花变黑、纸张变黄的问题。整个活动过程中，我只是一名辅助者。在孩子们第一次动手制作花草纸时，我并没有提前让他们学习制作方法，而是通过孩子们的猜想与讨论，让他们自己进行尝试。虽然第一次制作花草纸失败了，但是孩子们的兴趣始终高涨。他们主动提出想要观看制作花草纸的视频，了解详细的制作方法，最后通过总结与讨论，得出了解决问题的好办法，期待着下一次的尝试。可见，失败可以触发幼儿深度学习与思考，失败会为幼儿成功的道路提供最好的动力。虽然不知道他们的想法是否真的能够实现，但我还是继续为他们提供不同的材料和机会，支持他们深入探究。

（三）制作干花，再尝试（5 月 15 日）

孩子们商讨完制作干花的办法后，来到了林地，开始寻找并收集小花、小草（图 4－1－5）。他们收集完花草后，赶快拿回班，选了几本厚一点儿的书，垫上卫生纸，将花瓣、叶子一片一片地、整齐地摆好，然后把书合起来（图 4－1－6），放到玩具柜下面压住。过了两天，孩子们迫不及待地打开书，一片片纹理清晰、颜色鲜艳的干花、干草就做好啦！在这个过程中，幼儿发现，得小心一点儿拿取干花、干草，如果太过用力，干花和干的叶子就会碎掉。孩子们经过努力，制作了大量的干花、干草，看着自己的成果，他们露出了喜悦的笑容。

图 4－1－5　幼儿在林地收集花、草

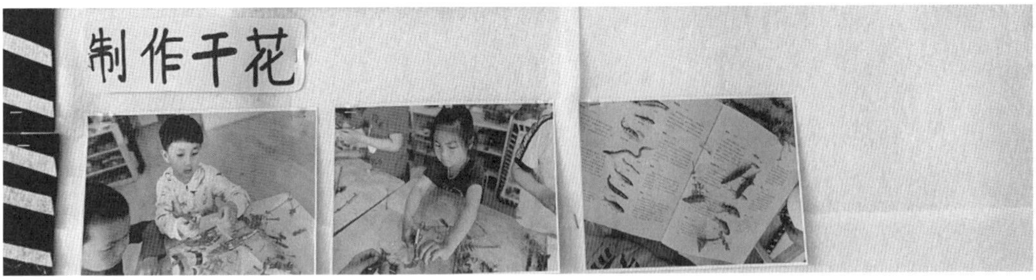

图 4－1－6　幼儿将花、草夹在书里，制作干花、干草

孩子们将已有经验与新经验相结合，探讨、商量制作干花的方法，并且能够按照自己的方法进行操作。在此过程中，幼儿通过不断地尝试，找到了更好的操作方式，并且能够小组合作完成制作干花、干草的任务。作为教师，我的主要任务就是在活动中随时引导孩子、激发孩子保持对活动的兴趣和热情，满足他们的需要，让活动更好地开展，大胆放

手，让孩子们自主操作，得到了意想不到的惊喜。接下来，孩子们将用做好的干花第二次尝试制作花草纸。

5 月 17 日当天，干花制作完成。孩子们决定再次尝试制作花草纸。他们把棉花团一样的纸浆撕成小小的碎片，放入水中，不断地搅拌，直到纸屑逐渐化开，变成黏稠的湿纸浆（图 4－1－7）。他们还模仿视频中老师的造纸方法，拿起抄纸框，将它沉入纸浆中，再缓缓捞起。有的孩子把抄纸框捞起后，直接把小花洒在了纸浆上（图 4－1－8）；有的孩子按照自己想要的图案拼摆花草，再用少量纸浆固定花草；有的孩子把花弄碎，直接放入纸浆中搅拌，然后再用抄纸框全部捞起。经过多次尝试，孩子们已经可以做出十分美丽的花草纸了。孩子们发现做出来的花草纸不仅好看，还很香。

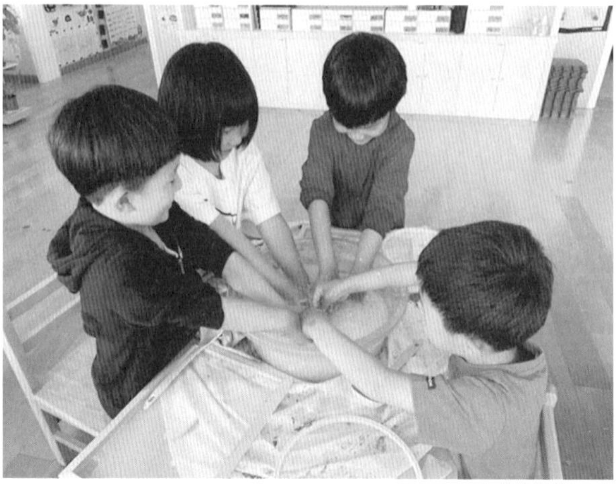

图 4－1－7　幼儿分组，合作制作花草纸

图 4－1－8　制作花草纸的步骤之一：撒花

他们从制作花草纸的经历中体验到了成功的喜悦，继而萌发了想做更多种类花草纸的愿望。在此期间，孩子们收集了很多花花草草，还尝试在纸浆中加入颜料，制作成彩色的花草纸，并相继做出了各种各样的花草纸，有树叶纸、晕染花草纸、野菊花纸……在活动中，孩子们经常聚在一起，交流制作花草纸的经验，同伴之间的相互合作也激发了幼儿更多的创作欲望。他们不仅关注花草纸的种类，也关注花草纸的颜色搭配、图案设计等问题，在不断的探索中丰富着自己的造纸经验。

毛毛在制作花草纸的过程中，先是把刚舀完纸浆的花草纸平放在桌布上，然后，在花草纸上粘贴干花。粘贴完后，他刚拿起来准备去晾晒，结果发现纯白的纸张被染上了桌布的颜料，因为纸浆的水分较多，变成了晕染效果的彩色纸。我本以为毛毛会不开心，没想到毛毛却眼前一亮。

毛毛：老师，你看，我的纸变成彩色的了，好漂亮啊！

毛毛的话吸引了很多小朋友，他们围了过来，都想看看彩色的花草纸是什么样儿的。

糖糖：我也想做彩色的花草纸，感觉彩色的更漂亮啊！

孩子们畅所欲言，说出了很多给纸张上色的方法，都迫不及待地想要尝试。也有一部分小朋友就喜欢白色的纸，选择不上色。最后，孩子们自己安排制作时间，准备了各种需要的材料，利用喷洒颜料、用笔互相敲击滴色、晕染、点画等多种不同的方式（图 4－1－9），将自己的花草纸变成了颜色丰富且更加生动的花草纸（图 4－1－10）。

图 4－1－9　再次制作花草纸

图 4－1－10　晾晒二次制作的彩色花草纸

教师反思

一次偶然事件让孩子们发现花草纸可以不是白色的，变成彩色的，也非常好看。偶然事件发生后，幼儿不仅没有失落，反而从中发现了制作彩色花草纸的方法，并结合自己已有经验进行商量和讨论。在谈话活动中，孩子们大胆地表达着自己的想法。教师要做的就是支持孩子们的想法并主动配合。因为有了孩子们的奇思妙想，花草纸变得更加生动和精美。孩子们能将自己的想法付诸实践，这也更好地提高了他们统筹、计划和探究的能力，充分体现了他们的探究精神和创造力。

花草纸制作完成后，我问孩子们想用花草纸做什么。

我：我们制作的花草纸可以用来做什么呢？

甜甜：我们把花草纸装裱起来，进行展览或拍卖，大家一定都很喜欢。

乐乐：不是要给医院的小朋友们捐款了吗？好希望生病的小朋友能够看到我们的作品啊！

因为幼儿园每年都会将画展拍卖的钱捐给医院生病的小朋友们，所以孩子们制作完花草纸之后，不仅想捐献拍卖作品获得的钱款，还想把自己亲手制作的花草纸也一并送给生病的小朋友们，用来装饰他们的病房。

（四）爱的行动（6 月 28 日）

花草纸作品完成后，为了迎接即将到来的画展拍卖活动，孩子们对自己的作品进行了精心的装裱。

乐乐：好希望生病的小朋友也能看到我们的作品啊！

珂珂：嗯，他们长时间待在病房里，要是能看到咱们幼儿园的小花就好了。

乐乐：那我们能不能留几幅作品，直接送给他们呢？

当得知孩子们赠画的想法时，我很感动他们能为患病的孩子着想。我们了解到募捐的对象是两位生病的小朋友，便开始讨论哪些作品适合留下。珂珂表示栀子花的花语是永恒的爱，可以送给生病的小朋友这种很有爱的作品。我们决定投票选出四幅全班幼儿最喜欢的作品，直接送给生病的小朋友，挂在他们的病房里，让他们时刻都能感受到我们的祝福，让空气中弥漫着爱的味道。

在作品拍卖时，家长们看到孩子们制作的花草纸，都夸赞作品特别有创意！经过一番激烈的竞拍，最终筹得善款 580 元。出发去医院之前，孩子们充满爱意地表达了他们的想法。

毛毛：我会定期请妈妈问一问，他们的病好了吗？

乐乐：（虽然）我们毕业了，但是中班和小班的弟弟、妹妹们明年也会举办画展，可以继续给他们送礼物。

宽宽：把咱们的演出节目分享给他们吧，让他们一同感受长大的快乐。

孩子们将自己表演的节目录制成视频，分享给生病的小朋友。2021 年 6 月 30 日，我们棉花棒棒堂的老师、小朋友和家长代表们满载着全园幼儿的爱心，前往北京京都儿童医院进行了捐赠活动（图 4－1－11）。来到医院后，大家在捐赠爱心的同时，也纷纷为生病的小朋友送上了祝福。看到生病的小朋友对美丽的花草纸很感兴趣，大家都很高兴。最后，我们派桐桐上前为大家进行介绍。

桐桐：希望花草纸能带给大家美好的祝福，能让大家随时感受到大自然的美好，想起棉花棒棒堂的小朋友。

捐赠活动结束后，棉花棒棒堂的老师、幼儿及家长代表们与医院的医护人员、生病幼儿一起合影留念（图 4－1－12）。

图 4－1－11　去儿童医院献爱心

图 4－1－12　医护人员和小朋友们合影留念

教师反思

爱的故事感动着家长，也影响着孩子们。我们以为捐赠活动就这样结束了，却惊喜地收到了生病的小朋友用我们送的画笔绘制的一幅画，他们用自己的方式向棒棒堂的孩子们表示感谢。患病孩子的家长还给我们写了一封感谢信，信里写道："爱让我哽咽得说不出话来，爱让我感动得流下了泪水，爱能净化周围的空气，扫除心中的阴霾，能让我们拥有好心境，坚强、努力地踏上坎坷不平的抗病魔之路……"

孩子们在这个过程中感受着爱、懂得了爱、传递着爱，经历了一次饱满的育心旅程。育人先育心。我将继续践行爱的教育，让爱的种子在孩子们的心里生根、发芽，让爱在空气中弥散，让爱滋养孩子们的心灵。

（本文为北京市昌平区教育科学"十四五"规划2021年度课题"基于'棉花文化'，建构'相惜至爱'园本课程的实践研究"的研究成果，课题批准号：CP-BFG2021044）

案例二　小金鱼的新家

北京市棉花胡同幼儿园回龙观园　周　港

立冬后，天气开始变冷，幼儿园林地里的小池塘也在慢慢地发生着变化。户外自主游戏时间，大四班的小朋友们被池塘里的小金鱼深深地吸引，产生了极大的探究兴趣。于是，他们蹲在池塘边观察着、讨论着。

为了满足幼儿的兴趣，支持他们对池塘里小金鱼的探究，培养幼儿关注周围环境、亲近大自然、珍惜自然资源、珍爱生命的品质与能力，我们与幼儿进行讨论，最终决定开展与园本课程“相惜至爱”有关的主题活动“小金鱼的新家”。我们结合大班幼儿的年龄特点，为幼儿提供时间、空间、材料与更多的机会，引导幼儿深入学习与探究，鼓励幼儿在此过程中不断地尝试、实践、表达与调整，丰富幼儿的认知经验，回应着幼儿的兴趣与需求，引导幼儿将已有经验与新经验相结合，带领幼儿不断地进行深度学习。

（一）池塘里的小鱼怎样过冬（11 月 9 日）

户外自主游戏时间，大四班的小朋友们被池塘里的小金鱼深深地吸引，他们蹲在池塘边，持续地观察、议论着（图 4－2－1）。我关注到幼儿的兴趣，便提出了一个问题。

图 4－2－1　幼儿围着小池塘观察、议论着

我：孩子们，你们都围在池塘边，有什么发现吗？

楷楷：我发现池塘的水冻冰了，薄薄的一层，一碰就化了。

沫沫：小鱼都不见了。我们之前看的时候，它们还在水里游呢！

我：小鱼为什么会不见了呢？

浩浩：我看到小金鱼都钻到小池塘底下的淤泥里了。因为天气太冷，小鱼要过冬了，所以才会躲到泥里面。

帅帅：小金鱼在水里也会特别冷，它们会不会被冻死呀？

听了帅帅的话，小朋友们又七嘴八舌地说起来。小池塘里的水比较浅，天冷的时候，水就会冻成冰。大家都开始担心小金鱼的安危，想为它们做点儿什么来保护它们。

教师反思

我惊叹于幼儿对周围环境的观察与发现，也惊讶于幼儿能够围绕着发现的问题以小主题的形式进行讨论并分享自己的想法。

同时，我察觉到幼儿对小金鱼流露出的关心和爱护，并通过提问引发幼儿观察与思考。孩子们结合自己的生活经验得出结论，认为是天气冷的原因，小金鱼才没有像之前那样在水里游动，而是躲到了小池塘底部的淤泥里。孩子们发现了气候变化对小金鱼生活状态的影响，进而激发了他们想要保护小金鱼安全过冬的愿望，开始了大四班幼儿与小金鱼的一段友爱之旅。

我知道开展主题活动要基于幼儿的实际生活和原有经验，还要符合幼儿的兴趣，相信幼儿是有能力的学习者，他们会自主探究，成为活动的主导者。因此，我没有干预幼儿，只是提出了关键性的问题，引导幼儿继续观察和思考，推动幼儿深度探究与学习。

我观察与倾听幼儿的讨论后，发现幼儿的认知经验还有一定的差异。于是，我利用过渡环节再次提出关键性问题，组织幼儿讨论，借此了解幼儿的不同想法。

（二）如何帮助小鱼过冬（11 月 9 日）

回到班里，孩子们仍在讨论他们观察到的小金鱼。

我：咱们大四班的小朋友们都很有爱心，想帮助小金鱼过冬，你们有什么好办法吗？

帅帅：可以把小金鱼放到一楼大厅的鱼缸里。

沫沫：可以把小鱼带到班里，冬天班里有暖气，很温暖。也可以把小鱼带回家，大家轮流照顾它们。

我：这些方法可行吗？

接下来的讨论又产生了新的问题。

楚楚：大厅的、班里的和家里的鱼缸都放不下所有的小鱼，小金鱼会舍不得妈妈，妈妈也会想念它们。

龙珠：小鱼一直都住在小池塘里，离开池塘，它们可能会不适应，甚至会死掉。

我：那有什么办法能让小鱼既不用离开它们的家，又能安全过冬吗？

这个问题一时间让孩子们都陷入了沉思。几分钟后，龙珠提出了她的想法。

龙珠：我们可以给小鱼盖一座房子，就是那种塑料房子。冬天，爸爸、妈妈带我去塑料房子里摘过草莓，里面很暖和的。

大家都觉得这是个好办法，因为这样小鱼既不用离开池塘，也不用担心受冻了。

教师反思

在我的提问与引导下，幼儿愿意想办法帮助小金鱼过冬，也想出了很多保护小鱼的方法。因为这是幼儿感兴趣的话题，所以可以调动幼儿的积极性，幼儿能够积极地参与讨论。在与同伴的讨论中，幼儿不断思考，能从小鱼过冬的实际问题和需要出发，结合自己的生活经验，选出他们认为最好的办法——为小鱼建一座塑料房子。这说明幼儿已经掌握了一些冬季保暖的常识和相关经验。这些常识与经验的获得不是教师告诉他们的，而是他们在亲身体验、探索中、讨论中自己总结出来的。这不正是幼儿在主题活动中的学习和发展吗？

当然，从这次讨论中，我们也不难发现，幼儿不满足于现状，愿意进一步做一些事情来帮助小金鱼，体现了他们勇于接受挑战的意志品质。幼儿不断地思考与回忆自己的相关经验，同时也在讨论中不断地分享自己的想法、倾听同伴的想法，将自己的想法与同伴的想法相结合，从而设计出帮助小金鱼过冬的最佳方案，这也是本次活动的神奇之处！在此过程中，幼儿总有机会跟能力不同的同伴交流、学习，实现了与他人交流、沟通的社会性发展目标，提高了自己的语言表达能力与社交能力。

我想，既然幼儿已经有了给小金鱼建房子的想法，或许可以继续引导他们思考建造房子需要做的一些事情，鼓励他们针对目标制订切实可行的计划，这将有助于他们深度学习，获得更多的发展。

（三）怎样为小鱼搭建塑料房子（11 月 11 日—17 日）

1. 收集材料，做好准备。

为小金鱼搭房子的计划进入准备阶段。我继续提问并引导幼儿。

我：你们知道搭建塑料房子需要准备什么材料吗？

幼儿根据有限的生活经验，只能说出需要塑料布和竹竿。为了让幼儿对塑料房子的结构有一个充分的认知，我带着幼儿参观了幼儿园的育苗棚。通过细致观察，幼儿了解到，搭建塑料房子除了需要塑料布和竹竿以外，还需要捆绑竹竿的绳子、固定塑料棚的土袋子等材料。

回到班里，大家又进行了讨论。

航航：为小金鱼搭建的塑料房子还应该有门和窗户，这样小金鱼才能透气，不会缺氧。

六六：我们可以先画一张设计图，按照设计图搭一座房子的模型，就像飞机有模型一样。可以用树枝、保鲜膜做塑料房子的模型，还有房子的门。这样，我们就能看着模型，搭一座真的塑料房子啦！

我请六六把房子模型先画下来。离园环节，我又与六六的家长沟通，让家长了解我们的活动计划和对幼儿的发展价值，六六的爸爸特别支持我们的活动，答应周末带着孩子一起做塑料房子模型。

周一，六六早早地来到了幼儿园，带着他和爸爸制作的房子模型（图 4－2－2）。其他小朋友都很好奇六六的房子模型是怎么做的。六六说他的房子模型是用竹竿、保鲜膜和绳子制作的，还加了门和锁，这样既保暖，又安全，小鱼还不会丢。

图 4-2-2 鱼棚房子模型

我：那具体的做法是什么呢？

六六：我和爸爸先在网上查看了塑料房子的图片，然后准备材料。我们先用卡纸做了房子的底部，然后把大的竹竿变成小的。爸爸把它们弯成半圆形，然后一个一个地支撑好，把保鲜膜盖在上面，再用绳子绑好。

通过制作模型，孩子们初步了解了搭建塑料房子需要的材料、房子的结构和制作步骤。房子模型做好了，新的问题又出现了：怎样寻找为池塘小鱼搭建房子的材料呢?

我把这个问题抛给了孩子们。嘟嘟说："有的材料幼儿园就有，我们户外活动的时候可以找一找。如果没有，我们回家让爸爸、妈妈帮忙找。"为了争取家长的配合，我把征集材料的通知发到了家长微信群里，邀请家长参与我们为池塘小鱼搭建大棚的活动。家长们都觉得这是一个有趣又有意义的学习活动，纷纷把家里的绳子、袋子、塑料布等带到了幼儿园，积极配合这次活动。

我带着孩子们在幼儿园的林地找到了竹竿、木板和铲子、小铁锹等搭建房子用的材料和工具。我们又请后勤老师拿来了大块的塑料布和更多搭建用的工具。就这样，在大家的帮助下，搭建鱼棚的前期准备工作完成了（图 4-2-3）。

图 4-2-3 幼儿寻找并运输材料

2. 搭建房子，边做边学。

一切准备就绪，终于要开工啦！搭建房子，对幼儿来说，可是一个大工程，大家都很兴奋。因为有些工作，孩子们不能独立完成，所以我们还邀请了园长妈妈和后勤老师过来帮忙。

在老师的引导下，孩子们基于参观育苗棚和制作房子模型的经验，根据搭建房子的步骤进行了分工，组建了挖土组、凿坑组、立杆系绳组、盖塑料布组、运土袋组五个小组。挖土组负责挖土，把土装进袋子里，系好口；凿坑组负责在小池塘四周的地上凿坑，这些坑用来立竹竿和木板；立杆系绳组负责把竹竿和木板埋进坑里，搭建房子的框架结构，再系绳子固定；盖塑料布组负责将塑料布盖在房子的框架上，把房子围起来；运土袋组负责将土袋运到池塘周围，压在塑料布上，起到加固的作用。

在行动过程中，孩子们遇到了很多问题，老师们通过启发式提问、榜样示范、鼓励幼儿大胆尝试、提供建议、请幼儿向后勤老师寻求帮助等方式，支持幼儿学习。例如，挖土组发现地冻住了，不好挖土。

我：我们有什么办法可以解决这个问题呢？

楚楚：需要一个大大的，还得是硬硬的东西来挖土。

于是，孩子们求助于后勤老师蔡师傅，蔡师傅给他们拿来了一把大铁锹。

航航：我们力气太小。需要几个人一起拿着铁锹往下挖。

于是，孩子们和老师一起用铁锹挖出了许多土（图 4－2－4）。

由于袋子里装得土太多，运土袋组的孩子们都拿不动了。

我：一个人拿不动，有没有其他办法呢？

嘟嘟：我们可以少装一些土，或者是几个小朋友一起抬着土袋子，这样就能拿得动。

孩子们有的两三个人一起抬着土袋子走，有的用小拉车拉着走，问题迎刃而解。

凿坑组挖了好久，坑还是太小，竹板插不进去。我鼓励孩子们尝试用不同的工具凿坑，比较一下效果。后来，孩子们发现用铁锤砸出来的坑是长方形的，还特别深，非常适合插竹板。

立杆系绳组的小朋友们系的绳子总是开。

我：怎么办，孩子们？怎样才能系住绳子，让它不开呢？

大宝：园长妈妈告诉我一个系绳子的好方法，就是把绳子绕着杆子转圈、转圈、再转圈，然后再系上，要系得紧紧的，这样系的绳子更结实。这是我学会的新技能。

孩子们学会后，互相分享，互相帮助，绳子很快就系好了（图 4－2－5）。房子的框架搭建好了，盖塑料布组的小朋友又发现了新问题。

我：鱼棚搭建好了。可是，我们刚刚不小心推了一下，发现它还是晃动，一点儿也不稳。如果刮风、下雪，它可能会塌了吧！

我带着幼儿讨论让房子更牢固的方法并提出问题："怎么做才能让房子更牢固？可以用什么工具和方法？"经过讨论，幼儿决定用更多的绳子缠住架子，让架子更牢固；还可以用更多的土袋子压住地上的塑料布（图 4－2－6）。

图 4-2-4 幼儿合作挖土、装袋

图 4-2-5 为竹竿系绳子

图 4-2-6 合作扎好土袋子的口

教师反思

这一次，幼儿尝试着自己进行分组，讨论非常激烈，每个人都表达了自己不同的想法，最终确定了一个大家都认可的分组方式，明确了每个小组的任务，并尝试制订计划。在制订计划的过程中，幼儿用绘画的方式设计出塑料大棚的样子，初步形成了设计图，并进一步细化了各个部分。幼儿根据自己的生活经验、前期的调查结果及进一步的现场观察，大胆地讨论着如何帮助小金鱼过冬的方案并最终确定。同时，幼儿在家长的帮助下制作了塑料大棚模型。在寻找和运送材料这一点上，幼儿通过自己的努力再次分工合作，加快了运送材料的速度。

接下来，幼儿自由分组，亲自搭建塑料大棚，具体参与搭建大棚的其中一个步骤。幼儿在搭建大棚的过程中发现了很多实际问题，并且尝试着解决问题，实在解决不了的问题，也会向他人寻求帮助。之后，幼儿在成人的帮助下，还一起尝试着将塑料布铺在架子上，为大棚制作了门窗，不断地完善着搭建的大棚，想要给小金鱼一个完整、坚固、可以安然过冬的家。

塑料大棚终于搭建成功了，小金鱼有了新家。虽然过程中遇到了很多的问题，但是幼儿通过自己的努力都一一解决了，体验到了参与活动的乐趣与成功的喜悦。这也反映出幼儿在主题活动中不断地拥有新的兴趣点，活动的难度逐级上升，越来越有挑战性。幼儿始终坚持着，没有放弃，他们的经验也在不断地增长，解决问题的方法层出不穷，这充分体现了他们的探究精神和创造力。

建造好的塑料房子到底能不能为小金鱼提供温暖的过冬环境，让小金鱼顺利地度过这个寒冷的冬天呢？我想，我还要继续引导孩子们，与他们一起观察，为他们提供深入探究的机会。

（四）塑料房子里面和外面有什么不一样（11 月 18 日—12 月底）

给池塘小鱼过冬的新房子终于建好啦！小朋友们每天都要去房子那里转一圈儿。我引导着他们观察塑料房子里发生的变化（图 4-2-7）。

图 4-2-7 塑料房子里的大发现

我：你们在塑料房子里有什么发现吗？里面和外面的环境有什么不一样？

楷楷：有了塑料房子之后，我发现池塘表面冻着的冰都融化了，可以用手拿起来。

大彬：房子里面的温度升高了，比外面暖和多了。看看咱们放的温度计，上面显示塑料房子里的温度是17℃了。

帅帅：那个塑料布上都是哈气，上面有好多的小水滴滴下来。

靓靓：池塘里的荷叶都长得好好的，没有被冻死。

芊芊：之前池塘边的小草是枯萎的。现在，小草又长出来了，变绿了。

棋棋：塑料房子里的土地也变得更湿润了，而且是软软的。

沫沫：小金鱼再也不怕被冻死了。我们整个冬天都可以见到它们。明年春天，它们还能开开心心地在小池塘里游来游去的。

教师反思

塑料大棚建好后，孩子们满怀兴奋与喜悦之情，对塑料房子和小鱼进行了细致的观察，他们还在担心房子是否能起作用，能否帮助小金鱼度过寒冷的冬天。因此，他们每天都要去塑料大棚里看一看，持续观察小金鱼的变化及新家的变化，他们把小金鱼当成了自己的朋友。当确定房子确实起到了保温的作用时，他们更加开心了。

我想，这不正是从幼儿的生活、兴趣入手，让幼儿在活动中深度学习吗？同时，活动也在不断地滋养幼儿，从而达成相关的活动目标。

虽然房子搭建好了，也起到了保温的作用，但是幼儿对小金鱼的爱与关注并未消失。随着新年及季节的变换，他们也在想着小金鱼。于是，更多的活动继续开展着。

（五）珍惜生命，让爱绵延（第二年1月—6月）

新年将至，大四班的幼儿想和池塘里的小金鱼们一起过新年。他们用自己亲手制作的拉花、“福”字、窗花装饰着小金鱼的新家，让小金鱼的塑料房子充满了年味和美好的祝福。

寒假结束，冬去春来。开学的第一天，孩子们就迫不及待地来到小池塘看小金鱼。他们还收集了鹅卵石、小海螺、贝壳、荷花种子等，放进池塘里。春天来了，天气越来越暖和了，塑料房子里很闷。孩子们担心房子里温度过高，会让小金鱼不舒服，决定动手拆掉鱼棚，再为小金鱼建造春天的家。

还有的小朋友提出了更多的设想。

棋棋：夏天，我们再给小鱼搭个小棚子吧！这样，小鱼就不会被晒到了。

天泽：我们马上就要毕业了，小金鱼怎么办呀？我好舍不得它们。

大宝：我们去请中班的弟弟、妹妹们来帮忙吧！他们也一直在观察小金鱼，他们一定愿意帮助我们的。

教师反思

在这个过程中，幼儿从观察到行动，不断地为小金鱼建造舒适的家，与小金鱼建立了深厚的感情。在教师的支持下，他们利用公众号、视频、海报等方式，向身边的人宣传大四班小朋友和小金鱼的故事，让更多的人关注和爱护小金鱼。

孩子们不断地积累新经验，在新经验的支持下，遇到的难题也迎刃而解。他们开启了一轮又一轮的深度学习，进一步提高了解决问题的能力。我深刻地感受到恰当的主题、适时的等待、支持性的环境与材料、给予幼儿权利及有针对性的引导是多么的重要。

（本文为北京市昌平区教育科学“十四五”规划2021年度课题“基于‘棉花文化’，建构‘相惜至爱’园本课程的实践研究”的研究成果，课题批准号：CP-BFG2021044）

案例三　林地有多少棵树

北京市棉花胡同幼儿园回龙观园　刘玥彤

幼儿园有一片占地面积为 5 000 平方米的小树林，是孩子们最喜欢的游戏场地之一。孩子们在林地里嬉戏，采摘、品尝果实，在持续地与树互动的游戏中开始关注这些树。一天，我们在林地里漫步。有个孩子发出了感慨："林地里的树可真多啊！到底有多少棵树呢?"这个问题引发了很多幼儿的猜想。

满满：我猜有 40 棵。

哈哈：我猜有 30 棵。

我发现孩子们虽然对树的数量这件事比较感兴趣，但没人提起如何解决这个问题。

我：那我们怎么知道到底有多少棵树呢?

多乐：咱们去数一数，就知道了。

多乐的话得到了全班幼儿的认可。在多乐的倡议下，孩子们的数树活动开始了（图 4-3-1）。

图 4-3-1　幼儿在林地里观察树、数树的数量

（一）商定数树的方法（5 月 7 日）

孩子们按照自己的想法来到林地，对着树数啊数，他们很想把树的数量数清楚，但是

受到数数经验的限制，活动一开始就遇到了困难。

睿睿：我已经数糊涂了。有的树，我数完之后就忘了，可能又数了好几次。

满满：我数了好几遍，可是我数不清，树太多了。

圈圈：这么多树，怎么数啊？

我：那有没有什么好办法，能让我们知道到底有多少棵树呢？

嘟嘟：我有好办法，咱们拿根笔，数完一棵树之后，就在树上写上相应的数字。

嘉钰：不行，你那样做，树会不舒服的。我不同意你往树上写数字。

语涵：我觉得可以在每棵树上贴一块胶布。数的时候，看见树上有胶布，就不再数了。

骁胤：不行，胶布有黏性，胶布撕下来时，树皮也会掉下来。这样，会伤害树，不能这样做。

满满：那就带一张纸，把纸放在树旁边的地上，见到纸，我们就不数了。

语晨：那纸丢了，怎么办？

俊俊：用咱们班的小木棍。把小木棍插在树旁边，小木棍不会丢。

我：你们打算插在什么地方？

嘉钰：木棍不能插在树的根上，那样，树会疼的。

骁胤：不能插得太深，那样，会挡住小动物的路。

旭宸：不要插在草丛里，那样，别人就看不见了。

淇元：一棵树下面只能插一根小木棍，如果插多了的话，就乱套了，就不能准确地数出来有多少棵树了。

我：那我们怎么能知道一共有多少棵树呢？

囡囡：插之前，先数一下木棍的总数。然后，我们去插木棍，每棵树一根棍儿。插完之后，看看还剩多少根木棍，我们就知道插了多少根木棍，总共有多少棵树了。

孩子们经过举手表决，同意用插木棍方法数树的人数超过半数，有 20 个小朋友同意（全班共 28 人，当天出勤 25 人）。最后，大家决定用插木棍的方法来数树（图 4－3－2、图 4－3－3）。

图 4－3－2　幼儿演示插木棍数树的方法

图 4－3－3　幼儿插好的木棍

教师反思

“数树”这个活动源于孩子们对“林地有多少棵树”的好奇。我要做的事情，就是在他们遇到困难时给予支架式的帮助，比如，当他们“数不清树”的时候，我提出问题来启发幼儿思考更好的办法。当孩子们想到用“木棍”来数树的方法，但没有聚焦树的总量时，我再次用启发性提问来帮助他们聚焦“关键问题”，和他们共同确认数树的方法，让他们对“数树计划”始终保持兴趣，做好数树前的经验准备。

（二）第一次数树：“插木棍数树法”（5 月 8 日—11 日）

1. 插木棍数树（5 月 8 日）。

全班共收集了 44 根木棍。孩子们按照前期的想法，利用户外活动时间跑到林地里去插木棍（图 4-3-4）。才过了不到 10 分钟，他们纷纷跑到我的身边，说：“老师，我们没有木棍了，可是还有一些树的树坑里没有插木棍呢！”

我：你们打算怎么办？

桐桐：回班再找一找。

囡囡：班里已经没有了，咱们去别的班问问吧！

于是，孩子们去了大一班和大三班，又收集来 71 根木棍。孩子们又跑回林地，继续插木棍，可是林地里的树实在太多了，新收集来的木棍很快又用光了。因为有了之前的经验（木棍收集得比较少，不够用），这次，孩子们决定多去几个班收集木棍。他们一共去了 8 个班。因为这次收集的木棍实在太多了，为了方便数清木棍的数量，他们把木棍 10 个一把地放在地上，但他们还是数不清。于是，他们请老师帮忙数（图4-3-5）。最终，得出这次一共收集到木棍 235 根。这时，已经到了吃晚饭的时间，看着孩子们的热情不减，我们商量着：等吃完晚饭后，让孩子们利用放学时间，和家长一起到林地去，将木棍插进没有木棍的树坑里。

图 4-3-4　孩子们通过插木棍的方法数树

图 4-3-5　孩子们和教师一起统计木棍的数量

这次，孩子们一共用了226根木棍。他们和教师、家长们一起用计算器当场计算起来，加上前两次插的44根和71根，孩子们确认总共插了341根木棍，即林地里有341棵树（图4-3-6）。

图4-3-6 孩子和家长们一起插木棍

2. 遇到困难与解决办法（5月11日）。

周一来园后，孩子们都嚷着想去林地看看。一到林地，彤彤、佑佑等几个孩子发现，有些树的树坑里竟然插了两三根木棍。囡囡发现有的树坑里根本没有木棍（图4-3-7）。俊俊还发现他原来插的木棍都不见了。多乐有些气愤。

多乐：说好了的，一个树坑里只能插一根木棍，放多了，就不对了！

轩轩：为什么有的树坑里有好几根木棍呢？

圈圈：因为周五放学时，有的小朋友太着急回家，没仔细看，就插错了。

多乐：我周五晚上有英语课，怪我太粗心了。

囡囡：周六和周日都下雨了，很多木棍都被水冲走了。

孩子们你看看我，我看看你，都不说话了。看到孩子们产生了新的困惑，我继续追问。

我：那我们上周五数出来树的数量是341棵，你们认为准确吗？

大部分孩子都摇了摇头。我问：“那你们还有别的办法吗？”孩子们又开始思考新的数树方法（图4-3-8）。

图4-3-7 树坑里的木棍不见了

图 4-3-8 孩子们又开始思考新的数树方法

多乐：现在，木棍没有了，可以用人当棍，小朋友每人抱一棵树。然后，老师数一下小朋友的总数。

我：但林地很大，你怎么能知道哪棵树你抱过或者没抱过呢？

多乐：在大树之间划一个界限，要告诉小朋友哪些树已经数过了，就不要再抱了。

我：是一个什么样儿的界限呢？

俊俊：用绳子就行，绳子碰到了的地方，就不能再抱。

囡囡：咱们班人太少，咱们能不能多叫点儿人，跟咱们一起抱？

小语：把大一班叫上，咱们一起去。

这个“抱树”的新方法得到全班大多数幼儿的认可，他们决定，就用今天的户外活动时间完成这件事。孩子们找来了大一班的小朋友，请他们来帮忙。当天大二班出勤 25 人，大一班出勤 23 人，一共 48 人。就这样，他们准备开始第二次数树。

教师反思

在插木棍数树方法的初期阶段，孩子们遇到的第一个难题是“班级没有木棍了”，他们首先想到的是问我怎么办。我觉得这是一个幼儿自己解决问题的好机会，于是，我又把问题抛给了孩子们，我问他们打算怎么办。不直接告诉孩子们答案或许能激发他们主动思考的意愿，而抛出的问题可以帮助他们逐渐养成积极、主动思考解决问题的学习品质。

在孩子们插木棍数树的过程中，不知不觉到了晚餐环节。但是，林地里还有一部分树没来得及插上木棍。当我了解到孩子们非常想在今天完成这件事的想法后，我决定尊重孩子们的想法，利用离园的时间安排幼儿和家长们共同完成这件事，帮助他们实现插木棍数树的美好心愿，让他们感受到完成事情的成就感。

在用插木棍的方法完成数树后，孩子们在观察中发现了“一坑多棍”“坑中无棍”等现象。“一日生活皆课程。”我想把握这个教育契机，让孩子们主动反思插木棍方法的适宜性，再努力寻找新的数树方法。我通过提问、追问的方式，让他们在与同伴的交流中想出新的方法。正因为有了之前的经验做铺垫，我看到他们这一次的计划更加谨慎、周全。我也从中感受到他们在一次次的思考和行动中，在自己原有经验的基础上，获得了新的发展。

（三）第二次数树："抱树数树法"（5月11日）

按照孩子们的设想，首先，所有的小朋友从小树林的东侧入口进入林地。每人抱一棵树，把入口处区域里的树抱满。然后，由两个孩子手拿一根绳子，用这根绳子把这个区域和没抱过树的区域隔开，由教师来记录次数"1"（图4-3-9）。接下来，绳子不动，所有的小朋友往里走，每人继续抱一棵树，把下一个区域里的树抱满。再把绳子移到这个区域的边缘，继续用绳子把孩子们抱过的树和没抱过的树隔开，由教师记录次数"2"。孩子们继续往里走，按照这个方法计数树木的数量。

图4-3-9 孩子们在抱树、拉绳，分区域数树

这次数树时，孩子们格外认真，有了之前的经验与教训，每个孩子都特别注意只抱一棵树，也特别小心不要错过哪棵树。孩子们一共来来回回抱了7次。最后，在教师的帮助下，统计结果为305棵树。终于完成了第二次数树。

我：一共有305棵树，这个结果是准确的吗？

佑佑：每棵树都抱过了，我看到了，没有问题。

多乐认为这个结果和第一次数的结果不一样。于是，我又赶紧抛出了新的问题。

我：多乐说305棵树跟之前我们数的341棵树结果不一样，到底哪个结果对呢？

这个问题把孩子们给问住了，他们沉默了一会儿。

囡囡：那就再数一遍吧！林地里的树有很多种，可以数出每一种树的数量，把它们加在一起。如果（和305棵树的数量）一样，那就数对了。

小语：用木棍数总出错，可以把不同颜色的毛线系在树上，一种颜色的毛线代表一种树。

这个"系绳分类数树法"得到了全班孩子们的认可。

我：那咱们去林地里，再数一数吧！

教师反思

按照孩子们的设想，我们准备进一步尝试新的数树方法——"抱树数树法"。由于这个方法是孩子们想出来的，因此，在数树过程中，他们格外专注和用心，如每个人都能遵守数树约定的规则，认真抱树、数树，不漏数、不多人抱树。孩子们的表现让我感受到，他们非常渴望通过努力获得一个准确的结果。

但是，在完成“抱树数树法”之后，孩子们又发现，这个结果和第一次“插木棍数树法”的结果是不同的。借此机会，我赶紧抛出问题，激发他们进一步思考：如何判断树的准确数量。我的问题让他们想出了新的方法，那就是按照树的种类再数一遍，以便验证哪个数是对的。这和之前单纯的数树相比，有了更大的挑战，因为先要给树木分类，然后再数出数量。在挑战面前，他们表现得更加积极、主动，想用更多的方法来解决问题。并且，他们的态度更加坚定，他们要用这一次的结果来验证“林地里到底有多少棵树”。

（四）第三次数树：“系绳分类数树法”（5月11日—20日）

1. 尝试认识树（5月11日—18日）。

孩子们带着在美工区找到的毛线绳走进林地。他们发现，大树实在是太多了，不知道要准备多少种颜色的毛线绳。

大瑜：这些树长得都太像了。我只认识松树，其他树，我都不认识啊！

多乐：那我们就先认识树。

语涵：我爸爸什么都知道，我把大树拍成照片，发给他。

多乐：我们把地上的叶子捡走，用叶子问一下其他人认识不认识。

哈哈：我用我妈妈的手机扫一下，就知道是什么树了。

我：那咱们先去林地里，找一找咱们不认识的树吧！你们可以先用你们想出来的方法试一试，再互相分享。

孩子们大约用了一周的时间，用他们自己的方法来认识林地里的树。有的小朋友用捡拾叶子询问的方式，有的小朋友用拍照记录的方式。他们把自己查询的结果用自己的方式记录下来并带到班里，跟更多的同伴分享（图4-3-10、图4-3-11）。

图4-3-10 用树叶区分树的种类并记录

图4-3-11 用照片区分树的种类并记录

与此同时，为了帮助孩子们更准确地区分树的种类，我和他们用之前给花做标本的方法给不同种类的树叶做了辨识卡（图4-3-12），又一起尝试用不同的方法（如是否结果、形状、颜色等）给树叶进行了分类（图4－3－13），还利用区域活动时间记录树叶的颜色和形状（图4－3－14）。最后，户外活动时，我们又一起带着树叶辨识卡，去林地玩“给树叶找妈妈”的分类游戏（图4－3－15）。

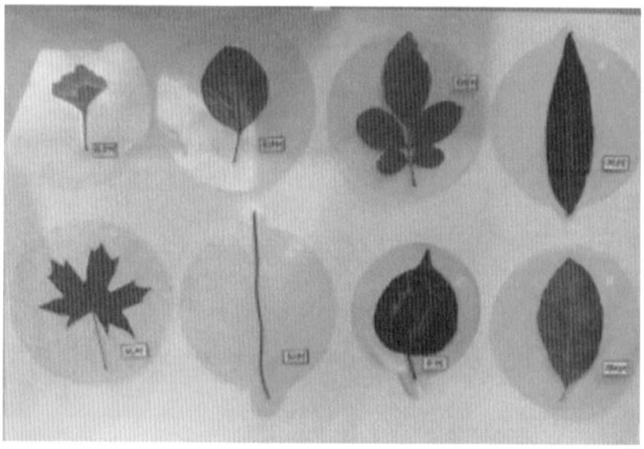

图4－3－12 树叶辨识卡

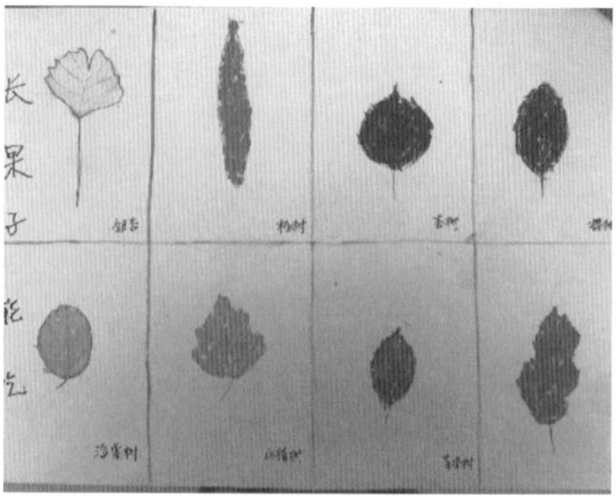

图4－3－13 树叶分类记录表

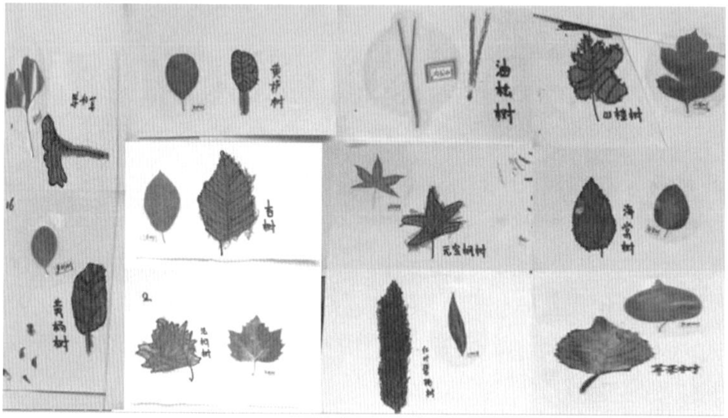

图4－3－14 记录树叶的颜色和形状

图4－3－15 用树叶辨识卡给树叶配对

2. 准备毛线绳（5月19日）。

孩子们通过反复辨别，发现林地一共有14种树。他们开始收集14种颜色的毛线绳（图4－3－16），并商量着给不同的大树配上对应颜色的毛线绳。

小语：这么多种树，我现在就已经分不清哪条绳子和哪棵树对应了。

哈哈：这有什么难的，我们可以做一个像介绍玩具玩法的说明书，一种颜色的毛线绳对应一种树。

囡囡：咱们班不是有很多照片吗，可以把照片和绳子放在一起，这样就知道谁对应着谁了。

孩子们按照自己的想法，设计了《数树说明书》（图4－3－17）。

我：你们打算准备多少根绳子？怎么数呢？

小语：咱们每人拿一些绳子。我们可以记住自己用了多少根绳子，但我们不会算，刘老师，您帮我们算一下吧！

图 4-3-16 收集不同颜色的毛线绳

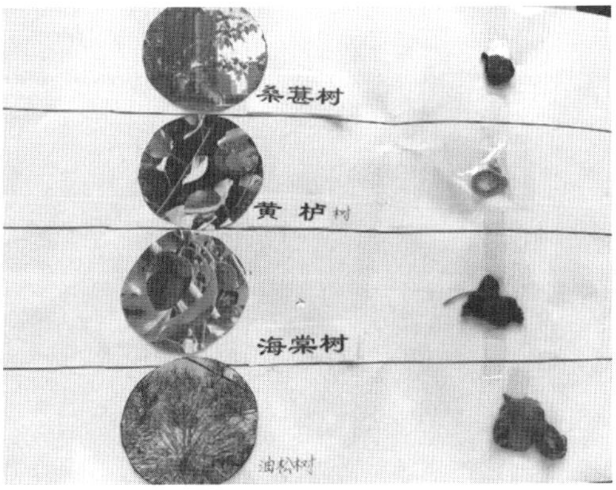

图 4-3-17 将树的照片与不同颜色的毛线绳对应摆放

3. 实践“系绳分类数树法”（5 月 19 日—20 日）。

孩子们带着绳子来到林地。大瑜拿着一根绿色的毛线绳，开始往松树上系绳子，结果却怎么系都系不上。其他孩子见大瑜系不上，都很着急。他们也纷纷尝试往树上系绳子，发现也系不上。

孩子们：我们都系不上，该怎么办啊？

溪溪：我奶奶会。晚上放学时，让我奶奶过来帮咱们吧！

听溪溪这么一说，其他孩子也都表示自己的家人也可以过来帮忙。晚上离园时，孩子们纷纷和家长说明了情况，有 21 个孩子和家长自愿留下来，去林地系绳子（图4-3-18）。在家长的帮助下，我们齐心协力地为 8 种树系上了绳子（图 4-3-19）。孩子们表示，明天还要继续为那些没系上绳子的树都系上绳子。

图 4-3-18 多位幼儿与家长来到林地系绳子

图 4-3-19 家长指导幼儿给树系绳子

第二天，家长们如约而至。在大家共同的努力下，我们一起将剩下的6种树也都系上了绳子。大家一起将统计的结果记录在孩子们设计的表格上（图4－3－20～图4－3－23）。

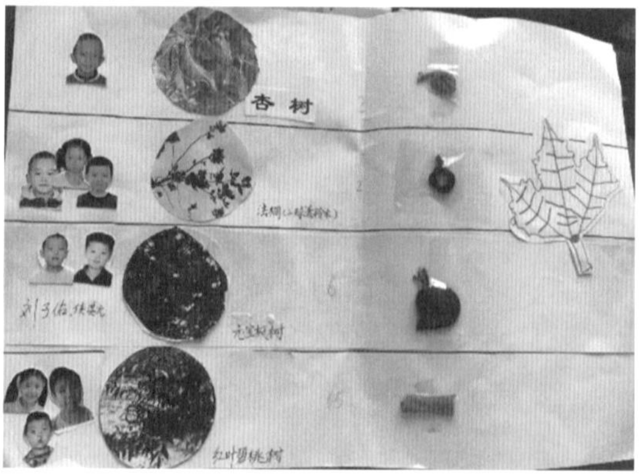

图4－3－20　树的种类及其数量记录表格1

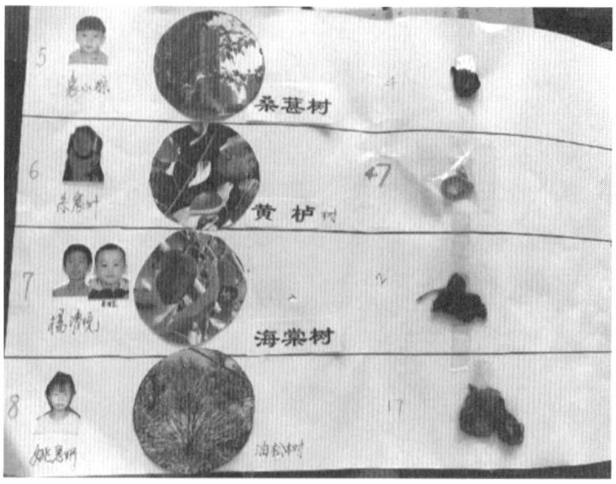

图4－3－21　树的种类及其数量记录表格2

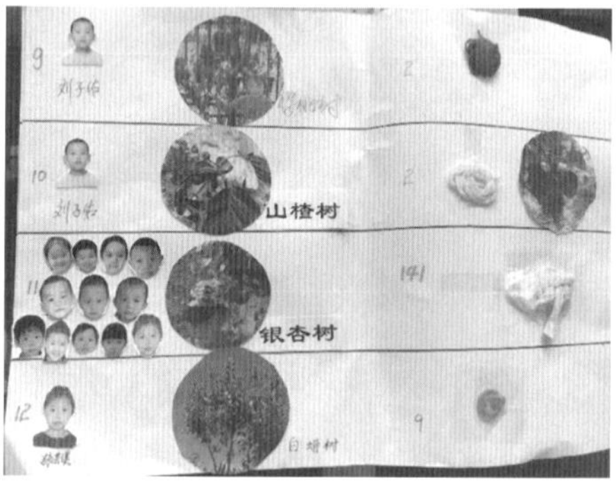

图4－3－22　树的种类及其数量记录表格3

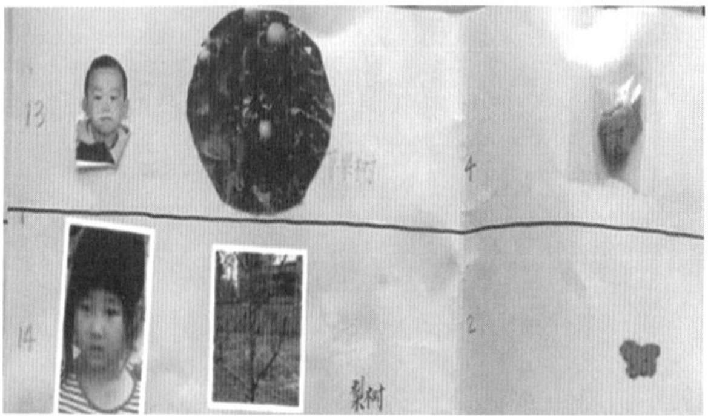

图4－3－23　树的种类及其数量记录表格4

孩子们发现，经过“系绳分类数树法”计数，得出树林里小树的总数也是305棵，与“抱树数树法”统计的结果相同，是正确的。

孩子们数树的过程是一个充满惊喜和创造的过程，它不仅满足了孩子们的好奇心，也使孩子们感受到了合作做事的乐趣。

多乐：林地里的树，我们都认识，但其他小朋友还不认识呢！

为了让所有人都知道林地里的树叫什么名字，孩子们决定，为树挂上名字牌。关于树的活动还在继续……

教师反思

在孩子们“认识树”“准备绳子”“系绳分类数树”的过程中，我看到幼儿是有能力解决问题的人。我能做的就是为他们提供更多独立思考的空间和充分思考的时间。当他们发现一个个问题后，我没有直接给出答案，而是有意识地将问题留给孩子们，让他们自己去解决。比如，在他们说出分类数树的方法时，我就已经想到他们可能会遇到由于不认识树而无法分类、不会系绳子等问题，但我还是默默地站在孩子们的身后，等待他们自己发现问题。在他们遇到由于经验有限而没有办法跨越的难题时，我才会“现身”，给予他们支架式的支持。在这个过程中，他们用自己想出来的那些巧妙方法认识了林地里所有的树，还尝试用一一对应的方法来点数和计算。最后，在孩子们的共同努力下，他们用自己的想法和行动验证了林地树木正确的统计结果，这让他们感到惊喜和自豪。

本次活动经历了三次数树，给我最大的感受是，孩子们的科学经验需要在不断的探索和实践中检验和获取。数树的过程让他们真实地感受到数学在生活中可以帮助他们解决实际问题，让他们体会到其中的乐趣。他们在这半个月的时间里完成了心中的任务，最终如愿以偿地获得了他们想要的结果。

案例四 奇妙的影子

首都师范大学附属回龙观幼儿园 赵雯雯 李亚男

一天户外活动，几个小朋友在做游戏时忽然发现每个人的影子都是不一样的。他们开始关注影子并对影子产生了兴趣。他们好奇地追逐着影子，相互踩影子。由此，我们开启了对影子的探究。

（一）影子为什么会拐弯（3 月 7 日）

今天，区域活动时，我发现建筑区的小朋友没有搭积木，而是在窗户防护栏的影子下专注地摆弄着积木。我走过去一看，原来防护栏直直的影子刚好落在积木上，就变成了弯弯的影子（图 4-4-1）。接着，我看到小郑试着把不同形状的积木立起来，又平放下来。他在尝试移动影子下的积木，看看影子有哪些变化。

图 4-4-1 防护栏的影子落在不同形状的积木上

我：小郑，你有什么新发现呀？

小郑拿着积木，在影子下边移动边说。

小郑：我发现它的影子有时是弯的，有时是直的。

我：哦，还有这样的事情？嗯，看来是真的。那是为什么呢？

小郑：肯定是这块积木的这边是弯的，所以影子也弯了。

其他孩子听到我们的对话，也被吸引过来。

我：那你试试其他形状的积木，看看会不会有不一样的影子。

这次，又有几个孩子参与进来。他们拿起积木，在防护栏的影子下摆弄并观察着。因为操作的人多，相互遮挡了光线，引发了一场小小的争执。但是，很快，孩子们就达成了共识，商定由一个孩子操作，其他孩子负责观察。

小方拿了一块正方体积木，在防护栏的影子下不断地摆弄着。

小方：影子拐弯了！你们快看！

一旁负责观察的欣欣发现了影子的变化，并指给大家看。小方一会儿把正方体积木放在防护栏的影子下方，一会儿又移开，影子也随之发生了变化。

小方：积木一进来，影子就拐弯。

小郑：换个积木试试。

小方又去拿了几块不同形状的积木。他先是把一块长方体的积木放在了防护栏的影子下面，影子又拐弯了。小方又拿出一块薄片状的积木，影子还是拐弯了。

我：是这些影子有什么变化吗？

几个孩子面面相觑，小方看出了其中的“门道”。

小方：影子其实没有变化，好像是因为我的积木变了，所以影子才变了。

我：这个发现和结论都很有意思。咱们带上你们刚刚用到的积木，到科学区再试试，看看小方的说法对不对。

来到科学区，小郑和小方拿出了一块刚刚用过的长方体积木当参照物，又进行了一次尝试。

小方在后面帮小郑用手电筒照射长方体积木，桌面上出现了一片影子。小郑把他的手放在长方体积木的影子下面。他们发现，长方体积木的影子居然又拐弯了！

然后，小郑慢慢地移开了手，长方体积木的影子又和刚才的不一样了！

我：小方，手电筒刚才移动了吗？

小方：我没动！积木也没动！

他们又拿出了一支笔，放在了长方体积木的影子上，影子因为笔的出现又鼓出来一块！

孩子们：影子为什么会拐弯呢？

我：你们还记得刚才小方是怎么说的吗？他说得对。影子会变，是因为什么变了？

小方：因为我的手变了，影子一到我的手上就拐弯了。

我：小郑，如果我们把影子投到其他形状的东西上，会怎样呢？

小郑：影子也会变的。把笔放在影子下面，影子就鼓起来了。

我：你们同意吗？

另外几个孩子若有所思，纷纷在影子下面挥动手指、水彩笔等。

欣欣：好像确实是这样。

小邱：是啊，影子下的东西在动，影子也会跟着变。

教师反思

“影子会拐弯”这个发现激发了孩子们探究的欲望，他们对这个发现充满了好奇，不停地摆弄、尝试，同时也产生了很多疑问。面对幼儿疑惑的表情和强烈的探究欲望，我没有直接告诉他们答案，而是通过追问、把问题抛给幼儿等方式，引发他们更深入地思考，引导他们带着问题去尝试，希望幼儿通过自己的操作找到答案。防护栏的影子落在积木上，引起了影子的变化，以前从来没有孩子发现并探究过。这个发现和由此引发的探究活动突破了幼儿原有的认知经验，让我不禁感叹幼儿对这一现象的敏锐观察。这是一个绝佳的教育契机。

游戏的深入开展需要教师的支持与跟进，而材料会为游戏深入进行提供最佳的支持。在幼儿替换材料进行探索的过程中，他们不断地发挥着想象力和创造力，真正成为游戏的主人，在游戏中探究并建构影子拐弯的条件。

（二）巧用材料变影子（3 月 9 日）

在活动开始前，我准备了一些材料。我先将积木涂成白色，然后在户外放置了一段时间，等积木晾干后（图 4-4-2），再为幼儿提供。孩子们开始使用白色积木开展光影活动。他们拿着积木不停地摆弄，有的孩子还找来木棍，让木棍的影子落到不同形状的积木上（图 4-4-3）。

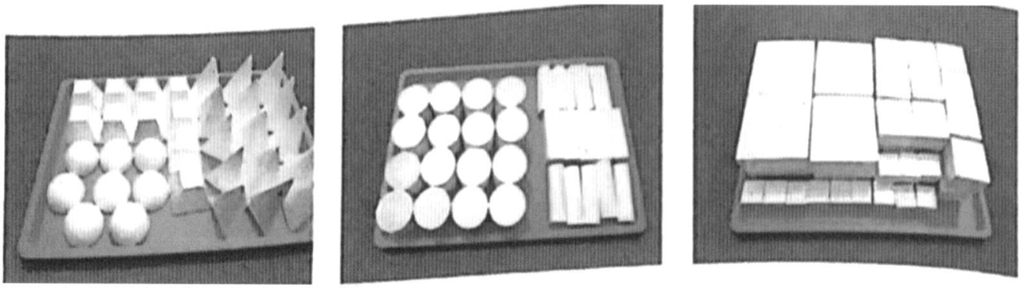

图 4-4-2　涂成白色的积木放在户外晾晒

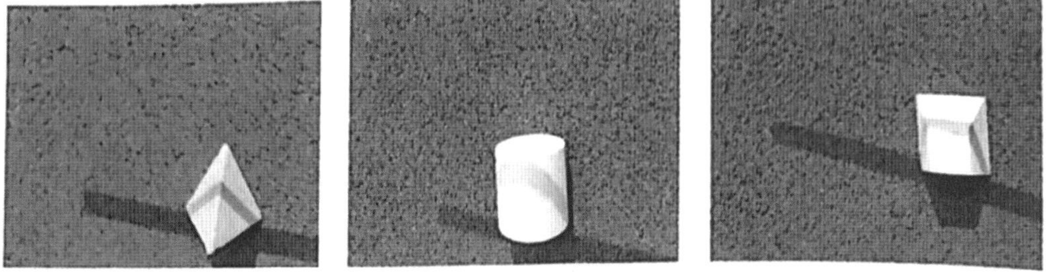

图 4-4-3　木棍的影子落在不同形状的白色积木上

小邱拿了一块圆柱体积木和一根游戏棒，他觉得游戏棒的影子落到圆柱体积木上一直没什么变化，就试着在横放的游戏棒上伸出了两根手指，这两根手指马上为影子带来了变化。游戏棒的影子落到圆柱体积木上是一道弧线，伸出的两根手指好像小兔子的两只耳朵，一动一动的，可爱极了。孩子们看到了这种游戏玩法，纷纷效仿。

我：除了利用手指，还可以利用什么呢？

这个提问开阔了孩子们的思路，他们有的捡小树枝，有的捡小树叶。我欣喜地发现被虫子咬过的小树叶更能激发孩子们的兴趣。

由此可以看出，孩子们对影子形成的“图案”很感兴趣。于是，我又找来了一些卡纸和剪刀。

我：既然大家对图案很感兴趣，那么我们可以自己来制作带有图案的卡纸，用来观察图案的影子。

小邱：老师，那我们应该怎么做呢？

我：首先，我们将卡纸对折，用剪刀裁剪出你们喜欢的图形，比如半圆形、正方形、三角形等。剪完图形之后，将卡纸打开，就可以得到带有图形镂空的卡纸，将它们分别放在阳光下，你们就能看到自己剪裁的图形影子了。

孩子们听了我说的话，开始动手操作。小郑剪出了正方形，瑞瑞剪出了椭圆形，小邱剪出了菱形……孩子们开动脑筋，剪出了各种图形（图 4－4－4），然后，利用这些图形在阳光下形成了不同的影子。他们对这次探究结果很满意，玩得很开心。

图 4－4－4 在镂空卡纸上剪出不同的图形

教师反思

幼儿尝试着在游戏棒上添加各种形状的图卡。这一创新玩法的出现也让幼儿更自发、自主地投入游戏中。每次有趣的发现都会为游戏注入新的活力，并成为幼儿不断尝试的动力。幼儿在游戏中的想象力和行动力让我深受感动。

游戏和适宜的材料是幼儿最好的老师，它们能不知不觉地将幼儿的学习引向深入。在这个过程中，我更多的是成为一个观察者。我的观察始终追随着幼儿的兴趣，发现幼儿在游戏中需要提供的各种支持，并尽可能地以巧妙的方式提供支持。比如白色积木，就是我通过观察、结合幼儿游戏水平投放的材料。图案的融入是在幼儿发现手指、树枝、树叶等材料可以改变影子形状的基础上创设的。卡纸裁剪图案是为了丰富幼儿创作影子图案而提供的技术层面的支持。考虑到使用剪刀可能会伤到幼儿，此过程由我协助孩子们完成。

（三）影子的组合（3月10日）

为了引导孩子们将影子游戏开展得更加有趣和深入，我提出了一个建议：在游戏棒上放一些图形卡纸。我将想法和孩子们分享，他们听后都跃跃欲试。

小郑：老师，如果在上面放一个圆形（图卡），影子就像小蜗牛了。

瑞瑞：如果放两个，就像眼睛。

孩子们有了这些想法之后，决定动手试一试。他们开始寻找和搜集合适的辅助材料。

刚开始，孩子们用彩纸剪出了他们需要的图案。但在操作时，他们发现，彩纸太软了，粘到游戏棒上，就会软软地垂下来，不能达到预期的效果。于是，他们决定用硬卡纸代替彩纸。可是，在操作过程中又出现了新的问题，就是反复粘贴和取下图案，不方便他们尝试和操作，而且游戏棒上留下的胶水又会影响下一次操作。

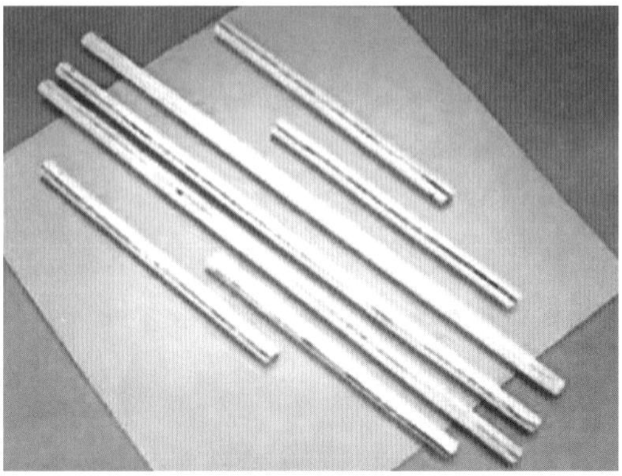

图4-4-5　在游戏棒上划出卡槽

基于对孩子们制作游戏材料的观察，我看到了他们面临的问题，决定适时地帮助他们。我用美工刀在木质的游戏棒上划下较深的卡槽（图4-4-5），再告诉孩子们，这里是插放图形卡的地方。果然，经过设计和改造的游戏棒更便于孩子们操作了，能帮助他们更加专注、投入地游戏。

见到我改造的游戏棒，小邱和瑞瑞已经不满足于用一张圆形卡投射出蜗牛的影子了（图4-4-6），他们还想制作小刺猬的影子，思考半天，不知道如何下手，只好向我求助。

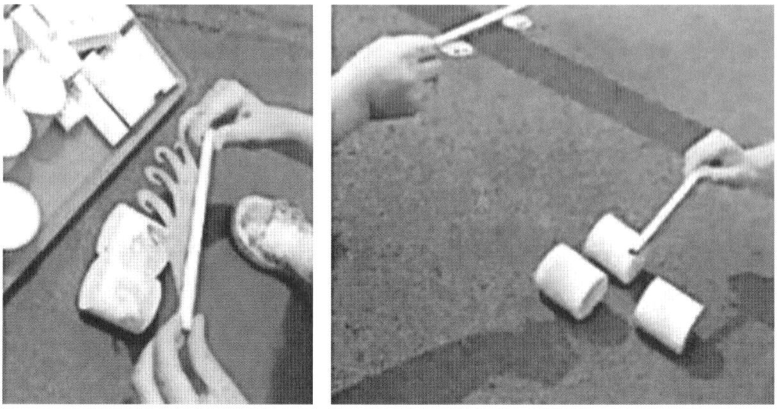

图4-4-6　在游戏棒的卡槽内插入图形卡，变换影子的形状

小邱：老师，我们想弄出刺猬的影子。但是，我们不知道怎样做出刺猬的身体。

我：你们用圆形组合出了蜗牛的身体，那用什么形状展示刺猬的身体更合适呢？

小邱：我觉得是半圆形。

小邱一边说着，一边拿出一张硬卡纸。他首先将卡纸对折，然后用剪刀在卡纸上剪出一个圆弧，再将纸打开，就得到了一个半圆形的刺猬身体。

瑞瑞拿过刚剪好的半圆形硬卡纸，将其插进游戏棒的卡槽里，再用手电筒照射，打出了影子，小刺猬的影子出现了。

瑞瑞：哎呀，这只刺猬没有刺儿啊！

小邱不好意思地看着我，期待我能再提出新点子。

我：瑞瑞，没刺儿怎么办？

瑞瑞（放下手电筒，比画着）：我们粘上几根牙签！牙签可以当刺。

小邱立刻找来了牙签。瑞瑞找来了胶带。他们把牙签一根一根地贴在半圆形的纸上。完成之后，立刻将半圆形卡纸插进游戏棒的卡槽里，拿起手电筒，照出了影子。

小邱：你们看，像不像？

瑞瑞：像！太像了！

我（指着刺猬的影子）：这个刺猬一定是屁股朝着咱们的。

瑞瑞：为什么呀？老师，你怎么知道的？

我（指着刺猬影子的半圆形身体）：因为只看到刺猬圆圆的身体，没有头。

小邱（一拍手）：对对对！就是刺猬的屁股！

瑞瑞（有点儿不高兴）：怎么没有头？有头的。

我：可是，它的影子看起来就是没有头呀！

瑞瑞：那我再剪一个，能看见头的。

说着，瑞瑞又去拿了卡纸，剪出了一个大三角形图卡，插到游戏棒上，看了看，觉得头太大了，又修剪了一下，再次插回去，然后举起手电筒照射。突然，他兴奋地喊起来。

瑞瑞：快看，刺猬头！

瑞瑞举着刺猬卡纸的游戏棒，笑个不停。“一会儿往右走，”他把游戏棒左右翻转了一下，“一会儿往左走。”

小邱也拿过游戏棒，对着手电筒翻过来、翻过去，嘴里还念叨着：“一会儿往左走，一会儿往右走……”

两个人对着影子高兴得哈哈大笑。看到他们开心的样子，我不禁为他们鼓掌：“你们的办法可真多！小刺猬的影子可真有趣！”

教师反思

在游戏棒上设计卡槽并插入图形卡是我为了鼓励和引导幼儿更深入地探索而提出的建议。因为用美工刀在游戏棒上划出较深的卡槽具有一定的危险性，所以我帮助幼儿完成了这项工作。这个卡槽的设计使幼儿的游戏操作更加便捷。

使用不同形状的图形卡进行影子组合是在幼儿用单一圆形“制造”蜗牛影子的基础上得来的游戏经验。在幼儿提出制作小刺猬图卡时，我引导他们思考并关注小刺猬的外形轮廓特征，用其他材料来表现小刺猬的刺和头部。孩子们在用半圆形表现小刺猬身体的基础上，进一步探究、组合，使用不同材料、不同形状将小刺猬的影子表现得更像。孩子们边思考边制作图卡组合影子，最终得到了大家都满意的游戏效果。

案例五 轨道泳池游戏诞生记

首都师范大学附属回龙观幼儿园 张 莹 车 冉

《指南》中指出“幼儿是在亲身体验、直接感知、动手操作中学习的”，这是幼儿的学习方式。游戏材料给了幼儿动手操作的机会，幼儿在探究过程中不断发现问题和解决问题，不断建构新经验，从而获得多方面的发展。我们班的幼儿搭建轨道游泳池，前后历时三个月，在对幼儿游戏的持续观察和分析中，我见证了幼儿的学习方式和经验建构的过程。

（一）轨道玩具玩法初探——搭建轨道滑梯（3月2日）

今天的区域活动环节，乐乐和棠棠一起选择了轨道这个玩具。

乐乐：棠棠，我去三亚的时候，玩过一个大滑梯，就像这个轨道一样。今天，咱们一起搭一个轨道滑梯吧！

棠棠：好呀，我也很喜欢三亚那里的水上滑梯，玩起来可有意思啦！

两个孩子一拍即合，迅速开始搭建水上滑梯。乐乐很快就把大滑梯的柱子搭好了，还搭得特别高。

乐乐：看，滑梯很高吧？这样，从最高的地方可以很快地滑下来。

棠棠：我看到三亚的那个轨道滑梯是叠着摆在一起的。要不，我们也搭一个那样的吧！

乐乐：好啊！

他们很快就搭成了一个长长的水上滑梯（图4－5－1）。突然，棠棠焦急地喊起来。

棠棠：快，快帮我扶一下，滑梯快要倒了。

随着棠棠紧张的叫声，两人迅速地扶住了大滑梯，一直不敢放手。

游戏分享时，孩子们听到他们生动、有趣的讲解，都特别喜欢这个搭建主题，想再找一些轨道滑梯的资料看一看，搭一搭。对于滑梯不稳的问题，孩子们纷纷帮忙出主意、想办法。球球说可以增加支撑点来解决，虫虫说他们搭的轨道滑梯又高又长，所以容易倒，可以借用其他东西支撑的方法来解决。听了同伴们的建议，乐乐马上调整，将轨道用玩具收纳筐支撑了一下，果然解决了问题（图4－5－2）。

棠棠提出了更高的愿望。

棠棠：我还想从最高处搭一个更长、弯道更多的滑梯。但是，我们没有材料了，不知道该怎么办？

孩子们提议用积木或别的拼插材料来搭建。

图 4-5-1　轨道滑梯模型装置

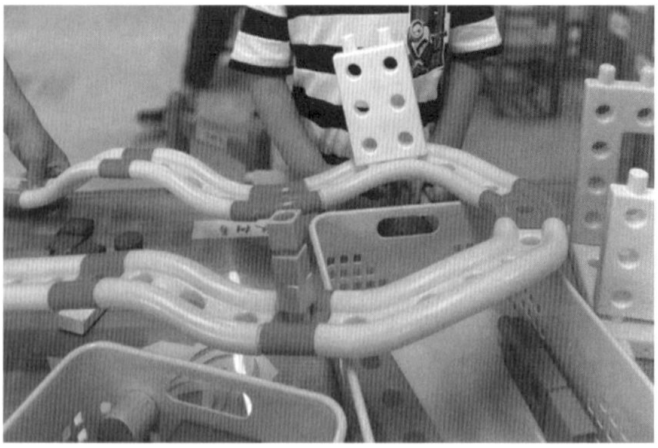

图 4-5-2　用玩具收纳筐支撑的轨道滑梯

教师反思

看着孩子们的作品，听着孩子们的讨论，我在思考：幼儿迁移了哪些经验呢？

第一，迁移旅游中获得的生活及游戏经验。

乐乐发现轨道滚球玩具下滑、旋转的特点与外出旅游时所玩的轨道滑梯非常相似，这引发了他关于此生活经验的迁移。通过与同伴协商，有着同样旅游经历的两个孩子积极地表达着自己对轨道滑梯的想法，各自按照记忆中轨道滑梯的外形结构大胆尝试，运用平时搭建小球轨道的经验，对各种不同形状的插管和弯道进行组合与连接，搭建出高低错落、多向叠加的轨道滑梯。

第二，迁移让纸牌稳固站立的经验。

通过同伴之间互助，孩子们尝试迁移纸牌折叠站立的经验，调整轨道底座形状，增加了滑梯的稳定性，很好地解决了问题。孩子们获得了自信心和成就感，解决问题的经验也更加丰富。

从游戏中，我也看到了孩子们的兴趣和需求——搭建更高的轨道滑梯。遗憾的是，由于玩具材料不足，这个愿望没有实现。

（二）再探轨道滑梯玩法——新创意与老问题（3 月 3 日—8 日）

接下来的几天，孩子们都在尝试用不同的材料来搭建轨道滑梯（图 4-5-3）。

今天，区域活动时，小西兴奋地拉着我的手，跟我讲起了他设计的新型泳池。

小西：老师，今天，我想给大家介绍一下我设计的新型泳池！我的这个泳池和上周他们搭的轨道滑梯不一样，我这个不仅不会倒塌，而且泳池里还有漂浮的球球，四周还有不一样高的跳台。相同的地方就是也有滑梯。可是，我的材料也不够了，只能搭这么一个很小的滑梯。我还想继续搭，怎么办呀？

两次游戏出现了相同的问题，我请全班的小朋友一起想办法解决这个问题。

晓晓：可以拿别的区的材料代替。

果儿：可以去大一班借点儿这款玩具，再来继续搭建。

大家觉得果儿的这个主意不错，我就鼓励他们试一试，大胆地去其他班借一借，同时，也锻炼一下孩子们的沟通能力。不一会儿，孩子们就从别的班借来了好几筐同款的搭建材料。他们兴高采烈地把搭建材料搬回了班里（图 4－5－4）。随后，我继续观察孩子们的游戏。

图 4－5－3　尝试用不同的材料搭建泳池轨道

图 4－5－4　从别的班级借来了同款搭建材料

教师反思

幼儿发现问题之后，是如何解决问题的呢？经过思考，我认为动手操作和向同伴学习是解决问题的好方法，也是幼儿建构新经验的重要途径。本次活动中，小西先尝试按照自己的想法搭建，只有亲自动手操作之后，才会形成真正解决问题的方法。在小西提出材料不够的问题后，其他同伴也从增加同类材料的数量、用其他材料代替、不同种类材料的联合搭建等多角度思考解决问题的方法，拓展了新的游戏经验。

（三）联手试探——交叉轨道诞生了（3 月 9 日）

之前，孩子们想出了一些解决材料不够的办法，除了从别的班借材料，孩子们还会有哪些新的尝试呢？

今天，区域活动时，大圣和二宝两人一商量，决定听从毛毛的建议，用不同的材料拼接、搭建轨道。大圣和二宝想搭建一座交叉在一起的轨道。首先，他们搭好了起点，又运用玩具中的上坡、下坡搭建出高低交错的轨道。最后，用小球验证轨道是否合格时，发现小球每次都会卡在轨道的拐弯处，需要用手推一下，才能继续前进（图 4－5－5）。如果改变轨道的形状，就无法变成“8”字形轨道了。两个人反复尝试了很久，都没有成功。每种小球都试了，也不行。后来，无意中，二宝将浅蓝色的小球和深蓝色的小球一前一后放在轨道的最高处，松手之后发现深蓝色的小球重一些，会在刚才一直不成功的地方撞击浅蓝色的小球，浅蓝色的小球受到撞击后，会继续前进。两个小朋友终于找到了解决的办法，他们兴奋得相互击掌庆贺。

经过两个人的努力，他们终于成功地搭建了一个交叉轨道。小球滚动被卡的问题困扰了他们好长时间，最终，用两球滚动相撞的方法解决了小球被卡住的问题。如果是一个球，又将如何解决呢？两人不肯放弃，继续调整轨道的高低和坡度，在不同位置进行拼接。最终，成功地搭建了交叉轨道（图 4-5-6）。在此过程中，不断地有小朋友出主意，他们的搭建方案也在不断地调整、改进……

图 4-5-5 交叉轨道诞生了

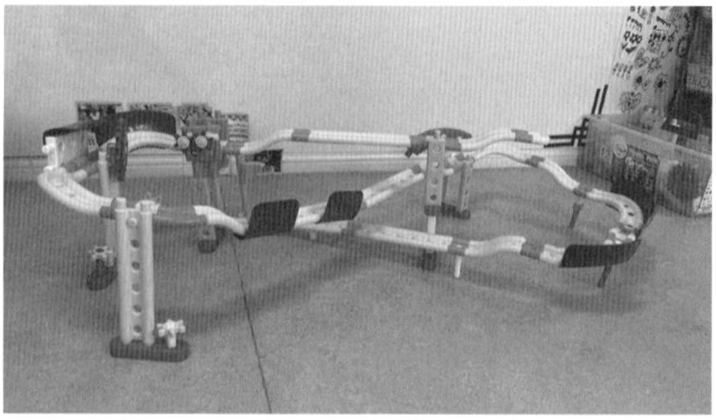

图 4-5-6 改进后的交叉轨道

教师反思

在搭建交叉轨道的过程中，孩子们积极、主动地投入游戏，不断地迎接挑战，尝试怎样才能有效地与其他区域的材料相结合，一步步探索和验证新材料的玩法。因此，参与搭建活动的每个幼儿都收获了属于自己的经验。搭建轨道过程中，他们积极表达想法，集思广益，逐渐丰富搭建的内容。从搭建完成的轨道作品来看，孩子们综合运用了拼插、组合、连接、以物代物等技能与方法进行搭建，建构能力在此过程中不断提升。

（四）融入新想法——水上冲浪游戏（3 月 10 日）

经过多次搭建、探索后，轨道滑梯愈加庞大和复杂。孩子们继续完善和丰富轨道游戏场景。今天，毛毛和大圣又不厌其烦地来搭建轨道滑梯了。这次，他们搭建的速度更快了，十五分钟左右的时间，一座立体的轨道滑梯就搭起来了。大圣还有点儿不太尽兴。

大圣：一直搭建滑梯，有点儿没意思了。

毛毛：是啊，是啊！

大圣：对，你有没有在水上乐园看见过坐在一个大大的圈里，跟着水一起往下滑的？

毛毛：见过，见过！我妈妈还带我玩过呢！咱们搭那个吧！

两个小朋友一拍即合，迅速开始搭建。过了一会儿，大圣兴奋地来拉我的手。

大圣：老师，你快来看！我们搭建的水上乐园冲浪轨道。

这次，他们搭建的是水上乐园的冲浪轨道。小球在轨道上左右穿梭，十分有趣（图 4-5-7）。

孩子们打算搭建一座有场景的水上世界，准备利用插片的不同颜色来区分不同的场

图 4-5-7 冲浪轨道建成了

景。他们将插片和立体插塑进行平铺和拼插，将蓝色的插片平铺，当作水或海洋，把黄色的插片平铺成沙滩。雯雯则用立体插塑拼插了一把大遮阳伞、两棵绿油油的大树。孩子们还在不断地扩充游戏场景内容。

思淇：我上周末去海边了。我发现海边还有一些船只、高高的大树、滑梯……这些东西，我可以用插片插出来。

雯雯：对，我还可以用小球在沙滩上搭一个沙滩排球场景。

由于有了新的创意，孩子们不断地丰富着场景内容，很快就搭出了一座游乐项目多样的水上世界。

我给孩子们创作的作品拍照之后，在电视屏幕上播放，请他们介绍自己的作品和想法。我们则是默默地站在后面，耐心地倾听，把展示的舞台交给孩子们。孩子们热火朝天地展开了讨论，有的说可以用插片插个游艇，有的说可以用废旧材料当轨道，拼插水上滑梯……他们在喜欢的游戏中产生了共鸣。我在顺应幼儿兴趣的基础上，又给了他们一些拓展性建议。

我：你们可以回去找找有关水中游泳池或者海边游乐场的图片，看看还有没有什么新的想法带给大家。

教师反思

现在，幼儿的作品，有的是立体结构，有的是平面点缀，内容更加丰富多彩，创意无限。生活经验永远是幼儿产生新想法的基础。我看到孩子们将生活中的经历运用到游戏中，相互学习、相互配合，认同和鼓励同伴好的游戏创意，将每个作品根据主题进行有意地连接与组合，使之更加合理和完善，最终使轨道泳池的规模越来越大，形成了一个内容丰富、多姿多彩的整体。

在孩子们搭建轨道泳池的过程中，我看到了他们深入、持久探索与学习的劲头，看到了他们无限的想象和创造。随着幼儿兴趣的延伸和转移，轨道泳池终将被幼儿淡忘，而搭建游戏每天都在继续。作为教师，我们支持幼儿什么，期待看到幼儿什么样的发展，这次活动给了我很多深刻的启示。

1. 营造支持性氛围，呵护幼儿想象和创造的热情。

在这个轨道泳池游戏中，我做得最多的就是静静地观察孩子们的一举一动，细心聆听他们的一言一行，保护好他们的好奇心和兴趣，陪伴他们游戏。

我为幼儿提供了开放的空间和材料，让他们可以自由地使用班里各个区域的材料，支持他们将各种材料进行搭配与组合。由于打破了材料只能在一个区域使用的固有游戏模式，孩子们得以不断地尝试和探索、想象和创造，并自然地把建构、科学探索、艺术设计等经验融合在一起，玩出了不同的花样，这才是幼儿游戏的真正状态。

这让我更加坚信只有顺应孩子们的需要和兴趣，打破思维的禁锢，为他们营造宽松、自由、开放的游戏环境，才能不断地发展他们的创造力和想象力。

2. 关注幼儿的持续性探索，支持幼儿在发现问题和解决问题的过程中建构新经验。

从轨道滑梯的诞生到水上世界的形成，孩子们在建构游戏中经历了从设计到构建、再到创造的过程。这个过程的复杂性为幼儿带来了很多挑战和发展的机会。在一次又一次的搭建、尝试、思考和调整中，孩子们萌发出许多美好的想法，演变成了一次又一次自主探索、学习的过程。他们解决了轨道滑梯不稳、拼插材料数量不够、需要改变轨道滑梯构造、寻找其他拼插材料进行辅助搭建等问题。整个游戏过程中，孩子们不放弃、不退缩，积极想办法解决问题，展现了他们对同伴意见的倾听与接纳，展现了他们运用已有经验验证新想法、建构新经验、迁移新经验的学习经历，展现了他们天生自信、主动学习者的形象！

教师的支持和引导旨在让幼儿对自己喜欢的游戏保持持久的兴趣和参与的积极性，愿意想办法解决游戏中出现的问题，推动活动不断深入地进行，促进幼儿更多的学习与发展。

关于搭建游戏，孩子们还有很多想法想要实现，还要迎接新的挑战。我深知“尊重、理解、支持和赏识幼儿，让他们玩出快乐、玩出智慧”是我们从事幼儿教育的出发点和归宿。我将继续与孩子们共同学习、成长。

案例六 我是司令员

首都师范大学附属回龙观幼儿园 张 宁

建党100周年之际，为了让孩子们能更加深刻地了解中国共产党的发展历史，更加热爱我们的祖国、我们的党，我们一起观看了很多的图片和视频，也听了很多的故事。孩子们对革命战士百折不挠的坚毅性格有了更多的认识，同时也提出了很多的疑问：为什么一个人可以统领一个队伍？大家为什么愿意听他的？什么样的人才能成为指挥军队的人呢？什么样的人才能当保护祖国的英雄？也有很多小朋友对故事中的英雄人物十分感兴趣，他们问我："我们长大后，是不是也可以当英雄，保护国家？做一个能统领军队的人也太厉害了吧！我们什么时候才能做这样的人呢？"围绕这个议题，我们班开展了"我是司令员"的主题活动，来满足孩子们"想当司令员的心"，同时，引导他们了解和体验士兵训练的辛苦和保家卫国的伟大。

（一）第一次当司令员（3月8日）

第一次玩"我是司令员"这个游戏，孩子们都很积极，他们争先恐后地报名当司令员。由于想当司令员的小朋友太多了，所以我们商讨制订一张排班表，大家轮流当司令员。但是第一个司令员应该由谁来担任呢？这个星期正好是我们大三班负责升国旗，因此，我和孩子们商量，第一个司令员就由升旗手来担任。接下来，再按照排班表进行。思翼得知这个消息后非常激动，他不停地问我："老师，今天真的是我当司令员吗？""升国旗的人就是军人！今天我是升旗手，就由我来担任司令员吧！"

我们准备出发去操场训练的时候，我还没来得及像往常一样整队出发，思翼就激动得跑过来，对我说："老师！怎么还不出发呀？我都等不及了！"看到思翼，我一下子打消了整队的想法，准备让他这个司令员试试。

我：思翼，你还记得咱们前几天看的视频吗？里面的士兵们是怎么出发的呀？

思翼还没说话，旦旦就抢先回答了。

旦旦：我记得！前面有一个人负责带队，其他的人在后面跟着走！

我：是啊，是啊，每个集体都需要有一个负责带队指挥的人，咱们班也是一个集体。这次出发进行户外训练，也需要一个带队的司令员才行！这样，咱们就可以很快进入游戏状态了。

听完我的话，思翼原先还期待的眼神露出了几分羞涩和紧张，还有几分怯弱。

思翼：啊？这就开始了呀？我还没准备好呢！要不，老师，你先帮我带队吧！

我：那怎么能行呢？今天，你是司令员，我是士兵。我们大家都得听你的。

思翼站在队伍中没有动，抬头看着我。

思翼：我也记得队伍前进要有人带领，可我不知道怎么办呀！

妙妙：你就学着平时张老师的样子呀，喊“立正”。

思翼听完，走到了教室门口，用比平时说话音量小一半的声音说了一句：“站队了。”话音落下，只有坐在前面的三四个小朋友听见了，缓缓地站起来，要去站队。

菲菲：你们干什么去？

已经站起来的萱萱赶忙解释。

萱萱：你没听见吗？思翼让咱们去站队呢！

随即，其他几个小朋友也做出了回应：“啊？思翼说话了？我怎么没听见啊！”

思翼站在教室前面，显然也听见了这些对话。他有些手足无措，又喊了一声：“站队啦！”声音比之前大了一点儿。孩子们这才从座位上起身，慢慢悠悠地走到了前面去站队。

思翼：男生一队，女生一队。你们走快点儿啊！我都听见大二班的小朋友们下楼了。

萌萌：你刚才声音那么小，我们根本听不见，所以才没站队，也不能怪我们吧！

思翼没回答，只是提高了嗓门，喊道：“立正！”队伍中传来了几声不太整齐的回应：“一、二。”然后，思翼就学着我平时的语气说：“一会儿下楼，请小朋友们扶着栏杆，安静地下楼。”说完，就率先出门了。可他还没走几步，就听见身后有人说话，他停下转身，正好看见萌萌和铮铮在聊天，铮铮还走到萌萌身边，两人并排站着。

思翼：喂，你应该站在队里啊！你怎么出来了？这样看上去，男生队很不整齐啊！赶紧进队。

铮铮噘了噘嘴，嘟囔了一句：“你又不是老师。”说完，慢慢地挪回了队伍。思翼皱了皱眉，看了看队伍，然后转身继续带队往楼下走。光是带队下楼的第一个环节就出了好几个小插曲，但他总算是顺利地把全班的小朋友都带出去了。

后来，在搭建操练赛道的过程中，思翼与士兵们又发生了一点儿小冲突。思翼设计了一个练习区。他本来想让士兵们做钻爬练习的，但是很多士兵都是跨过去的，有时还会不小心踢倒游戏器材。思翼看到士兵们都是跨过去的，就很生气。

思翼：你们不会玩呀！我们要从这里钻过去的。

萌萌：从这里过来，就要从那边钻过去啊！你也没说要怎么做呀！

妙妙：是啊！你都没说要怎么玩，凭什么说我们做得不对！

思翼：我没说，你们也没问我呀！这些（游戏器材）我设计了好久呢！你们这么一会儿就给搞乱了。

乐乐站在起点，没听见前面的争执，问了一句。

乐乐：这里怎么这么乱，谁来整理一下？

思翼：都是你们乱玩，才弄成这样的。你们不知道规则就玩，又踩又碰的，能不乱吗？

乐乐：这里现在这么乱，你得整理一下，我们才能玩啊！

思翼：我负责设计，我不收拾，你们谁弄乱的谁收拾！

思翼说完，就站在一边。乐乐听完他的话，也嘟囔着。

乐乐：那你是司令员，你不得带着我们一起（训练）吗？我不知道怎么收拾、整理，那我不玩这个（游戏）了。

说完，乐乐就走开了。思翼听完，小脸儿瞬间沉了下来。

我（问萌萌）：你对今天的司令员有什么看法吗？

萌萌：我觉得他做得不对，明明是他没说好规则，还怪我们没按规则玩游戏。

第一次当司令员的训练游戏就这样不欢而散。回班后，我们就司令员的游戏进行了讨论。讨论的话题是：你对今天上午的“我是司令员”游戏有什么看法和想法？

第一个回答的小朋友是庭羽。

庭羽：我印象最深的是思翼，他说男孩子训练的地方要做得难一点儿。

思翼：对呀，男孩子身体强壮，可以多做一些难一点儿的训练。

第二个回答的小朋友是乐乐。

乐乐：我和他说游戏器材乱的时候，他很凶地跟我说话，我都被他吓到了。

思翼：我不是凶，我是有点生气了！谁弄乱了，就应该谁整理啊！

第三个小朋友：还有，今天，我们没按他的规则做训练，他就生气了。

思翼听完三个小朋友的反馈有些不开心，低着头，抠着手指。

我：大家真的觉得这个司令员有这么多让你们不满意的地方吗？

下面传来一片附和的声音：“对！”“嗯，是啊！”

我：那有没有让你觉得这个司令员还不错的地方？

班里一片寂静。

我：有没有让你觉得这个司令员还不错的地方，一次都没有吗？

萌萌：没有。

思翼抬头看了看大家，带着一些无助和受伤的神情，又转过头看了看我，很快又低下了头，抿着嘴，一言不发。

（二）怎样当好司令员（3月11日）

第一次“我是司令员”的游戏伴随着几个小插曲结束了。游戏中遇到的几个问题都没有解决，显然不能直接进行第二次游戏，还需要一些讨论和谋划。在今天开展主题教育活动之前，我又给孩子们播放了作战演习的视频。播放视频前，我给孩子们留了几个问题，请他们带着问题来看这个视频。

问题1：司令员在这场作战演习中都做了什么？

问题2：参加作战的士兵是独自行动，还是听指挥统一行动？

问题3：他们平时都在训练什么？哪些人会参加训练？

看完视频后，我给孩子们几分钟时间思考。接下来，让他们说说对这几个问题有什么想法。

乐乐：这个视频里的司令员一开始在跟士兵说“要有信心”“要为了保卫国家而战斗”。

我：对，司令员要通过讲话鼓舞士气，让大家树立信心，鼓足勇气。

贝贝：我看见战士们在训练时，有个人摔倒了，好像是脚受伤了，爬不起来了。这时，司令员就跑过去问他，说话很快，我听见了几句。司令员问他还能不能站起来、哪里疼，然后，就把他使劲儿地扶起来了。

我：你看得很认真，为你点赞！司令员还关心手下的士兵，担心他们是否受伤，说明司令员很细心。

孩子们听完之后，纷纷表示赞同。

萌萌：真是没想到这么激烈的战斗，这个司令员还能关心、照顾这个士兵，司令员真好啊！

小包子：我还看见司令员在战斗时是冲在前面，一边向前冲，一边大声指挥后面的士兵该怎么做！场面看着很紧张，他们都很勇敢。

琪琪：我还看见了天上的战斗机，空军也在演习战斗。

铮铮：对，对，对，这一片还有海，我看见了军舰，是在海面上配合作战的。

孩子们进行了一系列的讨论和总结，得出了以下几点结论：

1. 司令员在作战前要鼓励士兵，要让士兵树立信心，相信一定能赢。
2. 司令员能指挥士兵，也能做到关心每一个人，保证士兵的安全。
3. 司令员作为总指挥，要以身作则，带领士兵们向前冲锋，不怕艰辛。
4. 作为军人，每个人都要有一个强健的体魄。因此，每次训练都要全力以赴。
5. 保家卫国的战斗是全体军人一起参加，包括海、陆、空三军一起作战。
6. 作为一个司令员，要承担更多的责任，愿意为大家服务。

（三）三军联合作战演习（3 月 24 日）

针对前面两次活动，我们及时进行了总结，以便后面开展的活动更顺利、策划得更周密。虽然每次活动还是会遇到不同的问题，但好在我们每结束一轮“我是司令员”的游戏后，都会及时复盘、答疑解惑、取长补短。这样，就能让后面的几次训练活动进行得更顺利。孩子们也能从中找到更多的乐趣，学到更多的知识和技能。即使每次参加活动自己不是司令员，孩子们也能积极、主动地听从指挥。

为了更好地激发孩子们的兴趣，我们准备随机开展“三军联合作战演习”。演习活动开始前，照例先讨论、观看视频，熟悉三军联合作战演习的训练内容和作战流程，通过这些活动来积累经验和寻找游戏的灵感和创意。

孩子们经过多次学习与准备，期待已久的“三军联合作战演习”终于要开始了！开始前，我们一起搬运器材、搭建赛道，孩子们干得热火朝天。在大家的共同努力下，三军联合作战演习赛道很快就搭建好了（图 4-6-1、图 4-6-2）。

图 4-6-1 攀爬赛道

图 4-6-2 钻爬和投弹赛道

本次演习的三个军队分别由三个司令员带领。陆军司令员是贝贝，空军司令员是乐乐，海军司令员是旦旦。三个人分别带领8个士兵，演习的主题是赶走入侵的敌军。

演习开始，先是由贝贝带领陆军战队从四个方向向中间进攻，乐乐带领空军战队从空中投弹，以此来阻击敌军的入侵，也在告诉地面部队敌人的位置。旦旦带领着海军战队负责击退从海面入侵的敌军，同时用武器拦截空中的导弹。

思翼因为跑动速度过快，没看见前面的果果，一不小心把果果撞倒在地。他赶忙停下，跑回去，把果果扶了起来，很着急地询问情况。

思翼：果果，对不起！我没看见你啊！没事儿吧，快起来！

思翼边说边扶起果果，果果也赶紧回应“没事儿”，借力就站了起来，继续投入“战斗”演习。

酣畅淋漓的一场三军联合作战演习很快就结束了，孩子们累得满头大汗，脸上却洋溢着满足和自豪的笑容。大家团结一心，终于击退了入侵的敌军，这是一件多么令人骄傲的事情啊！

随后，我们还请了小朋友的军人爸爸和同事们来到幼儿园，进行了军事训练演习（图4－6－3）。孩子们看得聚精会神，感慨颇多（图4－6－4）。

图4－6－3　军人叔叔在进行集体军事训练

图4－6－4　孩子们在认真地观看军事训练

本次主题活动通过一系列的活动让孩子们了解了什么是责任，如何团结合作、服从命令听指挥，这对于他们的健康成长具有十分重要的意义。最后，孩子们还把自己的画作当作礼物送给了军人叔叔们（图 4－6－5），大家一起合影留念（图 4－6－6）。

图 4－6－5 孩子们送给军人叔叔们礼物

图 4－6－6 集体合影留念

教师反思

我们开展本次“我是司令员”的主题活动时，恰逢建党 100 周年之际，举国欢庆。作为首都的小朋友们，更应从小了解军人及其职责，树立爱国主义情怀。我们通过组织幼儿观看红色主题故事的视频、图片等，让幼儿对“军人”“战争”这些词语形成初步的认知。本次活动源自孩子们对司令员的强烈兴趣，几个孩子刚把想法说出来，很快就得到了全班幼儿的认可，从活动形成到开展用时很短。本次活动首先面临的问题是：谁来当第一个司令员？为什么选他当第一个司令员？然后，制订相应的排班表。孩子们知道自己也有机会成为司令员都很开心，但是我忽略了对幼儿前期经验的引导。孩子们对司令员的认知仅限于“司令的话就是命令，必须无条件服从”。思翼第一次当司令员，他并不了解作为司令员应该干什么以及怎么干才能取得“战士们”的认可和配合。因此，活动开展得并不顺利。之后，我们进行了有效的复盘和总结，得出 6 条结论，为后面的几次活动奠定了基础。

在后面的几次活动中，全班幼儿的行为有了很大的改变。排队的时候，由于男生人数比女生人数少，有一个女生被分到了男生队列中。因此，在分队比赛时，分到男生组的女生也要跟着男生队一起训练。在通过爬赛道的过程中，遇到了一个木头梯子，她有点儿害怕，不敢快速地爬过去。思翼发现这种情况后，马上跑过去，在旁边扶着她并鼓励她：“别着急！慢一点儿，小心一点儿。安全最重要啊！别怕！我来保护你！”思翼的行为让我很感动。虽然那次活动他不是司令员，但第一次当司令员的坎坷经历和经验教训，让他学会了如何关心、帮助他人。

在搭建赛道的过程中，孩子们会仔细地检查各种体育器材摆放得是否合理、安全。“这里拼接得结实吗？”“那里叠着放，稳不稳？”有的幼儿还伸手摇晃一下器材，试试结实不结实，或者自己试着爬一下，然后，会根据搭建的状态说出自己的建议。比如：“这里拼接得不稳，还得加固一下。”“前面那个木架子上还真有小木刺，还是换一个吧！免得有人被扎到。”在战士们安装赛道组件时，司令员也会加入其中，大家共同合作完成搭建赛道的任务。

本次活动完成得非常圆满。在案例的分析和跟进中，我从孩子们身上学到了很多。“我是司令员”游戏，对于小朋友们来说，是新鲜、少见的，同时也是非常有趣的，他们都很喜欢。每个人都想成为司令员，大家都非常在意自己的表现能否成为一个合格的司令员、是否能得到大家的认可。正是因为每个小朋友的在意，这个游戏成了促进幼儿成长与进步的重要途径。每个人都努力做好司令员的本职工作，愿意为同伴提出好的建议，帮助对方成长！

案例七 假如我有 10 块钱

首都师范大学附属回龙观幼儿园 王从静

当下，电子支付已经成了我们生活的一部分。不论是在商场、超市还是饭馆、路边小摊，现金支付已渐渐淡出了我们的视线。人们对于金钱的概念已经从手递手的现金支付转变为“嘀”的一声电子支付。那么，如果给一个孩子 10 块钱现金，他会怎么花呢?

（一）10 块钱可以买什么早餐（9 月 27 日）

周一早上，两天没见的小朋友们一见到彼此，就开始热闹地聊起来，分享着周末生活中有趣的事情。我站在一旁，边和新来的小朋友打招呼边聆听着他们的谈话。

文馨：昨天，我爸爸和我妈妈单位都有事儿，要去加班，没人给我们做早饭。妈妈就给我和姐姐一人 10 块钱，让我们自己去买早点。我看到早餐店里有花生奶，我想买。可是，姐姐不让我买，说买完饮料，就没有钱买早饭了，我就没喝到花生奶。

硕硕：一个人 10 块钱，两个人才 20 块钱，肯定不够吃。我记得我爸爸带我去吃早饭，手机上微信支付了 80 多元呢!

文馨：我和姐姐没有手机，妈妈只能给我们钱。

康康：我都是在家吃早饭。有时候，奶奶也会出去买一些早点回来。不过，我还真不知道奶奶买早点会花多少钱。

对于他们这种自由自在地分享各自生活状态的聊天，我觉得非常有意思，我立刻记录下来他们讨论的“早餐应该花多少钱”这个话题。在谈话分享环节，我请这几位小朋友复述了自己聊天的内容，也邀请其他的小朋友参与到话题的讨论中。我想请小朋友们相互分享，了解更多人的想法，也许会碰撞出不同的火花吧!

鹏鹏：我去超市时，看到牛奶一袋 3 块，包子一个 2 块，应该 5 块钱，就够了。

小婉：可是不同超市的东西，价格不一样。姥姥说，小区门口那家超市东西更好吃，也更贵。我觉得要 20 块钱才够。

我：那如果让你们自己买早点，你觉得多少钱合适?

大旭：大家想法都不一样。要不，我们还是用投票的方式决定买早点花多少钱合适吧!

小朋友们听完大旭的建议，纷纷表示赞同。大家根据刚刚说过的提议，将早餐的花费分为 5 元、10 元、15 元、20 元四个档次并投票表决，结果 10 元这一档以微弱的优势胜出了。

当然，孩子们对于“10 元钱”的选择，主要是基于比较多少得来的。由于生活经验的欠缺和金钱观念尚未建立，他们对于“早餐应该花多少钱”这个问题，仅仅停留在直觉判断层面。既然是幼儿投票的结果，我们也要尊重幼儿的选择。接下来，我想帮助幼儿理性地、科学地分析和认识10元钱的使用价值。

在我的建议下，幼儿根据自己的需要，每个人都用图画的方式画出了自己的想法。他们通过图画规划着自己的早餐，有香喷喷的热狗、冰激凌蛋糕、炒米饭甚至棒棒糖。我看着五花八门的早餐，沉浸于孩子们可爱而幼稚的想法时，也意识到这是一个开展营养健康教育的好机会。这一次，我邀请了我们的保健医王老师也参与到活动中来。

表4-7-1 科学的早餐计划表

优质蛋白质	碳水化合物
鸡蛋、牛奶、鹌鹑蛋、蛋羹、豆制品、酱牛肉、豆腐羹、猪肝或鸭肝	各种粥、馒头、蛋糕、面包、花卷

王老师给孩子们讲述了健康饮食的基础知识，重点说到了科学早餐的概念和要求。孩子们在听完王老师讲解的保健知识后，参照她提供的科学早餐计划表（表4-7-1），开始修改自己的早餐计划，最终，选定了“10元早餐”的食物。

教师反思

其实，我刚开始提出让幼儿讨论“早餐应该花多少钱”这个问题时，有些担心。对于这群刚刚升入大班的幼儿来说，他们接受的财商教育比较少，对于金钱没有什么概念。特别是在电子支付全覆盖的当下，幼儿更是缺少直接接触金钱的机会。本次活动很有挑战性，通过探究带来的教育价值，也是值得教育者深思的。

《幼儿园入学准备教育指导要点》中指出：“较强的生活自理能力有助于幼儿做好入学后学习和生活的自我管理和服务，增强独立性和自信心。”“早餐应该花多少钱”除了包含金钱观的教育，也蕴含着健康、社会、语言多个领域的教育。对于处于入学准备阶段的大班幼儿来说，意义非凡。

在接下来的活动中，我会遵从和理解幼儿的学习方式和特点，最大限度地支持幼儿通过直接感知、实际操作和亲身体验来获取实际生活经验。

（二）如何买早餐（10月11日）

经过前一阶段的准备，小朋友们相互交流着自己的早餐计划。一直不爱表达的球球坐在椅子上，嘴里好像嘟囔着什么。

我：球球，你想说什么？可以大声地说出来，我们一起听听。

球球：老师，画出来也没意思啊，又不是真的去买。

文馨：就是，老让我们画，又不是真的买，没意思！

鹏鹏：要是真让我自己拿着钱买，就好啦！

小朋友们你一言、我一语，纷纷表达着自己的不满。果然是大班小朋友，不仅有制订计划的能力，也有执行计划的欲望，那就趁热打铁，把他们的热情发挥到极致吧！

我：既然大家都这么认为，我同意大家的想法。那大家可以说一说，去买早餐，需要做哪些准备呢？

康康：幼儿园附近有好几家超市，咱们要去哪一家呢？

小婉：去小区旁边那个便利店吧！我特别熟，我老去。

贝贝：那个超市太小了。小学旁边那个华华超市大，东西更多。

球球：马路对面那个果鲜美超市，看着特别新鲜，还是去那家吧！

我：咱们中国有句老话，叫作“货比三家”。大家可以回去和爸爸、妈妈一起做个调研，看看哪家超市更适合我们小朋友去购买早餐。

每个小朋友基于家庭的消费习惯，都有自己的选择。他们带着调研任务回家了。这个任务也为亲子互动提供了机会。

第二天，孩子们带着调研结果，来到了幼儿园。经过分享，他们发现，大家的选择基本上都是相同的几个超市。他们决定按照超市分成不同的小组，然后，进行小组之间的“竞标”。

“竞标”行动开始啦！

果鲜美组：我们小组认为，果鲜美超市特别好。昨天，我们去果鲜美超市调查时，老板爷爷听说我们小孩要去买东西，还挺开心的！并且他们家货架之间的距离比较宽，选购商品时比较舒适、安全。我们问了小区的爷爷、奶奶，没有在他家买到不好的东西。老板说了，欢迎我们小朋友前去购物。

便利店组：我们小组选择的超市跟其他两个相比，有点儿小。但是，我们这个超市里面有卖油条、包子、豆浆的，基本上早点摊儿有的，它都有，品种丰富，吃起来比较丰盛。

华华组：我们组选择华华超市，它最大的优势就是大，里面的东西多，种类也很丰富。还有，我们过去很方便，购物车可以推到幼儿园门口。

果鲜美组：那你们跟老板商量过小朋友们去买早餐的事情了吗？

两个小组都摇了摇头。

华华组：可是，你们两个组都要过马路，没有我们走着方便。

便利店组：华华超市的人太多了，里面的阿姨有点儿忙，会欢迎我们吗？果鲜美虽然欢迎，可都是冷餐，大家喜欢吗？

果鲜美组：那就要看大家怎么选啦！

经过激烈的“竞标”，孩子们进行了投票，最终选定了果鲜美超市。

球球：老师，我从来没有买过东西，我不太敢。我不知道跟老板说什么。

康康：我觉得我们应该问问老板，什么时候人少？（如果）人多的时候去，排队的时间太长。

两个小朋友的困惑引起了班里其他小朋友的思考。孩子们自由分组，讨论起自己关心的问题。同时，也用自己的方式记录着本组的想法。

贝贝所在的小组成员聊起了自己家人曾经在超市买到过过期商品、损坏商品的经历。小朋友们一致认为，一定要看一看商品的生产日期和保质期。这样，才能确保自己买的食物可以安全食用。

鹏鹏所在的小组成员热火朝天地交流着购物前的准备工作。彤彤说，为了减少使用塑料袋，家里长辈都是自己携带购物袋。如果买的东西多，最好带一个小拉车，比较省劲儿。

文馨所在的小组成员则比较关心社会交往问题。“如果我想拿的东西够不到，我应该找谁呢?”“要是我想请超市售货员帮忙，该怎么说?”

在大家分享完各组讨论的结果后，硕硕举起了手。

硕硕：老师，小马是回民。平时在幼儿园里都是吃不一样的饭。那去超市，是不是也有他吃的饭呢?

所有的小朋友都把关切的目光投向了小马，大家都为他担心。

小马：没关系，我老去超市买吃的，没有关系的。

小朋友们紧张的小脸儿瞬间放松下来。我给硕硕点了一个大大的赞。平日里，我们老师都会特别关注小马的餐食，避免出现问题。没想到老师们的用心都被孩子们看在了眼里。我为孩子们开始关心他人感到欣慰，他们真的长大了、懂事了。

最后，我带着孩子们一起总结了购物前需要做好的准备和购物注意事项（表 4-7-2）。

教师反思

在我们正式开始购物之前，孩子们还提出了网购早餐、外卖配送或者自己制作等想法。我们出于对食品安全的考虑，及幼儿对购买早餐的体验，最终确定去实体超市购买早餐。活动前开展的这次谈话活动成功地调动了幼儿在购物方面的已有经验。在这次活动中，幼儿通过分组学习、小组辩论的形式，表达能力、沟通水平都有了进步，他们在交流中养成了认真倾听他人讲话的好习惯。

表 4-7-2 购物准备及注意事项

主要内容	可能出现的问题	解决方法
食品安全	食品会不会过期?	1. 学习日期的表达方式有哪些，观察并了解保质期和生产日期 2. 细致地观察食品包装是否漏气、胀袋
物品准备	1. 要不要买购物袋? 2. 怎么运送物品? 3. 穿什么衣服购物更方便?	1. 自己携带购物袋 2. 可以携带购物小拉车 3. 穿着运动鞋、休闲鞋和运动服
人际交往	1. 遇到困难，要怎么和超市人员沟通? 2. 怎么说话更有礼貌?	1. 需要帮助的时候，可以向理货员和服务台的工作人员求助 2. 说话时，使用“您”“请”之类的礼貌用语
安全问题	1. 从幼儿园到超市这段路，需要注意什么? 2. 万一走丢了，怎么办? 3. 如果受伤了，怎么办?	1. 紧紧跟着老师，不乱走、不乱跑 2. 遵守交通规则，会看红绿灯 3. 如果走失，找个安全的固定位置等待老师 4. 如果受伤，及时告诉老师

小组学习的氛围宽松、自由，与集体活动相比，更有助于幼儿自我表达和自我发现。因此，我们采用了分组讨论的方式。在整个活动过程中，我学会了退后，扮演着旁观者、支持者的角色。同时，认真观察、有效引导并及时鼓励着每一个幼儿。

孩子的心灵是纯洁、美丽而又敏感的。我被他们关注到小马饮食习惯这一细节打动了。我在活动中关注的是活动能否顺利开展，而幼儿美丽的心灵也在展示人性的美好。

（三）去超市买早餐（10月12日）

终于迎来了超市购物的这一天。小朋友们拿着家长为他们准备好的10元钱，兴致勃勃地出发了（图4-7-1）。来到超市后，孩子们高兴极了，他们在不同的货架之间穿梭、走动，一会儿拿起这个看看，一会儿又看看那个，彼此还不断地交流着（图4-7-2）。突然，我看到面包区聚集的几个孩子好像遇到了什么问题（图4-7-3）。

贝贝：这个小面包可好吃了，我想买这个，可是太贵了。

康康：我也喜欢这个，可我只有10块钱，这个18块呢，钱不够啊！

小婉：买这么一大包，吃得完吗？够好几个人吃的了。

我：要不然，你们几个商量商量一起买？

几个小朋友围在一起，开始谋划起来（图4-7-4）。

贝贝：那这样吧，咱们三个把钱放在一起吧！这样，就有30元了。然后，买完了这包面包，剩下的钱去买牛奶，好不好？

贝贝的提议得到了康康和小婉的一致认可，一个人的购物计划变成了三个人的购物之旅。等到结账的时候，问题又出现了。即使三个人的钱放在一起，也买不来面包和牛奶。

图4-7-1 孩子们带着购物袋前往超市

图4-7-2 孩子们在超市选购食品

图4-7-3 在面包区商量如何购买的问题

图4-7-4 商议购物出现的新问题

小婉：啊？怎么回事儿？那怎么办？

康康：阿姨（收银员），您能帮我算算，是哪个太贵了吗？

阿姨：小朋友们，你们去换一种牛奶吧，这盒牛奶6元，你们去拿便宜点儿的，就没问题了。

康康：好的，谢谢阿姨。

三个小朋友又赶去牛奶区，选择另外一种标价3.5元的牛奶。这一次，他们成功地买到了自己心仪的食物。其他小朋友也陆陆续续地完成了自己的购物计划。

教师反思

从某种意义上说，小婉、康康和贝贝的购物是“失败的”，因为他们并没有执行自己的购物清单，而是根据自己的喜好进行了现场的调整。但是，对于幼儿来说，他们所关注的是自己当下的需求。对于“钱不够”这样的问题，在幼儿的世界里，还是个未知的问题，真实的困境激发了幼儿解决问题的能力和动机。

果然，让我惊喜的是，在我的引导下，孩子们的讨论过程进展得特别顺利。幼儿找到了“三个人的钱放在一起花”的解决策略，也共同执行了这样的花钱策略。

在真实的情境中，如何把握教师介入的时机和火候？这是我作为活动的支持者反复思考的问题。在支持幼儿的同时，为幼儿提供自己解决问题的机会。今天这次购物行动有意外，也有惊喜。

当然，对于大班幼儿来说，幼小衔接备受关注，虽然30以内数的分解与组成会存在一定意义上的挑战性，但现实问题给孩子们带来的对数概念的感知是宝贵且真实的。孩子们有了这次的购物体验，直接感受到数字与生活之间紧密的关系。

（四）一起吃早餐（10月13日）

小朋友们品尝着自己采购的早餐，边吃边分享着自己的感受，你一言、我一语的，脸上洋溢着喜悦和幸福（图4-7-5）。

图4-7-5 孩子们在一起品尝自己采买的早餐

彤彤：今天的早餐真好吃！酸奶和卤蛋都是我的最爱。

球球：我喜欢我自己买的早餐。你看，我这个玉米味的火腿肠和小蛋糕，太美味啦！

文馨：我这个三明治也很好吃，里面既有肉，又有蛋。本来就是只有自己才知道什么好吃嘛！

康康：下次和妈妈去超市，我要自己去挑选食物，我选择的肯定都能够吃完。这次买的面包和牛奶马上就吃完了。买早餐也没那么难。

看着孩子们一张张心满意足的小脸儿，我也感到很高兴。我们邀请了保健医王老师对小朋友们购买的早餐进行了营养分析。王老师肯定了孩子们均衡蛋白质和碳水的健康饮食意识，但也提出了“茶叶蛋”等个别包装食品食用时应注意的问题。

我：如果再给你10块钱，这次，你可以买任何你想要的东西，你会买什么呢？

小婉：给妈妈买一枝花，妈妈每次看到花，都特别开心！

鹏鹏：不知道能不能买到奥特曼的卡片？

硕硕：也许我会买个冰激凌吧！他们总是不给我买。

贝贝：我想攒更多的钱，最后，买更多的东西。

小朋友们经过这次“实战”，已经对10块钱有了一定的概念。我想，以后再遇到这样的问题，他们一定会有更好的主意。

教师反思

这次“10块钱买早餐”的活动，活动目的买早餐是设定好的，孩子们只能在早餐的范畴内进行思考。如果没有这个限制，他们又会有哪些不一样的行动呢？

这次，我把“假如我有10块钱”这一活动延伸到了幼儿的家庭中，借助家园合作，让父母与幼儿商量，根据幼儿在入学准备过程中的要求，共同制订近期的“任务清单”，强化幼儿的任务意识，并且通过“代币奖励”的形式，对完成任务后的幼儿进行奖励。

同时，通过“家长课堂”的形式，帮助幼儿了解父母的职业和工作内容，知道父母工作的辛苦，学会尊重身边的工作者，从而珍惜来之不易的劳动成果。

我想这次的活动尝试是成功的。这次的尝试也为我继续带领幼儿迎接新挑战，增加了信心。孩子们在活动中表现出的专注、乐观和自信，也是值得我学习的。

案例八 探秘婚礼

北京市第六幼儿园回龙观园 田 杨

今天的区域活动中，图书区的孩子们情绪异常高昂，他们激动地讨论着绘本《老鼠娶新娘》的故事内容。

瑞欣：依航，你看，《老鼠娶新娘》的绘本在这里呢！我特别喜欢这本书！

依航：老鼠也要结婚，你知道老鼠是怎么结婚的吗？

嘉蕙：我也想知道老鼠是怎么结婚的，应该会很有趣吧！

瑞欣：书里面都说到了。

瑾初：咱们一起来看看吧！

说着，他们就围坐在图书区的桌子边一起看了起来……

（一）我喜欢的故事《老鼠娶新娘》（12 月 3 日）

瑞欣：你们知道吗，老鼠也会结婚！

鑫然：老鼠结婚？老鼠不是动物吗，怎么会结婚?!

艾迪：就是，就是。

瑞欣：真的，这是我在绘本书上看到的。

鑫然：那你给我们讲讲吧！

瑞欣：好呀，老鼠结婚的故事发生在一个老鼠村里……

瑞欣边讲边翻开了手中那本《老鼠娶新娘》的绘本。几个小朋友围了过去，边听边看绘本（图 4－8－1）。

智杰：故事里的老鼠结婚和我们人现在结婚怎么不一样呢？

艾迪：怎么老鼠结婚时，新娘穿的是红衣服呢？

童桐：我听说齐老师也要结婚了。要不，咱们去问一问齐老师吧！

艾迪：齐老师要结婚了，齐老师肯定知道结婚的事情。

瑞欣：齐老师，你结婚时，也要穿红色的衣服吗？

齐老师：我想穿白色的婚纱！

童桐：白色的婚纱，那美叮当（《老鼠娶新娘》绘本中的老鼠新娘）怎么穿的是红色的衣服呀？

我：那你们觉得为什么美叮当结婚时，穿的衣服是红色的呢？

艾迪：是不是因为美叮当是动物呀？动物结婚就要穿红色的衣服。

瑞欣：那会不会是图书上画的呀？在画画的时候，把美叮当的衣服画成了红色的。

依航：那齐老师，你结婚的时候，可以穿红色的衣服吗？

齐老师：我也想知道，结婚时，到底要穿什么颜色的衣服？

艾迪：要穿白色的。我看到过爸爸、妈妈的结婚照，我妈妈穿的就是白色的婚纱。

嘉蕙：我觉得是穿红色的，绘本里边，美叮当就是穿红色的衣服呀！

鑫然：我觉得红色的和白色的都会穿。因为艾迪妈妈结婚时，就是穿的白色婚纱，美叮当结婚时穿的就是红色的，都是结婚，两种颜色都可以穿。

我看到孩子们激烈地讨论着，却怎么也讨论不出结果，便走过去旁听，并及时参与了他们的讨论（图 4－8－2）。

图 4－8－1 幼儿在阅读绘本，分享故事

图 4－8－2 师幼共同讨论有关结婚的话题

我：孩子们，你们说的这些都有道理。可你们有没有什么办法知道，结婚时，到底应该穿什么颜色的衣服呢？

依航：我回家问问我妈妈。我妈妈结婚后才有的我，妈妈应该知道。

艾迪：我可以和爸爸、妈妈一起上网查一查。

听了依航和艾迪的话，孩子们一下子兴奋起来，好像自己想要的答案就在眼前！

我：今天，小朋友们回家后，就和爸爸、妈妈一起寻找答案吧！等周一来了，咱们再一起分享。

教师反思

兴趣来源于生活。生活即教育，教育即课程。教师应在孩子们的生活圈里，抓住孩子们的热点问题，开展活动，关注幼儿生活的需要和兴趣，引导幼儿从自身正在经历的生活中去认知、学习、体悟和成长。在活动中，幼儿能够学习与他人合作，喜欢并愿意和他人在一起讨论。有疑问时，能主动提问，并能与同伴一起讨论问题。当自己和别人的看法不同时，能倾听别人的意见并说出自己的理由。在阅读绘本的过程中，幼儿能发现问题、提出问题、讨论问题，并更好地与同伴合作与交往。

老师作为幼儿自主活动的观察者和倾听者，为幼儿营造出积极、和谐的气氛，为幼儿搭建充分展示自我的“舞台”。在活动中，教师应及时给予幼儿启发式提问，不断引导幼儿积极、主动地表达自己的想法和感受。在幼儿遇到解决不了的问题时，提供必要的帮助，引导幼儿进行自主讨论、交流和分享，充分发挥幼儿的主导地位。

（二）齐老师也要结婚了（12 月 6 日）

到了第二天，在集体活动时，孩子们已经迫不及待地想要把自己搜集的资料跟大家分享了。他们几个人围坐在一起，开始了小组讨论和分享（图 4－8－3）。

依航：我妈妈说，结婚时，如果新娘和新郎举办的是西式婚礼，那么新娘就会穿上漂亮的白色婚纱，新郎会穿一套西装，西装的颜色可以是黑色的，也可以是白色的，还可以是蓝色的。

孩子们听得津津有味，仿佛都在想象齐老师穿上婚纱的样子。

艾迪：我昨天和妈妈一起上网查了，在很久很久以前，人们结婚时，穿得会非常的漂亮！我还和妈妈一起找了一些人们结婚的图片。

嘉蕙：好漂亮呀！你看，在照片里，新娘穿的就是红色的衣服。

鑫然：她头上戴的和美叮当头上的一样。

艾迪：对，新娘头上戴着的叫“凤冠”。还有一张照片，新娘头上盖着红色的布。

瑞欣：我知道，我回家问妈妈了，妈妈说这是红盖头。

大安：红盖头，美叮当结婚时头上就有一块红盖头。

孩子们都很用心地收集了资料，也从其中学到了不少知识。今天，艾迪还给我们分享了他和妈妈一起找到的结婚照片。我们从照片中知道了盖在美叮当头上的红布原来叫“红盖头”。

我也加入了孩子们的小组讨论，围坐过来的孩子也多了起来，大家一起进行着讨论（图 4－8－4）。

图 4－8－3 小组分享

图 4－8－4 师幼共同分享

艾迪：我还查到，以前新娘结婚时，是要坐轿子的。会有人来抬轿子，在轿子的前边和后边都有好多人，有的人还会拿着乐器演奏。

我：咦？艾迪说的这些，我怎么感觉有点儿熟悉呢？你们有没有在哪里看到过新娘结婚坐轿子呀？

瑾初：呀！不就是美叮当吗！美叮当就是坐着轿子的呀！

瑞欣：我记得齐老师说过，结婚时想要穿白色的婚纱，依航不是说西式婚礼就是穿白色的婚纱吗？

艾迪：齐老师穿白色的婚纱，还能坐轿子吗？

嘉蕙：穿红色的衣服结婚，才可以坐轿子的。

我：齐老师穿的是白色的婚纱，应该坐什么呢？

瑞欣：齐老师坐汽车，就是我家的那种小轿车。

我：这是个好主意，如果我坐汽车，那汽车的前面和后面还能有人跟着一起吗？

依航：不可以，那样太危险了。也就没有人吹乐器了，那就没有音乐了。

瑾初：可以跟着其他的汽车，这样，就不会是齐老师自己一个人了。

我：现在，齐老师有人陪，美叮当在结婚的时候，轿子是很漂亮的，别人一眼就可以看出来是结婚的。那齐老师坐在婚车上，怎么让其他的人也知道呢？

艾迪：可以把车窗打开，这样，别人就可以看到齐老师了。

依航：在车子上放很多鲜花，把车子装扮得漂漂亮亮的，就像美叮当坐的轿子一样漂亮，一样吸引人。

鑫然：齐老师，你也是在过年的时候结婚吗？

齐老师：我不是的。

鑫然：可是，美叮当就是在过年的时候结婚的，书里面就是这么说的。

童桐：美叮当和齐老师结婚是不一样的。

我：为什么美叮当和齐老师的婚礼是不一样的呀？

艾迪：我只知道齐老师是西式婚礼，而美叮当的婚礼应该是很久很久以前人们结婚的婚礼吧！

我：我也不太清楚，为什么西式婚礼和老鼠的婚礼不一样，那我们怎么找到这个问题的答案呀？

童桐：要不，今天我回家问问小度吧，它什么都知道的！

瑾初：我在网上找找吧！

我：那好，今天的这个问题就留给你们了。明天，老师等你们来分享。

教师反思

在活动中，幼儿愿意把自己了解、查阅到的知识分享给同伴，他们对自己感兴趣的问题喜欢刨根问底，并通过多种方式寻找问题的答案。好奇、好问、好探究，本就是幼儿与生俱来的特点。

教师鼓励幼儿分享与交流，并及时给予肯定，认真对待幼儿提出的每一个问题，抓住幼儿的兴趣点与探究点，通过追问的方式引导幼儿进行猜想，促使幼儿继续探索。

(三)美叮当和齐老师的婚礼为什么不一样(12月7日)

对于美叮当和齐老师的婚礼为什么不一样,孩子们收集到的信息也是各种各样的。

瑾初:我在网上查到了,美叮当的婚礼是中式婚礼,齐老师的婚礼是西式婚礼,所以会不一样。

我:那中式婚礼是什么样子的呢?有没有小朋友知道呀?

依航:中式婚礼会坐花轿,还会有人在前边演奏乐器。

嘉蕙:中式婚礼要穿红色的衣服,还要盖上红色的盖头。

鑫然:新娘、新郎的爸爸、妈妈要坐在前边,新娘和新郎要拜一下。

瑞欣:我知道,那叫“拜堂”!

我:刚才,我们说的是中式婚礼,就是美叮当所举行的婚礼仪式。那有没有小朋友知道,西式婚礼是什么样子的呢?

艾迪:西式婚礼会在一个特别大、特别漂亮的地方举行,我见过,所以我知道。

童桐:我和妈妈在网上查过,西式婚礼,新娘会往身后扔手捧花,然后还会有伴娘和伴郎在后边接着,手捧花可漂亮了。

瑾初:还有就是新娘的爸爸会牵着新娘的手走到台上,把新娘的手交给新郎。这时候,新娘会哭的。

依航:新娘为什么会哭呀?

瑞欣:可能是新娘觉得太幸福了。还有一个,你们都没说,西式婚礼上,新娘和新郎要相互交换戒指,他们的戒指也是非常漂亮的。

童桐:新娘是开心得哭了。

艾迪:还会有一个人来主持婚礼,那个人叫“司仪”。

孩子们兴奋地说着自己收集到的各种有关婚礼的信息(图4-8-5、图4-8-6)。

我:小朋友们收集到的信息也是很全面的。我们知道了中式婚礼和西式婚礼有好多不一样的地方。那为什么有的人会举行西式婚礼,有的人会举行中式婚礼呢?

图4-8-5 幼儿上前介绍

图4-8-6 幼儿进行分享

瑞欣:可能有的人喜欢穿白色的婚纱,有的人喜欢穿红色的婚服吧!

瑾初:中式婚礼,新娘是要坐轿子的,万一抬轿子的人在路上太累了,抬不动了呢?

童桐：抬轿子太累了，所以就改成西式婚礼了。这样，就不用抬轿子了。

艾迪：美叮当的婚礼就是要准备好多的东西，中式婚礼准备的东西太多了，所以，有的人会举办西式婚礼。

嘉蕙：虽然要准备很多东西，但是婚礼也很热闹呀！人们会在前面演奏乐器！

童桐：西式婚礼，新娘穿的白色婚纱也很漂亮的！虽然美叮当的衣服很漂亮，但我更喜欢白色的婚纱。

鑫然：我还知道有的人会把中式和西式婚礼合到一起来举办。新娘会有两套衣服。这样，不仅能穿白色婚纱，也可以穿红色的婚服。

艾迪：那齐老师头上是要戴皇冠吗？

齐老师：其实，我更想戴头纱。

童桐：头纱是不是像表演区里的那个发箍，然后有长长的一块纱呀！

依航：那齐老师是不是也要拿着手捧花呢？

鑫然：齐老师，您现在有手捧花吗？

齐老师：现在还没有呢！

艾迪：我们一起来给齐老师制作一个吧！

智杰：我还想做个戒指，让齐老师戴着。

瑞欣：我想画齐老师，送给她，祝她幸福。

我：哇，你们太有心啦！你们的祝福方式非常特别，齐老师一定很喜欢。

教师反思

在活动中，幼儿能够积极、有序、连贯、清楚地在他人面前大胆地表达自己的观点，主动探索他们感兴趣的问题，在探索中找到答案，感到兴奋和满足。

在活动中，当教师发现幼儿的兴趣点时，会不断深入提问、引导幼儿、拓宽幼儿的兴趣点，不断鼓励幼儿，为幼儿树立信心，帮助幼儿保持持久的兴趣。在幼儿分享收集的资料后，教师针对幼儿分享的内容进行梳理、总结，帮助幼儿更好地理解东、西方不同的婚礼习俗。

（四）给齐老师送上祝福（12 月 15 日）

今天一大早，小朋友们就紧锣密鼓地开始为齐老师制作结婚礼物了（图 4－8－7）。

智杰：我这个手捧花为什么一扔就散了？

瑞欣：你可以用毛根绑上，勒紧一些。

听了瑞欣的建议，智杰开始尝试把毛根缠在花束上并拧紧，这回怎么扔都不会散开了。他高兴地向同伴分享自己的经验。小伙伴们互帮互助完成了自己的礼物制作。大家一个接一个地亲手将自己制作的礼物送给了齐老师，并送上了真诚的祝福（图 4－8－8）。

瑞欣：齐老师，这是我画的《穿着婚纱的你》，希望你每天都像新娘一样漂亮。

智杰：这是我做的手捧花。婚礼的时候，您可以用，把手捧花扔给别人。

依航：这是我做的钻石戒指。您结婚的时候，可以戴上。

图 4-8-7 共同制作礼物

图 4-8-8 给老师送上祝福

齐老师接过孩子们送来的一份份礼物，感动得露出了幸福的微笑。

齐老师：谢谢你们的祝福，也谢谢你们的礼物。我结婚当天一定都带上，并邀请你们参加我的婚礼。

智杰：齐老师，您在哪里办婚礼啊？

齐老师：我在河北办婚礼。

瑞欣：太远了，我妈妈肯定不让去的。

齐老师：你们想看我的婚礼吗？

智杰：当然想，而且还特别想参加。

齐老师：那可怎么办呢？你们快想想办法吧！

智杰：齐老师，我们视频吧！有时候，我就在网上和美术老师一起学习画画，我能看见她，她也能看见我，我们还能说话呢！

齐老师：好呀，那我结婚当天就和田老师视频，让你们都能看见我的结婚典礼，见证我的幸福时刻。

孩子们高兴得欢呼起来！齐老师看着欢呼的孩子们，也幸福地笑了。

教师反思

孩子们在制作礼物与送上婚礼祝福的过程中，主动地用智慧和行动去“爱”自己的老师。整个过程中，孩子们的自觉认知、自发创造、共同决策的能力得以提高，同时促进了兴趣、情感、态度、价值观等方面的发展。

活动源于生活的高光时刻，源于孩子们的好奇心和创造力。教师及时捕捉孩子们感兴趣的问题并引导他们深入探究，大胆地与幼儿一起探讨，引发他们思考。幼儿通过美工活动动手制作礼物，还亲手送上了自己的祝福，传递了一份真挚的师生情。

（五）参加齐老师的婚礼喽（12 月 22 日）

齐老师结婚当天，我特意找到她的侄女，与我们在线视频。一切准备就绪，孩子们早早地就在活动室等着了。视频连线后，大家目不转睛地看着大屏幕，齐老师第一个出现在屏幕上。

齐老师：宝贝们，大家好！婚礼马上就要开始啦！一会儿，你们就可以观看啦！

孩子们兴奋得鼓起了掌。

瑞欣：齐老师好漂亮呀！

孩子们都目不转睛地看着，只见齐老师挽着她父亲的手慢慢地走上舞台。

小朋友们开始喊起来："新郎出来了！新郎出来了！"

接着，大家看到一位中年男士挽着齐老师的胳膊，缓缓地走向舞台的中央。

智杰：刚才那个可不是新郎，那是齐老师的爸爸，拉手的才是新郎。

瑞欣：对，新郎是年轻的。

智杰：快看，齐老师拿着我送给她的手捧花。

依航：她还戴着我给她做的戒指，太好看啦！

孩子们开心得边看边议论着（图 4－8－9），一直观看到结婚典礼结束。

我：接到手捧花的人会有什么好事情？

智杰：主持人说了，接到手捧花的人，下一个结婚的就是她。

我：你们知道主持人在婚礼上有个好听的名字，叫什么吗？

依航：叫"司仪"，我妈妈告诉过我。

我：什么能证明他们是合法夫妻呢？

瑞欣：我知道，是《结婚证》，红色的那个小本本。

智杰：齐老师的婚礼是西式的。中式婚礼就像《老鼠娶新娘》里那样，穿红色的衣服，坐大红花轿。西式婚礼是穿白色的婚纱。

我：你们观察得太仔细了！这回，真的感受到了齐老师幸福的瞬间。齐老师还给你们留了喜糖，宝贝们，快来尝尝吧！

孩子们每人高兴地领到了一份喜糖，他们相互交流着对齐老师的祝福（图 4－8－10）。

图 4－8－9 观看齐老师的婚礼

图 4－8－10 发喜糖，传递甜蜜

智杰：齐老师的婚礼和美叮当的婚礼是不一样的。

瑞欣：是呀，现在知道了，齐老师的婚礼是什么样子的了。我也好想知道美叮当的婚礼是什么样儿的？齐老师的婚礼好热闹啊！可是，美叮当的婚礼会不会也很热闹呢？

依航：我也好想看一看美叮当的婚礼啊！

我：刚才，我们通过视频参加了齐老师的婚礼，那美叮当的婚礼，我们可以通过什么方式来参加呢？大家想一想。

艾迪：田老师，我有个好主意，要不，我们来表演一场美叮当的婚礼吧！请一位小朋友来演美叮当，请另一位小朋友来演小阿郎。

瑞欣：好主意！这样，我们就能知道美叮当的婚礼了。

教师反思

一个愿望引发了一连串儿爱的举动。本次活动中，孩子们观看了一场幸福的婚礼。“婚礼”作为一种典型的风俗仪式，包含了太多人们对婚姻、对爱情、对礼仪的理解与诠释。孩子们在观看婚礼的过程中不仅亲身感受到了婚礼的流程和细节，还初步体验了西式的婚礼习俗，形成了对爱、对婚姻、对家庭的正确认识与理解，感受着爱并传递着温暖，初步建立了良好的社会情感和社会交往关系。

在观看结婚典礼的过程中，孩子们的情感经历更丰富、更细腻，他们从中学习并体会了他人的感受。此次活动以真实的生活现象为课程，为孩子们建立起更好的、更真实的爱的情感教育。

（六）情景剧表演《老鼠娶新娘》（12 月 30 日）

这几天，孩子们忙着准备一场特别的表演。

我：宝贝们，在《老鼠娶新娘》情景剧表演之前，我们应该先做什么事情呀？

艾迪：我知道，先来确定谁演什么。

我：我们怎样来确定谁演哪个角色呢？

智杰：我们投票来决定吧！每个人说出他想演的角色，其他人来投票。

我：好办法，如果两个小朋友都选择了同一个角色呢？

智杰：那我们就让票数多的小朋友来演，票数少的小朋友可以选择其他的角色。

根据这个办法，我们很快就选好了表演《老鼠娶新娘》情景剧的各种角色。

瑞欣：角色选好了，我们还需要一些表演道具呢！

依航：美叮当结婚时是要坐轿子的。

智杰：我们一起来做一顶轿子吧！

孩子们说干就干。在教师和家长的帮助下，他们搜集了一些有关轿子的照片和简单制作轿子的方法。很快，美叮当结婚用的轿子也渐渐有了大致的模样。

看着大家制作的轿子，瑾初有些疑惑。

瑾初：美叮当的轿子是不是红色的呀？

智杰：对，我们制作的轿子也要刷上红色的颜料。

我：我们应该用什么颜料更合适呢？

依航：在美工区有红色的丙烯颜料，我们可以试一试。

依航系好小围裙，打开颜料盒，拿起刷子，开始了一项“大工程”——给轿子刷红色的颜料（图4-8-11）。

在等待丙烯颜料干的过程中，我们也没闲着，按照《老鼠娶新娘》绘本故事创编剧本，现在已经开始排练了。

功夫不负有心人。在孩子们的共同努力下，大型情景剧表演节目《老鼠娶新娘》终于可以登台演出了。

家长们得知孩子们要准备情景剧表演，纷纷为孩子们准备了相应的角色服装。

演员就位，服装就位，道具就位，现在就差舞台了。

童桐：在二楼的多功能厅就有一个舞台，咱们可以去那里表演。

我：我们表演时会有观众来看吗？

艾迪：我们可以邀请别的班的小朋友，还有中班和小班的弟弟、妹妹们来观看。

智杰：那我们确定好时间，再去邀请他们吧！

瑾初：我们可以给每个班送一张邀请函。

我：宝贝们，老师太期待你们的表演了。

正式演出的日子到了。那天，一大早就来了好多的小观众。

我：来了这么多的小观众。宝贝们，你们紧张吗？

瑾初：我有一点点紧张。

智杰：我不紧张，你们也别紧张啊！

我：没关系，老师给你们加油！你们放松地去表演。

随着音乐声响起，《老鼠娶新娘》情景剧表演正式拉开了“序幕”（图4-8-12）。

图4-8-11　制作道具

图4-8-12　登台表演

看着孩子们在台上自信而灿烂的笑脸，精彩投入地表演，我真心为他们高兴。台下不时地爆发出阵阵的掌声。最后，在全场热烈的掌声中，孩子们的情景剧表演圆满结束了。

孩子们下台后，个个脸上泛起了红晕，是激动，也是喜悦。此次演出，孩子们不仅收获了小观众们和老师们的掌声和赞美之词，更获得了对爱的向往、对美好生活的期待。

教师反思

孩子们看完齐老师的婚礼，对美叮当的婚礼更是充满了好奇。因此，就有了这场《老鼠娶新娘》的情景剧演出。孩子们通过投票选出了剧中角色扮演的人选。演出之前，大家一起制作表演道具，准备服装，一起排练，最后，还制作了邀请函，邀请其他班的小朋友来观看表演。幼儿在制作道具方面有前期经验的支持，后续就会更顺利一些。当幼儿有了新的兴趣点，作为教师，应给予幼儿正确的引导和足够的支持。在动手制作道具的过程中，孩子们体验到了合作与相互帮助的重要性。在整个过程中，教师不断地给予幼儿自觉认知、自发创造、共同决策的机会，促进幼儿兴趣、情感、态度、价值观等方面的发展，让幼儿感受爱并传递温暖。当孩子们穿上漂亮的服装，那种自信溢于言表。虽然表演节目暂时告一段落，但关于成长和爱的话题，仍在继续。

案例九　蘑菇大发现

北京市第六幼儿园回龙观园　牛小敬　许艺馨

一次小雨过后，孩子们对雨后的百草园产生了浓厚的兴趣。他们自发地在百草园里开展了大探秘的活动。有的孩子在墙角和草丛里寻找着雨后的蜗牛，有的孩子在园子里观察植物，还有的孩子在兴致勃勃地进行探寻活动（图 4-9-1、图 4-9-2）。

图 4-9-1　山楂林大探秘

图 4-9-2　柿子林大探寻

（一）探秘百草园（3 月 1 日）

小雨过后，孩子们在百草园活动时，突然有人惊呼："呀！快来看，这是什么呀？"我扭头一看，孩子们正好奇地围着一堆长在枯树干上的植物，大声地讨论着。

跃森：这是什么呀？

博涵：这个，我知道呀！这是灵芝。它是有毒的，不能吃，不能碰。碰了，就会把我们给毒死了。

沐尧：不对，不对，这不是灵芝。我见过这个，这是木耳，是白色的木耳。

敬和：才不是呢！木耳是黑色的，而且这个都不是木耳的形状。

熠晨：没有，是有白色的木耳，叫做"银耳"，我见过的。每次我感冒后咳嗽，我妈妈就用白色的木耳给我做银耳雪梨汤，又香又甜，可好喝了。我喝过很多次，也见过很多次木耳，但和这个长得不一样，那这个就不是木耳了，肯定是其他我们不知道的植物。

泽清：我看这个也不是木耳，也不是灵芝，是树开花了吧？

嘉阳：不可能吧，在树干上开花？如果开花的话，这棵树也应该有绿叶吧！可是，这棵树没有叶子。我看，这棵树是枯树吧，已经死了，怎么会开花呢？

德川：是呀，我觉得嘉阳说得对，而且花也不长这个样子吧？这个有点儿像蘑菇呀！就像咱们吃的蘑菇，不就是这样的吗？但是，这个又和我在家里吃的蘑菇不太一样。

说着，德川要用小手去摸。

睿珏：不要碰，不要碰！红伞伞，白杆杆，吃完一起躺板板。你们没听过吗？我们不能随意摸任何蘑菇，有毒的。

博涵：对，我就说有毒吧！

周围的孩子被他们的讨论吸引了，纷纷跑过来看这株"特殊"的植物。

户外活动很快就结束了。孩子们讨论得特别激烈，各持己见，讨论了十分钟，也没有一个统一的结果能让所有的小朋友信服和认可。于是，孩子们找到我。

孩子们：牛老师，我们不知道这是什么，您知道吗？

我：我也不知道，我们有没有什么方法能找到答案呢？

孩子们：老师，咱们把它带回班里，研究研究吧（图 4－9－3）！

图 4－9－3　孩子们在雨后的百草园发现枯树上的白色绒状植物

教师反思

我惊讶于幼儿自发的探讨行为，采取了退位的方式，倾听、观察着幼儿的语言及行为。幼儿说出了"灵芝""银耳"这些植物的名称，说明幼儿在生活中看到或听到过。由此可以看出，幼儿对生活中见过或听过的事物非常用心，具有观察细致和认真倾听别人说话的能力。而泽清和嘉阳用对话的方式进行探讨并得出这个"特殊"的植物不是花的结论，说明幼儿能根据已有认知经验推理并判断，从而得出结论，具有倾听并理解别人语言的能力。我更惊讶于睿珏竟然说出了“红伞伞，白杆杆，吃完一起躺板板”的民间谚语。我通过网上查阅资料才了解到这句话是云南童谣里的一句歌词。因为云南菌菇众多，当地历来就有吃菌的饮食习惯。这首歌是为了防止误食毒蘑菇而创编的。这说明幼儿在生活中会通过各种途径获取知识。我发现幼儿对百草园大自然的植物有着强烈的好奇心，决定让他们自己寻找答案，没想到引发了他们对答案的争议，渴望知道自己猜测的结果是否正确。这充分调动了幼儿探究答案的积极性。我继续引导幼儿发现问题、分析问题和解决问题，使幼儿的兴趣转向有目的、有计划的探究，培养幼儿良好的学习品质，促进幼儿科学思维方式的形成。

（二）寻找答案（3月1日）

户外活动时，孩子们还没有讨论出结果，有个孩子提出先把枯树带回班里，再仔细研究。于是，我们用小铲子把树挖出来，放进花盆里，带回了班。我先组织幼儿猜想一下这个枯树上的白色绒状植物是什么。孩子们大胆、自由地猜想，说出了灵芝、木耳、蘑菇等答案（图4-9-4）。

我：既然大家的答案不一样，那我们如何去获取正确的答案呢？

幼儿自行分组，讨论寻找正确答案的方法。

德川：我家里有电脑。我可以回家用电脑上网查查这是什么，网上什么都有。

璐璐：我姐姐有手机。我回家让姐姐帮我用手机查。我姐姐说了，万事问小度，小度都知道。

嘉阳：我家里有关于植物的书叫《DK植物大百科全书》，我回家可以在书里找答案。我妈妈说了，书中自有颜如玉，书中自有黄金屋。

紫萱：我们也可以在放假的时候去博物馆看看呀！我记得自然博物馆里有好多的植物呢！

敬和：那我去图书馆查。我妈妈总带我去图书馆。图书馆里有好多、好多的书，什么都能查到。

鑫洋：我可以看电视，电视里有动物世界，还有关于植物的。主持人讲解得很详细，可厉害了！

小童：我妈妈带我去过植物园，里边有很多的花、很多的草、很多的树。我们可以去植物园问问工作人员。工作人员管那里，肯定知道。

我：小朋友们，你们说了这么多种方法，那就试着用你们说的方法去寻找答案吧！

图4-9-4 对白色绒状植物进行猜想

教师反思

我看到大班幼儿对植物充满了好奇和求知欲，他们对未知植物进行了热烈的讨论。这些讨论没有任何约束和限定，完全是由幼儿自发产生的。在这个过程中，幼儿大胆地表达自己观察并发现的植物外形特征，并由此产生了各种猜想，体现了他们的想象力以及他们已有的生活认知和前期经验。

在幼儿讨论的过程中，我发现他们充分调动了自己对植物的原有认知与经验，有些幼儿已经感知并理解了植物的生长环境和特性，如有些植物生长在枯萎、易腐的植物上，有些植物要生长在土壤里。在后续的小组讨论中，幼儿能够想到各种各样的解决办法，激发了幼儿的认知兴趣和探究欲望，使幼儿形成对大自然、对科学的积极情感和正确态度。

幼儿通过分组讨论发现寻找正确答案的途径有很多种，如网络搜索、翻阅报刊和书籍、标本比对、收看电视节目等，都可以成为获取知识的途径（表 4－9－1）。

表 4－9－1　蘑菇分组讨论寻找方法大集合

查阅资料途径	手机	《DK 植物大百科全书》	博物馆	植物园	电脑
如何使用工具	百度搜索	翻阅、查找	标本进行对比	咨询工作人员	视频查找

（三）答案大集合（3 月 1 日—3 日）

几天后，他们分享了通过不同途径查询的答案，并说出了自己的探究过程。德川带来了从网上搜索到的答案图片，嘉阳带来了《DK 植物大百科全书》，从里边找出了和百草园发现的植物一模一样的图片。

德川：我回到家，就让我妈妈帮我找答案呢！

我：哦？那你是怎么和妈妈一起寻找答案的？

德川：回到家，我让妈妈把老师在“掌通家园”里发的图片下载下来，然后打开手机，放在百度上搜索，我看哪个和它一样，哪个就是答案了。我们在百草园看到的就是蘑菇。

敬和：哇，德川，你好厉害啊，还会上网呢！我还准备和妈妈约好过几天去图书馆查资料呢！但是，没有你快啊！

嘉阳：我也找到答案了，我和德川不一样。我是从《DK 植物大百科全书》里找到的答案。这个植物叫“变形靴耳”，里边还详细说了，它属于蘑菇类，生长在潮湿的环境中。树林里是蘑菇理想的生长地，树林是所有蘑菇生长地中产量最高的地方。由于树种的不同，产量也不同，蘑菇的形态和种类也不同。蘑菇在树林中可以分解枯枝败叶，给其他植物提供无机物和养分，促进植物生长（图 4－9－5、图 4－9－6）。

德川：我感觉你的答案是正确的。我的就是和查找的图片一致后，图片下面显示叫“蘑菇”。你的答案好细致啊！是不是网上的答案不一定正确啊？

我：德川说得很对，网上的答案太宽泛，不够细致。因此，小朋友们在进行验证的时候要怎么做，才能准确又快速呢？

图 4-9-5　用手机上网查找答案

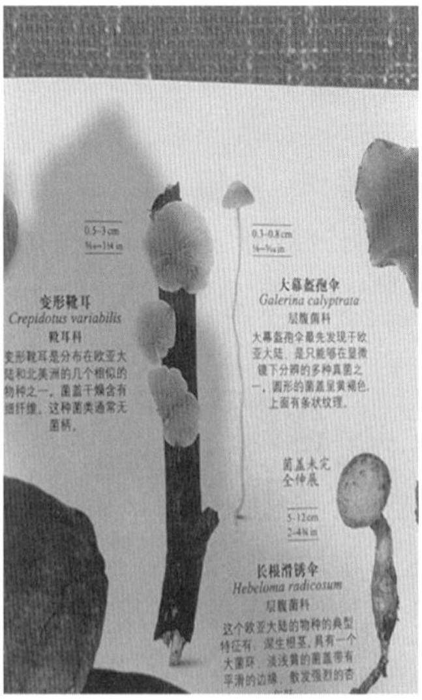

图 4-9-6　从书中找到的植物图片

嘉阳：我们可以互相验证，就像德川查完之后，我们还可以对照着书查查看，是不是对的？

德川：好呀，好呀，这就肯定对了。

敬和：那还可以让我妈妈有时间的时候带我去博物馆，我根据你们两个的答案，也去对比图片，看看对不对。不过我去得会比较晚。你们看，嘉阳看书比德川慢，我去博物馆要比嘉阳慢。

小童：是呀，要是自己去就慢，要是用手机查就会快。但是，用手机查又没有看书和去植物园或者博物馆更准确呢！

我：是的，你们说得都非常对，用不同的工具查阅资料效率不同，验证结果的准确性也是不同的。因此，我们求证的时候，要多比对，不能只用一种工具，可以多种工具同时使用。

嘉阳：哇！那我们不光两个人对比答案，要三个人去对比，那答案肯定更准确了（表 4-9-2）。

表 4-9-2　查询方法验证

查阅资料方法	如何使用工具	查阅的结果	工具优点	工具缺点	验证结果
手机	上网搜索	蘑菇	快捷，方便	真假掺杂，不易识别	范围太广
《DK 植物大百科全书》	翻阅书籍	变形靴耳	准确率高，类别细致	查阅速度慢	准确
博物馆	标本比对	未去	对比直观，权威认证	休息时间才能去，时间较长	未验证
植物园	专业人员解答	未去	专业度高	休息时间才能去，时间较长	未验证
电脑	视频查找	白蘑菇	理解更容易	答案缺少权威认证，容易误导	错误

紫萱：哎，你们说蘑菇要长在树林里，可我们的百草园不是树林啊？

嘉阳：是呀，但我们的百草园这棵枯树恰好在亭子的旁边，亭子那么大，遮住了阳光，前两天又下过雨，水分很充足，我妈妈说阴暗、潮湿的地方，也容易长蘑菇。

小童：好厉害呀！现在，我们终于知道答案了。那我们把答案放在哪里呢？

沐尧：放在枯树旁边吧！树不就在植物角吗？我们贴在它的旁边，等我们忘了，还可以去看看。

于是，孩子们自发地把图片放在了植物角，我帮他们把它贴在了墙上。

幼儿对枯树的探究兴趣很浓厚。现在，这棵枯树投放在我们的植物角（图 4－9－7），可以让幼儿随时探究。

图 4－9－7　孩子们把找到的答案以图片的形式张贴在植物角的墙上

教师反思

嘉阳通过回家翻阅《DK 植物大百科全书》找到了和百草园一模一样的蘑菇，并知道了它的名字——变形靴耳。德川通过百度扫描图片得到的答案是蘑菇。当他听到与嘉阳的结果不一致时，也引发了疑问：是不是网上的答案不一定正确？在这一过程中，幼儿用自己提出的办法进行了验证，并找到了正确的答案。之后，他们对验证答案的方法进行了梳理，体验到探索答案的快乐与验证结果的成就感，提升了幼儿动手动脑寻找答案的能力。在解决问题的过程中，他们养成了细心、专心、耐心、坚持、不怕困难等学习品质，并且在找到答案后积极地与同伴分享、交流，从而获得自信，体验到合作探究与发现的乐趣。

（四）蘑菇大世界（3 月 7 日—11 日）

幼儿通过各种方法寻找到答案后，开始对蘑菇的世界产生了好奇。看到孩子们对蘑菇的兴趣依然浓厚，我们在图书区投放了《DK 博物大百科》和有关蘑菇的图书、图片、照片，供幼儿欣赏和阅读（图 4－9－8）。

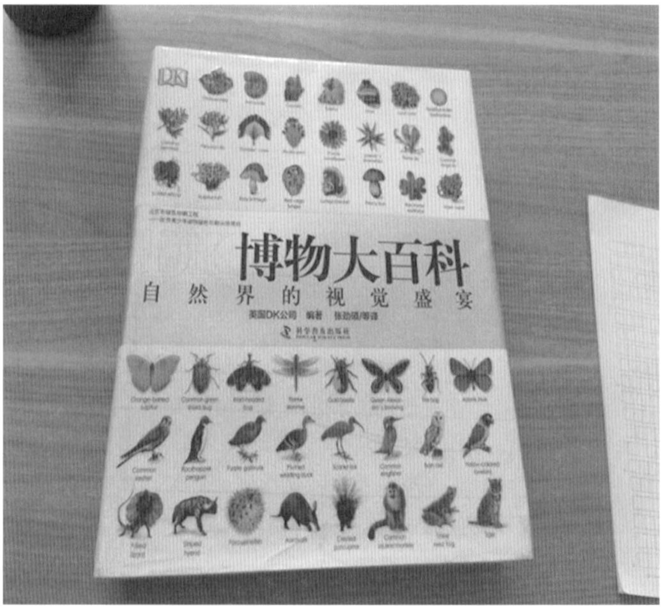

图 4－9－8　《DK 博物大百科》

在一次区域活动中，紫萱选择了图书区，她打算去看看《DK 博物大百科》，并邀请我一起看。我们翻到了关于蘑菇的那一页。

紫萱：图片里的这个蘑菇和百草园里发现的植物真的是一模一样的，上面的白色绒绒都是一样的，而且它们都长在了树干上。

然后，我们继续翻看。我们看到了很多有着各种颜色和形状的蘑菇（图 4－9－9）。

图 4－9－9　《DK 博物大百科》中不同种类的蘑菇

紫萱：牛老师，这些蘑菇的形状，我在生活中都没有见过。它们都生长在哪儿呀？

我：这些蘑菇因为生长环境的不同会在不同的地方和不同的国家出现。因此，我们现在生活的地方很少会见到这些蘑菇。你回家后，可以和爸爸、妈妈一起查一查不同的蘑菇都生长在哪里。

紫萱：我们平时也会吃蘑菇。这些蘑菇可以吃吗？它们有毒吗？

我：部分蘑菇是可以食用的，但有些蘑菇是有毒的，不能食用。

区域活动结束后，紫萱有了新的想法。

紫萱：我今天回家要跟爸爸、妈妈介绍这本书。这本书里面有好多关于蘑菇的知识和其他的知识啊！我也想让我妈给我买一本，放在家里看。还有，我回家后，也要查一查不同的蘑菇都生活在什么国家，还要了解哪些蘑菇是有毒的。

我：这本书的内容很详细，也很全面，可以让我们了解到很多的知识，也可以认识许多不同的动、植物。你可以先了解我们生活中的蘑菇有哪些，在网上查一查哪些蘑菇有毒。我期待着你分享对蘑菇的探究结果哦！

第二天，紫萱就将她和爸爸一起探究的蘑菇记录表交到了我的手里。我看到这张蘑菇记录表后（图 4-9-10），邀请她给全班的小朋友进行讲解。

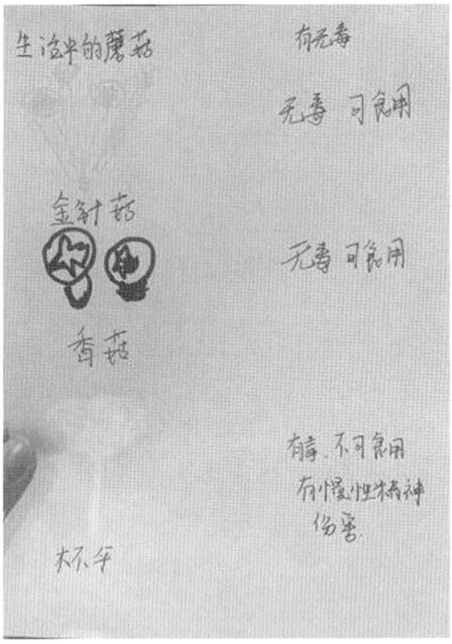

图 4-9-10　紫萱的蘑菇记录表

紫萱：你们看，我画的第一个是金针菇，它是黄色的、长长的，我在超市里见过，我也吃过它。第二个是香菇，它是褐色的，中间还有一个像“×”的形状，我是在海底捞吃火锅的时候看见的。第三个，我也不知道它叫什么，爸爸告诉我这种蘑菇叫“杯伞”，像伞的形状，是浅黄色的，但它是有毒的，不可以吃。

我：谢谢紫萱的分享！紫萱让我们了解了日常生活中的蘑菇，有金针菇、香菇。其他的小朋友也可以和爸爸、妈妈逛超市的时候去看一看。紫萱刚才还给我们讲解了其他的蘑菇，大家可以看到，生活中，有些蘑菇是有毒的。因此，小朋友们不能在路边或者在树上看到蘑菇，就摘回家吃。一定要注意验证是否有毒，没有毒的蘑菇才能食用。

（五）我心中的蘑菇（3 月 14 日—18 日）

上次紫萱分享之后，很多孩子和我分享了去超市看到过的各种蘑菇。

我：你们已经了解了蘑菇有不同的形状，也去超市看了看，那能不能说一说它们是什么样子的？

博涵：有伞形的、圆形的。

熠晨：还有扇形、漏斗形，这是我爸爸告诉我的。

我：小朋友们说得都对。尽管蘑菇有着不同的形状，但它们也有许多相似的特征。大多数蘑菇分为上半部分像伞盖的“菌盖”、支撑菌盖的“菌柄”，以及在菌盖下方呈放射状排列的“菌褶”。那我想问问小朋友们，你们知道蘑菇有什么颜色和花纹吗？

敬和：我知道，有白色的蘑菇，那个叫口蘑，是可以吃的。

鑫洋：还有蓝色的蘑菇，我在网上看到的。

嘉阳：我在《DK 博物大百科》书里看到还有红色的蘑菇，叫作“毒蝇伞”，它是有毒的，不能食用，而且我还看到一些蘑菇有着不同的花纹（图 4－9－11）。

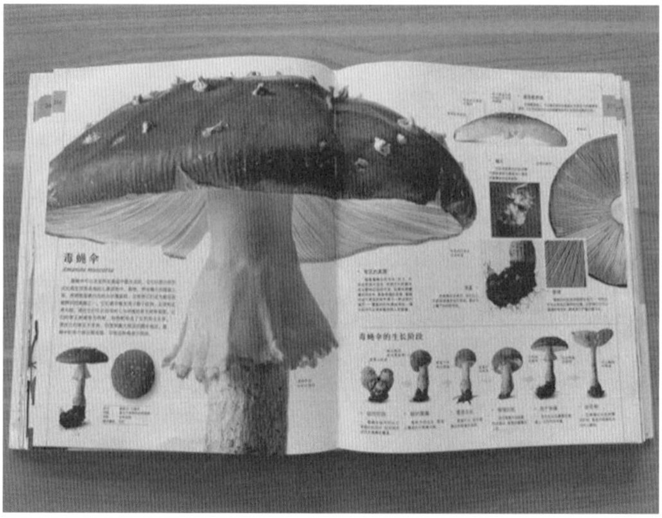

图 4－9－11 《DK 博物大百科》毒蝇伞

我：看来小朋友们对蘑菇的外形特征都有所了解了。现在，请小朋友们用绘画的方式记录自己看到过的和探索过的蘑菇吧！

当幼儿画完蘑菇后，我向他们提出了问题。

我：你们画的是什么蘑菇啊？能不能吃？它叫什么名字啊？

沐尧：我画的是能吃的平菇，就是我在超市看见的，一坨一坨灰黑色的蘑菇（图 4－9－12）。

跃森：我画的是彩色的蘑菇。我在动画片里看到过彩色的蘑菇，它们不能食用，是有毒的（图 4－9－13）。

珈宜：这个就是蘑菇，两个彩色的蘑菇不能吃，还有我看到的蘑菇上有斑点和褶皱（图 4－9－14）。

逸涵：我的蘑菇是长在树干上的（图 4－9－15）。

我：哇，小朋友们有这么多想法，那我们把小朋友们的画都收集起来，做成一本书怎么样？然后，把它放在图书区，供大家观看。那这本书叫什么名字好呢？

博涵：名字叫作“大二班的蘑菇书”吧！

嘉阳：我可以为这本蘑菇书画一个封面，这样就更像一本书了。

我：你们的想法真有创意！现在，咱们就行动起来吧！

在区域活动中，幼儿把自己画的画编成了一本蘑菇书（图 4－9－16）。

图 4-9-12 沐尧绘画的平菇

图 4-9-13 跃森绘画的彩色蘑菇

图 4-9-14 珈宜绘画的蘑菇

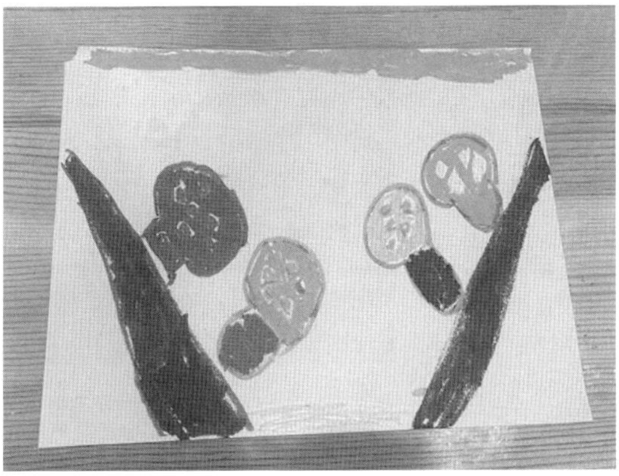

图 4-9-15 逸涵画在树干上的蘑菇

图 4-9-16 大二班自制蘑菇书

教师反思

蒙台梭利说过："我听过了，我就忘了；我看见了，我就记得了；我做过了，我就理解了。"这句话充分说明了幼儿的学习方式以直接感知、亲身体验为主。幼儿学习的知识是抽象的。在科学活动中，教师只用文字来描述，幼儿很难理解，不仅无法实现教学目标，还会使幼儿丧失对科学活动的兴趣。《纲要》指出："要尽量创造条件让幼儿实际参加探究活动，使他们感受科学探究的过程和方法，体验发现的乐趣。"科学活动应该是幼儿主动认知、主动探究的过程，教师要做的就是激发幼儿的探究欲望，培养其探究能力。幼儿对周围的事物充满了好奇，渴望去探索。因此，在平时的活动中，教师应尊重幼儿的提问和行为，善待其探索欲望，耐心地给予解答，在解答时也要具有启发性，引导幼儿独立思考，学会积极的探究，尝试梳理并概括自己的发现，慢慢地，学会独立分析和总结，体验探索的乐趣。我很庆幸及时为幼儿提供了丰富的阅读环境支持。幼儿能围绕一个话题自主讨论，主动发现问题，提出问题，并积极解决问题。我们看到幼儿对蘑菇的绘本特别感兴趣，就投放了许多类似的绘本，幼儿的阅读量也得到了大幅度的提升，并延伸出多个感兴趣的点，帮助幼儿拓宽了知识面。

1. 培养良好的学习品质。

《指南》中提出要重视幼儿学习品质的培养。幼儿在活动过程中表现出的积极态度和良好行为倾向是终身学习与发展所必须具备的宝贵品质，要充分尊重和保护幼儿的好奇心和学习兴趣，帮助他们逐步养成积极主动、认真专注、不怕困难、敢于探究和尝试、乐于想象和创造等良好的学习品质。我们幼儿园有一个草盛树茂的百草园，是幼儿接触大自然最适合的场所。雨后，茂盛的植物激发了幼儿的探究兴趣。他们探究着不同的植物。我们从幼儿的探究活动中，发现了他们的兴趣，发现了有价值的讨论话题，并对幼儿的猜想与验证进行全程的陪伴、观察、记录与分析。

2. 激发幼儿探究兴趣，体验探究过程，获得探究能力。

教育途径应根据活动的实际需要与特点采用多种形式，不能局限于某一种活动形式。在一日生活中，我试着转变教师身份，学会放手，通过观察和陪伴幼儿的探究过程，我更加相信幼儿有探究与解决问题的能力。在探究蘑菇的活动中，幼儿发现问题、分析问题、解决问题的学习态度和能力感染了我，也鼓舞了我，让我在他们进行讨论、猜想和验证的过程中，积极做到认同幼儿兴趣，理解幼儿思维，全力支持他们的自主探究，不过多干涉，而是通过提出问题引导幼儿互相讨论、解决问题，推动活动进一步深入发展，和幼儿共同参与，相互合作，深入探究，共同发展。这也是教师自我成长的过程。

3. 探究中的思考。

我想，为了充分满足幼儿对蘑菇的探究兴趣，接下来，对蘑菇的探究活动可以从以下两个方面进行。

（1）提供充足的材料，引导幼儿进行蘑菇种植，通过观察与记录了解蘑菇的生长过程。

（2）将有关蘑菇的内容延伸到美工区，进行艺术创作；延伸到体育活动中，设计有关蘑菇的体育游戏。

案例十 我们的“菇”事

北京市第六幼儿园回龙观园 田 杨

本次活动是由幼儿园生活中随机发现的一个自然现象生成的。雨后，小朋友们在幼儿园百草园散步时，发现枯树上冒出了一种菌菇。看到孩子们对这种菌菇非常好奇，于是，教师从幼儿发展和认知需求入手，借助幼儿已有经验，了解并解读孩子们的观点，引导幼儿进行了一场奇妙的蘑菇之旅。

（一）哇！这是什么（3 月 9 日）

艾迪大喊道：“快来看，快来看，这个枯树枝上有小白片。”孩子们好奇地挤在一起，你一言、我一语地讨论起来（图 4－10－1、图 4－10－2）。

图 4－10－1 发现了枯树枝上的小白片

图 4－10－2 枯树枝上长的是蘑菇吗

瑞欣：这是什么啊？像雨伞。
艾迪：好像是蘑菇。
瑾初：我好想摸摸它，好可爱。
艾迪：不能摸，有毒呢！
智杰：你怎么知道它有毒？
艾迪：我妈妈说外边的蘑菇可不能随便摘，很多都有毒。
智杰：不是说颜色鲜艳的才有毒吗？

瑞欣转过头，疑惑地问我。

瑞欣：老师，这个是蘑菇吗？有毒吗？

我：我也不清楚，这可怎么办呢？

艾迪：我们回班查一查电脑，就知道啦！

我：真是个好办法！

回到班里，小朋友们兴致特别高，他们对蘑菇充满了好奇和期待，让我赶紧用电脑查一查。通过上网搜索，我们了解到枯树上长出来的是一种菌类，名叫“变形靴耳”（图4-10-3）。不建议食用树上长的野生蘑菇，树木腐烂后会导致蘑菇生长，而这类蘑菇可能有一定的毒性，食用后会出现恶心、呕吐、头晕等症状，严重者甚至会出现食物中毒，从而危及生命。

图 4-10-3　师幼一起查找资料，解决问题

教师反思

儿童有着与生俱来的好奇心和探究欲望。《指南》中指出：“幼儿科学学习的核心是激发探究欲望，体验探究过程，发展初步的探究能力。”蘑菇是幼儿在无意间散步时发现的，他们对蘑菇产生了好奇，不断地谈论与询问着有关蘑菇的问题。幼儿提出上网查询有关蘑菇的资料，教师给予了支持，及时提供机会让幼儿寻找问题的答案，丰富了幼儿对蘑菇的认知。在这个过程中，教师是参与者和支持者，不断地激发幼儿想办法解决问题，体验解决问题的喜悦，幼儿的探究欲望也得到了满足。

（二）蘑菇大调查（3 月 9 日）

晚上，我就收到了艾迪发来的“掌通家园”留言。他兴奋地向我讲述回家后和妈妈分享了今天的发现，同时提出了疑问。

艾迪：老师，蘑菇到底是从哪里来的呢？

我：这个问题交给你，用你的方法来寻找答案吧！

于是，艾迪全家总动员，搜集各种有关蘑菇的资料。

第二天，在餐前活动时，艾迪拿着资料，自信地向我们介绍：“蘑菇喜欢阴凉又潮湿的天气。春天小雨过后，蘑菇就会在树根边、草地上、树干上、腐木上，冒出一个个小脑袋。它可以生长在树上、土壤里、菌棒上，需要养分、合适的温度、阴暗潮湿的环境。要想照顾好蘑菇，就要每天浇水，一天要浇水5～7次。”

我：种植蘑菇需要什么条件？

艾迪：这可难不倒我。蘑菇生长需要水分和足够的氧气，更需要注意遮蔽光照来培养。蘑菇包每天要浇很多水，保持空气的湿润，不能多晒太阳。

艾迪的分享（图4-10-4、图4-10-5）得到了小朋友们赞赏的眼光。

图4-10-4 分享蘑菇的来源

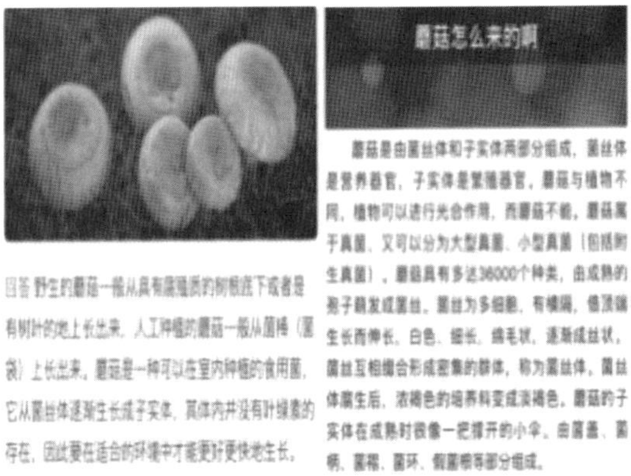

图4-10-5 资料照片

教师反思

幼儿对蘑菇的发现意犹未尽，愿意跟教师、家长分享自己对蘑菇的认知，同时又提出了新的疑问。教师尊重幼儿的提问和行为，满足幼儿的探索欲望，耐心地给予解答，在回答时利用启发性提问，引导幼儿独立思考，积极行动，认领任务，在家里与家长运用自己的方法寻找答案，为幼儿创设想说、敢说、大胆说的平台，让他们与班级幼儿分享自己找到的有关蘑菇从哪里来的资料，逐步积累更多的经验。

（三）种植蘑菇（3月12日—17日）

艾迪妈妈发现自己的宝贝对蘑菇特别感兴趣，于是，为我们提供了菌棒。本月，我们开展的是“《西奥多和会说话的蘑菇》”主题活动，艾迪妈妈提供的材料正好与主题活动不谋而合。

于是，艾迪带领全班的小朋友在班级自然角种植蘑菇。他结合收集来的资料进行了种植。在种植时，严格按照种植步骤进行，只见艾迪先把装有菌棒的盒子放在楼道走廊的自然角，打开盒子上面预留的小孔，在小孔上面盖了一张纸巾。

他一边喷水，一边提醒站在旁边的小朋友：“一定要保持菌棒上面纸巾的湿润，等蘑菇长出来后，再去掉纸巾（图4-10-6）。”

图 4-10-6　带领同伴种植蘑菇

自从种下了蘑菇，小朋友们每天悉心照料着，早上来园的第一件事就是去照看蘑菇并给蘑菇的生长做记录。

时间一天天过去了，直到第五天，蘑菇终于长出来了。大家兴奋地拿开纸巾，看一看、摸一摸、闻一闻、画一画，和同伴间相互分享着蘑菇长出来的喜悦（图 4-10-7），认真地记录着蘑菇的生长过程（图 4-10-8）。

图 4-10-7　发现蘑菇长出来了

图 4-10-8　记录蘑菇的生长过程

教师反思

幼儿探究的积极性感染着家长，家长为班级提供了菌棒。幼儿在亲身种植蘑菇的活动中，利用自己收集的蘑菇种植经验，带领同伴共同种植。幼儿用数字、画图的形式记录了蘑菇的生长变化过程，其探究、合作、动手能力都得到了发展。

（四）蘑菇一侧变干了（3 月 17 日）

区域活动时，智杰像往常一样去自然角给蘑菇浇水。

智杰：蘑菇长得好快呀！才几天时间，就长这么大啦！

于是，他拿起自然角的记录本，对着蘑菇开始记录。

突然，他大叫一声。

智杰：啊！老师，您看，这个蘑菇怎么了？

我转头一看，发现蘑菇有一边有点蔫了（图 4-10-9）。

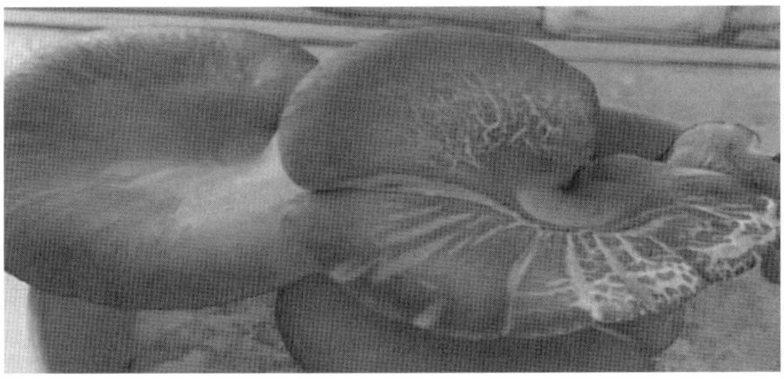

图 4-10-9 蘑菇一侧变干了

我：这是怎么回事呢？

瑾初：昨天还不这样呢！是不是我们喷的水太少了？再多喷点儿。

于是，她拿起了喷壶，开始喷水。

我：今天，你们喷过水了吗？

小朋友们点着头。

我：你们是怎么照顾蘑菇的？

艾迪：我查过，要每天喷水。

我：为什么要每天喷水呢？

瑞欣：它喜欢在潮湿的地方长大。

我：那喷多少水合适呢？

智杰：摸起来潮湿就可以了。老师，可是，我们每天都是这样喷的水，为什么蘑菇会变干了呢？

我：蘑菇哪里干了？是全干了吗？

瑾初：不是，只有一边干了。

我：为什么只有这边干了呢？

智杰：会不会有小朋友伤害它了？

我：那你看看，它身上有伤吗？

小朋友们仔细地看了看，又摇了摇头。

我：刚才艾迪说，照顾蘑菇需要每天喷水，保持蘑菇的湿润。那它的生长环境是什么样儿的？

艾迪：它喜欢潮湿的环境，不能晒太阳。

我：在不动蘑菇的情况下，你们再好好看看，是哪个方向的干了？

艾迪：老师，冲着窗户这个方向的干了，不会是被太阳晒的吧？

我：今天，你们要好好观察，看看这一天当中蘑菇有没有被太阳晒到。

大家如负重任，高兴地答应了。

教师反思

在活动中，幼儿能够根据自己对蘑菇的兴趣与蘑菇变黄的现象，主动询问同伴、家长、教师，并根据自己积累的经验出主意、想办法，充分发挥了幼儿学习品质中的主动性。当发现蘑菇变干、变黄时，幼儿没有放弃，与同伴一起观察与探索蘑菇的生长环境，坚持不懈地寻找解决的办法，具有坚持的学习品质。

（五）蘑菇被太阳晒到了（3 月 24 日）

这天，大家在过渡环节一直观察蘑菇，直到下午吃完水果，艾迪首先发现了秘密（图 4－10－10）。

图 4－10－10　艾迪发现下午蘑菇会被阳光晒到

艾迪：老师，真的是被晒到了。
我：那证明大家的猜想是正确的。
智杰：老师，蘑菇可不能养在这里了。
我：蘑菇喜欢潮湿的环境，那我们应该把它养在哪里呢？
瑞欣：可不可以把它放在盥洗室里呢？我们每天都洗手，那里应该是最潮湿的地方了。
我：好呀，我们试一试吧！

说完，大家一起把蘑菇都送到了盥洗室。

教师反思

教师支持幼儿观察与探索蘑菇变黄的原因，并且积极地参与到行动中去，培养幼儿主动探究。在活动中，引导幼儿学会根据现象分析原因，并尝试解决问题，体验探索的乐趣。

（六）蘑菇都变干了（3月29日）

孩子们每天继续观察蘑菇。他们发现，蘑菇整体都黄了、干了。智杰拿着蘑菇，着急地来找我。

智杰：老师，您看看，蘑菇放在盥洗室里，为什么都黄了（图4-10-11、图4-10-12）？

图4-10-11 发现蘑菇整体变黄、变干

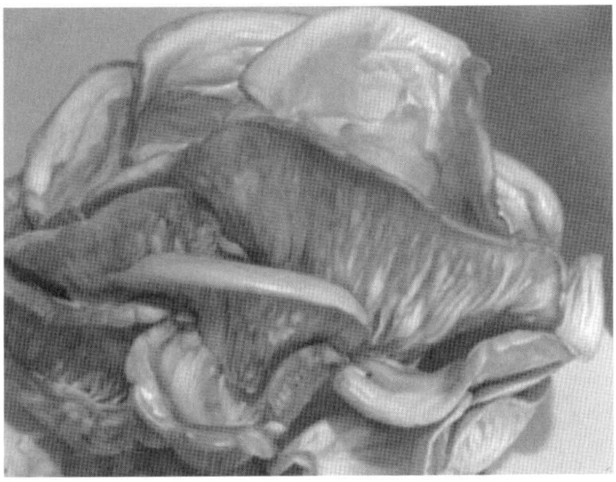

图4-10-12 蘑菇整体变黄

我：别着急，孩子。我们也按照蘑菇的生长环境来照料，还是没有好转，老师也不知道为什么，那我们怎么解决呢？

艾迪：不然，我回家问一问小度。我平时不会的都问它，它都能告诉我，比我爸爸、妈妈还厉害呢！

我：就用这个办法，把你问到的答案记下来，明天带到幼儿园来，和小朋友们一起分享吧！

说完，他又给蘑菇喷水去了。

教师反思

活动中，教师通过与幼儿对话示弱，激发幼儿自己探索蘑菇变黄的原因。幼儿能够主动思考、查找解决问题的方法，愿意自己去解决问题。

（七）蘑菇生长知识分享（3月30日）

第二天一大早，艾迪就兴高采烈地给我们分享了他的查询结果。

艾迪：老师，我查到了，蘑菇变干、变黄的原因有很多，比如有细菌了，温度应该在8～18℃之间。如果早、晚温度低，应该选择中午喷水比较好吸收。我平时都是早晨喷水的。

智杰：我还问了卖蘑菇的人，说可以把变干和变黄的蘑菇采收一次后，清理干净，留下蘑菇根，然后按照第一次的步骤，耐心等待20天左右，蘑菇会再次长出来。

我：你们真是小博士！咱们班的室温能满足蘑菇的生长条件，那接下来，咱们应该怎么做呢？

智杰：我觉得，我们先把干了、发黄的蘑菇摘了，然后重新照顾菌棒。

瑞欣：以后，我们在中午喷水吧！看看蘑菇会不会再长出来。

我：好的，就按你们说的办法做。一会儿，区域活动介绍时，把你们查到的内容分享给大家吧（图 4－10－13、图 4－10－14）！

图 4－10－13　分享查询到的蘑菇变干的原因

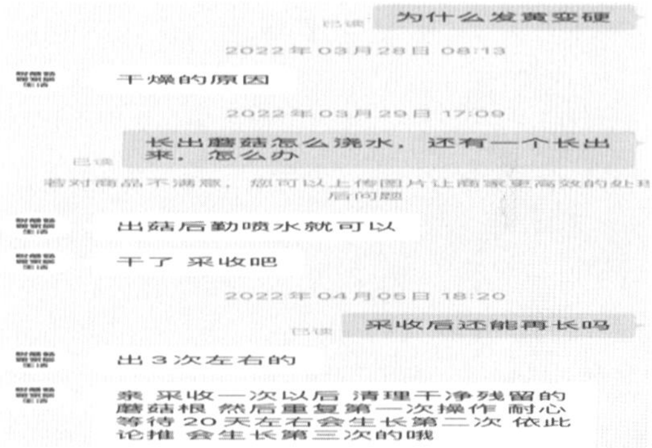

图 4－10－14　询问卖家，蘑菇变干后怎么办

几个孩子分享完查到的内容后，就叫上本组种植蘑菇的组员，一同采摘蘑菇，整理好菌棒（图 4－10－15），又在菌棒上盖了一张纸巾。中午的时候，又对着纸巾再次喷水（图 4－10－16），静待蘑菇的“重生”。

图 4－10－15　孩子们一同采摘蘑菇

图 4－10－16　重新种植、照料蘑菇

教师反思

孩子们分享了收集到的有关蘑菇变黄的原因及解决办法，选取了最适宜的方式采摘蘑菇后，又重新种植。他们运用学到的知识，从根本上解决了蘑菇变干、变黄的问题。幼儿

积极参与蘑菇种植，同伴间相互合作，在采摘和照顾蘑菇的过程中，懂得了尊重和珍惜生命及保护环境的重要性。

（八）蘑菇又长出来了（4 月 20 日）

过了 20 多天，在大家的悉心照料下，蘑菇奇迹般地重生了（图 4－10－17、图 4－10－18），看到这一幕，大家欢呼雀跃！

图 4－10－17 发现蘑菇“重生”了

图 4－10－18 蘑菇长出来了

艾迪：老师，没有想到蘑菇真的又长出来了，真是太神奇了！

我：你们那么用心地照顾它，蘑菇肯定能长出来。

瑞欣：老师，这次，我们一定好好地照顾它，让它的温度、湿度都合适。

我：那老师就等着吃新鲜、无污染的蘑菇啦！

大家高兴地笑了，对来之不易的蘑菇重生产生了强烈的关爱之情。他们每天细心照料着蘑菇，在此过程中，获得了成功的喜悦。

教师反思

幼儿从发现蘑菇、种植蘑菇、蘑菇长成、蘑菇变黄、蘑菇重生的过程中，了解了蘑菇的外形特征及生长条件。在此过程中，幼儿不断探索和观察蘑菇，并将观察到的变化以绘画的方式记录到观察记录表上，坚持不懈地利用多种方式寻找解决蘑菇变干、变黄的方法，提高了观察能力、探寻答案的能力、梳理与总结的能力。最终，在蘑菇“重生”时体验了解决问题的乐趣。

图书在版编目（CIP）数据

倾听·解读·回应：基于儿童本位的生活化课程探索与实践／马立红，霍燕兵，路玉珠主编．—北京：中国农业出版社，2022.12
ISBN 978-7-109-30777-3

Ⅰ.①倾… Ⅱ.①马… ②霍… ③路… Ⅲ.①幼儿园—课程—教学研究 Ⅳ.①G612

中国国家版本馆 CIP 数据核字（2023）第 101992 号

倾听·解读·回应：基于儿童本位的生活化课程探索与实践
QINGTING·JIEDU·HUIYING：JIYU ERTONG BENWEI DE SHENGHUO HUA KECHENG TANSUO YU SHIJIAN

中国农业出版社出版
地址：北京市朝阳区麦子店街 18 号楼
邮编：100125
责任编辑：孙利平　张　志
版式设计：杨　婧　　责任校对：吴丽婷　　责任印制：王　宏
印刷：北京通州皇家印刷厂
版次：2022 年 12 月第 1 版
印次：2022 年 12 月北京第 1 次印刷
发行：新华书店北京发行所
开本：787mm×1092mm　1/16
印张：16.25　插页：4
字数：380 千字
定价：68.00 元
